라즈베리파이 3를 활용한

임베디드 리눅스 프로그래밍

이 영 일 지음

光文閣
www.kwangmoonkag.co.kr

Preface

본 교재는 리눅스 OS를 갖춘 Raspberry Pi3를 사용하여, LCD, 마우스 및 다양한 하드웨어 장치 사용에 필요한 디바이스 드라이버를 만들고 이를 활용하는 응용 프로그램을 작성하는 방법을 익힐 수 있도록 하는 것을 목표로 만들어졌다. 이를 위해서 2장과 3장에서는 PC에 설치된 리눅스 환경에서, 리눅스 명령어 사용법과 C를 사용한 응용 프로그램을 작성하는 방법을 다루어서 윈도우 환경에 익숙한 독자들이 커맨드 창을 활용하는 리눅스 운영체제에 적응할 수 있도록 하였고, 4장 이후에서는 Raspberry Pi3 보드에 Raspbian OS를 설치하고, 개발 환경을 구축해서 이 임베디드 보드에 적용할 디바이스 드라이버를 만들고 이를 활용하는 응용 프로그램을 작성하는 과정을 소개하고 있다. 1장 후반부에는 ARM 프로세서의 구조와 명령어에 대해서 간략하게 정리하였다. 4장 이후의 내용을 다루기 전에 1장 후반부를 공부하면 좋을 것으로 생각이 된다. 4장 이후의 실습에 사용되는 임베디드 보드는 Raspberry Pi3 Model B+을 활용한 휴인스의 Achro-iEM Kit이다.

본 교재의 내용을 이해하기 위해서는 C-언어와 마이크로프로세서에 대한 기본 지식을 가지고 있어야 한다. 책에 소개된 내용들은 해당하는 주제를 깊이 다루기보다는 전체 과정을 이해하는데 필요한 정도를 포함하고 있기 때문에 공부할 때에 본 교재와 더불어 리눅스 명령어나 Linux 커널에서 제공하는 시스템 call 함수 등의 주제를 보다 깊이 다룬 참고 서적이나 Web site (ex. linuxcommand.org) 등을 참조하는 것이 도움이 될 것이다. 교재의 내용 중 일부는 이들 Web site의 내용들을 발췌하였음을 밝혀둔다.

끝으로 책 출판에 애써주신 광문각출판사 박정태 대표이사님과 임직원들께 감사드린다.

저자 이영일

■ 머리말

■ 목차

제1장 ARM 기반 임베디드 시스템 / 9

Contents

제3장 리눅스 응용 프로그램 / 117

제4장 라즈베리파이 3를 활용한 임베디드 리눅스 개발 환경 / 161

Contents

Contents

제6장 타겟보드용 응용 프로그램 / 241

01

ARM 기반 임베디드 시스템

1.1 임베디드 시스템 개요

1.2 임베디드 시스템 하드웨어

1.3 ARM 프로세서

1.4 ARM9TDMI 프로세서 코어

1.5 ARM 명령어

1.6 연습문제

1.1 임베디드 시스템 개요

임베디드 시스템(Embedded System : 내장형 시스템)은 특정한 기기에 내장되어 마이크로 프로세서를 사용하여 미리 정해진 특정한 기능을 수행하도록 프로그램된 디지털 시스템을 일컫는다. 하드웨어와 소프트웨어의 적절한 결합을 통해서 원하는 기능을 수행하며 사용자가 더 이상의 프로그래밍을 할 필요가 없이 정해진 목적으로만 사용되는 경우가 많다. 로봇 등의 산업용 기기, 휴대전화, 디지털 TV 등의 가전기기에 사용되는 디지털 장치들이 대표적인 임베디드 시스템이라 할 수 있다. 반도체 기술의 발달과 더불어서 메모리 용량이 늘어나고 고성능의 마이크로프로세서들이 개발되면서 임베디드 시스템의 활용 범위도 점차 늘어나서 우리 생활의 구석구석에 사용되어서 지능화된 생활환경을 만들어 가는 데 활용되고 있다.

임베디드 시스템은 그 자체가 상품이 되기보다는 다른 제품 안에 내장되는 경우가 많다. 요구되는 성능에 따라 적절한 성능을 가지는 임베디드 시스템을 사용함으로써 최종 제품의 가격이 높아지지 않도록 하는 것이 필요하다. 단순한 기능이 요구되는 경우에는 그다지 빠르지 않은 프로세서 성능과 적은 메모리 그리고 간단한 소프트웨어만으로도 필요한 기능을 구현할 수 있을 것이고 멀티미디어 처리와 인터넷 접속 등 보다 복잡한 기능이 요구되는 경우라면 32비트 이상의 프로세서와 대용량의 메모리를 갖추고 임베디드 시스템용 운영체제(OS)를 기반으로 하는 소프트웨어 작성이 필요할 것이다. 반도체 기술의 발전과 더불어서 메모리 용량이 커지고 프로세서 성능이 향상됨으로써 이전에 비해 고성능의 임베디드 시스템 구성이 가능하게 되었고 임베디드 시스템의 활용 영역도 넓어지고 있다고 볼 수 있다.

간단한 임베디드 시스템과 OS를 포함하는 임베디드 시스템의 하드웨어(H/W)와 소프트웨어(S/W)의 대략적인 구성을 [그림 1.1.1]과 [그림 1.1.2]에 각각 나타내었다. 두 가지 경우에 사용되는 메모리 용량에 차이가 크고 따라서 사용되는 메모리의 종류와 운용 방법도 달라지게 된다. 소프트웨어에 있어서도 H/W 장치들을 사용하는 기본적인 루틴을 활용해서 작성하게 되는 응용 프로그램의 경우는 그 크기가 수 KByte에서 수십 KByte 사이의 실행 파일로 나타나는 정도다. 반면 OS 기반의 응용 프로그램은 OS에서 제공하는 통신 및 그래픽 기능들을 활용할 수 있어서 보다 다양한 S/W 작성이 가능하고 그 크기도 수 MByte 이상의 실행 파일로 나타난다.

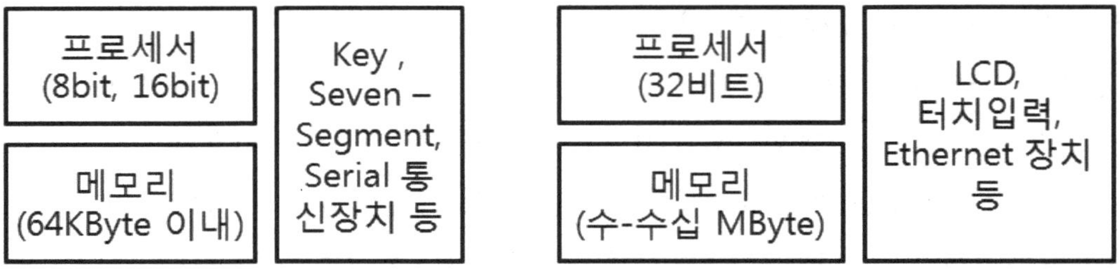

(a) (b)

【그림 1.1.1】 (a) 간단한 임베디드 시스템의 H/W 구성 (b) OS를 포함하는 임베디드 시스템의 H/W 구성

(a) (b)

【그림 1.1.2】 (a) 간단한 임베디드 시스템의 S/W 구성 (b) OS 기반 임베디드 시스템의 S/W 구성

1.2 임베디드 시스템 하드웨어

임베디드 시스템 하드웨어는 프로그램의 명령어 처리하는 중앙처리장치(CPU)와 프로그램과 데이터를 저장하는 데 사용되는 메모리, 그리고 시스템과 외부 장치(External Devices)들을 연결하는 주변 장치들로 구성된다. 초기 임베디드 시스템은 특정 기능 또는 중요한 기능을 수행하기 위해 특수한 하드웨어를 사용하므로 특정한 요구사항을 가지

고 있어 미리 정의된 작업만을 수행하므로 주변 장치도 특정 기능 또는 중요한 기능을 수행하기 위해 네트워크 장치와 직렬 포트 등을 특수한 하드웨어를 사용하였으나 근래에는 모바일폰, 휴대형 내비게이션의 등장으로 다양한 기능들을 수행하기 위해 카메라 인터페이스, 동영상 등을 보여 주기 위한 TFT LCD, 이동형 메모리를 지원하기 위한 MMC/CF 인터페이스 등 다양한 주변 장치들을 지원하고 있다.

1.2.1 시스템 온 칩(System on Chip: SoC)

반도체 회로의 집적도가 높아짐에 따라서, 임베디드 시스템에 중앙처리장치(CPU)와 주변 장치(Peripheral) 및 메모리 등을 하나의 소자에 모두 포함하는 SoC의 사용이 늘어나고 있다. 이전에는 여러 개의 소자나 보드로 구성되던 디지털 시스템이 하나의 소자에 구현된 형태이기 때문에 이와 같은 소자를 System on Chip이라고 부른다. SoC의 등장에 따라서 임베디드 시스템의 하드웨어 구성은 이전에 비해서 훨씬 간단해졌고 소비전력도 줄어들게 되었다. 근래 들어 배터리를 사용하는 모바일 임베디드 기기들의 사용이 늘어나게 된 것도 이와 같은 SoC 칩들의 등장에 따른 것이라 볼 수 있다.

동일한 CPU를 사용하면서 주변 장치나 메모리 구성이 조금씩 다른 SoC들을 같은 Family의 Chip으로 분류한다. SoC에 사용되는 CPU에는 AVR 과 같은 8비트 코어와 ARM과 같은 32비트 코어들이 있다. 8비트 코어를 사용하는 SoC에는 타이머, 시리얼 통신장치, A/D 변환기 등의 주변 장치가 포함되는 것이 일반적이며 32비트 코어를 사용하는 SoC에는 DRAM 및 플래시 메모리 제어 장치, 운영체제를 사용하기 위해서 필요한 메모리관리 장치(MMU) 등이 포함된다. 삼성전자와 같은 SoC chip 제작사에서는 IP(Intellectual Property) 형태로 구매하거나 자체 개발한 CPU 코어 및 주변 장치 Macrocell들을 사용해서 SoC 칩을 개발하고 제작한다.

◎ 8비 코어의 SoC

8비트 CPU인 AVR 코어를 사용한 Atmega128의 내부 블록도는 다음 그림과 같다.

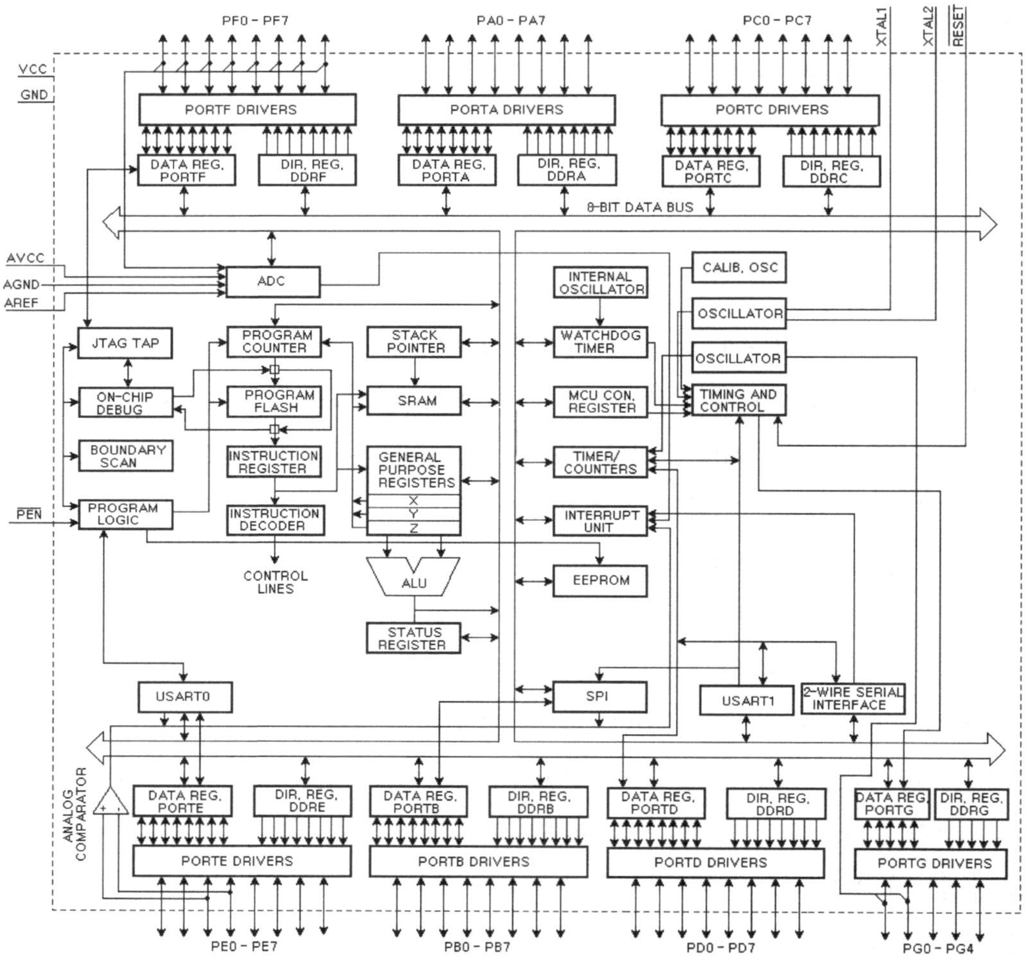

【그림 1.2.1】 ATmega128의 내부 블록도[3]

ATmega128은 64핀 TQFP(Thin Profile Plastic Quad Flat Package), QFN/ MLF(Quad Flat No-Lead/ Micro Lead Frame Package) 형태로 되어 있으며, QFN/MLF를 사용할 경우 패키지 밑면은 그라운드가 되어야 한다.

◎ 32비트 코어의 SoC

삼성전자에서 개발한, 32비트 CPU인 ARM Core를 이용한 Exynos-5420 Octa core 프로세서의 블록다이어그램은 다음과 같다.

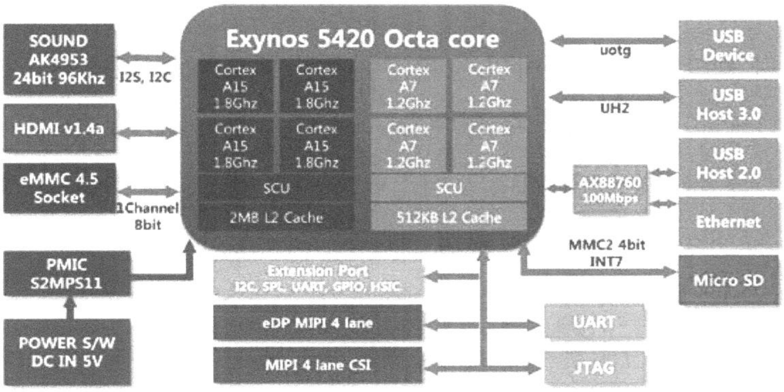

【그림 1.2.2】 Exynos-5420의 내부 블록도[4]

1.2.2 메모리 구성

임베디드 시스템에서 요구하는 메모리의 특성은 다양해서 한 종류의 메모리만으로는 이를 다 충족시킬 수 없다 따라서 하나의 임베디드 시스템을 구성하기 위해서는 몇 가지 종류의 메모리를 같이 사용해서 임베디드 시스템의 요구를 충족시키도록 한다. 다음 표에 여러 가지 메모리의 종류별 특성을 표로 정리하였다.

【표 1.2.1】 메모리의 종류별 특성

메모리 종류	용량	무 전원 시 내용 저장	온 보드 쓰기	프로그램 수행
Static RAM	수~수십 KByte	저장 안됨	가능	가능
EPROM	수~수십 KByte	저장 됨	불가능	가능
SDRAM	수~수십 MByte	저장 안됨	가능	가능
NOR Flash	수 MByte	저장 됨	가능(불편)	가능
NAND Flash	수~수십 MByte	저장 됨	가능(불편)	불가능

8비트 CPU를 사용하는 임베디드 시스템에 사용되는 메모리의 크기는 수~수십 KByte 수준이며 SRAM과 EPROM, 또는 NOR Flash 형태의 메모리로 구성된다. 이들 메모리에 저장된 코드는 CPU에서 직접 메모리 사이클을 통해서 읽어 내어 실행이 가능하다. AVR CPU 코어를 갖추고 있는 ATmega128의 경우에는 128KByte의 NOR Flash 메모리와 4KByte의 SRAM을 소자 안에 갖추고 있다. 필요한 경우 추가적인 SRAM을 사용할 수도 있으나 웬만한 응용 분야의 경우 추가적인 메모리를 사용하지 않고도 임베디드 시스템의 하드웨어 구성을 할 수 있다.

32비트 CPU를 사용하는 임베디드 시스템에 사용되는 메모리의 크기는 수~수십 MByte 수준으로 SRAM과 EPROM 형태의 메모리로 구성하기에는 너무 많은 용량이다. 따라서 32비트 시스템의 경우에는 훨씬 집적도가 높은 SDRAM(Synchronous Dynamic RAM)과 NAND Flash 메모리가 사용된다. SDRAM 메모리는 SRAM에 비해서 집적도가 높은 반면에 메모리 내용을 계속 refresh해 줄 필요가 있어서 이를 위한 SDRAM 제어기가 필요하다. NAND Flash 메모리는 NOR Flash 메모리에 비해서 용량은 크나 그 안에 저장된 프로그램을 CPU에서 직접 읽어 내어 수행할 수가 없다. 임베디드 시스템에서, NAND Flash 메모리는 개인용 컴퓨터(PC)에서 하드디스크가 하는 역할을 한다, 즉 NAND Flash에 저장된 운영체계(OS)와 응용 프로그램은 임베디드 시스템의 전원 투입 시에 부팅 장치에 의해서 SDRAM으로 옮겨진 다음 CPU에 의해서 실행이 된다.

◎ ROM(Read Only Memory)과 Static RAM(Random Access Memory)

ROM과 Static RAM은 1980~1990년대까지만 해도 마이크로프로세서 기반의 임베디드 시스템에 기본적으로 들어가야 할 메모리 종류들로서 CPU가 수행할 명령어와 명령어 수행을 위해서 필요한 데이터를 각각 저장하는 메모리들이다. ROM은 사용 방법에 따라서 PROM(Programmable ROM), EPROM(Erasable PROM), EEPROM(Electrically Erasable PROM) 등으로 구분된다. PROM은 PROM Writer를 사용해서 데이터를 써 넣을 수 있지만 한번 들어간 내용은 바꾸거나 지울 수 없다. EPROM과 EEPROM은 자외선 또는 높은 전압을 이용해서 기억된 내용을 지우고 다른 내용을 써넣을 수 있다. ROM에 디지털 데이터를 써넣기 위해서는 ROM writer라는 기기를 사용해야 하고, 시스템에 장착된 상태에서 CPU의 명령어를 통해서는 새 데이터를 써넣을 수 없다. 반면에 Static RAM(SRAM)은 이름이 의미하는 바와 같이 CPU에서 임의로 SRAM의 데이터를 읽어 들일 수도 있고 새 데이터를 SRAM에 써넣을 수도 있다, 이와 같이 데이터를 읽고 쓰는 면에서 보면 ROM에 비해서 SRAM이 더 좋은 특성을 가지고 있다. 하지만 이들 메모리에 전원의 공급이 끊어지면 ROM에 저장된 데이터는 지워지지 않고 남아 있지만 SRAM의 데이터는 지워져서 다시 전원이 들어오더라도 이전의 내용은 전혀 남아 있지 않게 된다. 시중에서 구할 수 있는 ROM과 SRAM 소자들의 용량은 수 KByte에서 수십 KByte 정도로서 OS가 없는 간단한 임베디드 시스템에 주로 사용된다. ROM에는 프로그램이 저장되어서 전원 공급이 끊어졌다 다시 재개되더라도 임베디드 시스템의 동작에 문제가 없도록 하고 중간 데이터 저장을 위해서 SRAM을 사용한다. 또한, 임베디드 시스템의 개발 과정에서는 프로그램을 여러 번 고치면서 디버깅을 해야 하므로 ROM을 사용한다면 매번 프로그램을 고칠 때마다 ROM writer를 사용해서 바뀐 프로그램을 써넣어야 하므로 여러모로 불편한 점이 많게 된다. SRAM에는 CPU를 통해서 데이터를 써넣을 수 있으므로 개발 과정에서는 모니터 프로그램 등을 통해서, SRAM에 프로그램을 다운로드해서 동작을 테스트하는 것이 일반적이다.

◎ SDRAM (Synchronous Dynamic RAM) 및 DDR(Double Data Rate) SDRAM

SDRAM은 SRAM과 같이 CPU에서 데이터를 자유롭게 읽고 쓸 수 있다. 그러나 데이터를 유지하기 위하여 콘덴서를 사용하므로 재충전(Refresh)이 필요하고, SRAM에 비해 데이터를 읽고 쓸 수 있는 속도가 느리다. 하지만 SRAM에 비해 약 4배 이상의 집적도를 가진다. 따라서 큰 기억 용량의 RAM이 필요한 경우에 사용된다.

SDRAM의 어드레싱 기본 원리는 column address, row address, bank address가 바로 (x,y,z)가 되어 직육면체의 어느 한 곳을 지정하게 되는 것이다. 프로세서가 메모리에 있는 정보를 읽거나 메모리에 정보를 기록할 때는 먼저 가로줄에 신호(RAS, Row Address Strobe)를 보내고 나서 세로줄에 신호(CAS, Column Address Strobe)를 보내어 주소를 확인한다.

SDRAM의 액세스 동작의 순서는 nCS와 RAS(Row Address Strobe) 신호를 활성화시켜서 Row Address를 주소 버스에 실어준다. 그다음 RAS를 비활성화시키고 CAS(Column Address Strobe) 신호를 활성화 후, 읽기나 쓰기 동작에 따라서 nWE 신호를 준다. 원하는 특정 주소를 지정한 뒤, 거기서부터 Column Address를 하나씩 증가시켜가며 데이터를 버스트하게 액세스한다. 모든 동작은 CLK의 positive edge에 동기되어 동작한다. 여기서 CAS latency 라는 용어가 대두되는데, read 커맨드와 첫 번째 유효한 데이터 사이의 딜레이이다. 단위는 clock cycle이고, 보통 2, 3의 값을 갖는다. 즉 2, 3의 클럭 사이클 이후에 실제 데이터가 데이터 버스에 실린다는 뜻이다. SDRAM의 read, write 액세스 동작은 버스트(burst) 지향적이다. 이것은 특정 어드레스의 데이터를 액세스할 때, 한 바이트만을 액세스하는 것이 아니라 한 번에 여러 바이트를 액세스한다는 의미이다.

이상에서 살펴본 바와 같이 SDRAM에서 데이터를 읽고 쓰는 과정은 SRAM에서 데이터를 읽고 쓰는 과정에 비해서 복잡하다. 따라서 CPU와 SDRAM 사이의 인터페이스를 도와주는 SDRAM 제어기가 필요하다.

SDRAM은 SRAM의 비해 집적도는 높으나 데이터 전송 속도가 SRAM에 비해서 많이 느리다. 하지만 SDRAM의 구조상 한 Row에 수천의 비트가 연속적으로 나열되어 있으므로 이를 활용하면 더 높은 데이터 전송율을 구현하는 것이 가능하다. 이를 위해 개발된 방식 DDR(Double Data Rate) SDRAM이다. SDRAM과 비교할 때 접근방법이나 조작 명령 등이 동일하지만 데이터를 읽고 쓰는 작업에서 2배의 효율을 얻을 수 있다. SDRAM의 경우 입력 클럭의 상승 엣지나 하강 엣지에서만 Read 또는 Write 작업을 수행하기 때문에 한 번의 명령에 1 Word에 해당하는 데이터만 접근할 수 있다. 하지만 DDR SDRAM은 입력 클럭의 상승과 하강 엣지 모두 데이터 Read/Write가 가능하여 한 번의 명령에 2 Word 접근이 가능하며 SDRAM과 동일한 접근 방식으로 2배의 효율을 얻을 수 있다.

DDR(Double Data Rate) SDRAM이 개발되면서 SDRAM은 SDR(Single Data Rate) SDRAM이란 이름으로 불리게 되었다. 최근에는 이에 더 발전된 형식으로 DDR2, DDR3가 개발되었으며, 데이터 전송 효율 2배씩 증가하여 DDR2는 한 번의 명령에 4 Word, DDR3

는 한 번의 명령에 8 Word의 데이터를 접근할 수 있게 되었다.

◎ 플래시 메모리

플래시 메모리는 RAM과는 달리 일정한 블록 단위로 읽거나 쓴다. 플래시 메모리에 데이터를 쓸 때, 초기화된 상태에서는 값을 쓸 때에 어떠한 값을 써도 상관없지만, 일단 한 번 값이 써진 이후에는 플래시 메도리 특성상 1에서 0으로의 내용 변경은 가능하지만, 0에서 1로의 내용 변경이 불가능하기 때문에 다음 표에서 보는 바와 같은 현상이 나타나게 된다. 따라서 플래시 메모리에 값을 쓸 때에는 영역 지우기라는 과정을 통해서 플래시의 내용을 모두 1로 초기화한 후 데이터를 써야 한다.

【표 1.2.2】 RAM과 플래시 메모리의 비트 수정의 차이

처리내용	RAM	플래시 메모리
초깃값	어떤 값이 될지 알 수 없다.	1111 1111 (0xFF)
첫 번째로 0x34를 써 넣었을 때	0011 0100 (0x34)	0011 0100 (0x34)
두 번째로 0x9A를 써 넣었을 때	***1001 1010*** *(0x9A)*	***0001 0000*** *(0x10)*

영역 지우기는 플래시 메모리의 데이터를 모두 0xFF로 만들어 초기화한다. 영역지우기(초기화)의 처리에서, 프로그래머는 특정 번지의 데이터 번지만을 지울 수가 없다. 따라서 특정 번지를 지우기 위해서는 일정 크기의 블록을 모두 지워야 한다. (이 지워지는 블록의 단위는 플래시를 생산하는 회사마다 다르고, 제품 종류마다 다르기 때문에 해당되는 디바이스의 매뉴얼을 보고 블록의 크기 정보를 확인해야 한다.) 영역 지우기 후 플래시에 데이터를 써넣을 때에도 항상 특정 명령을 플래시에 전달하고 데이터를 써넣어야 하며, 플래시에 데이터를 쓴 다음에는 '데이터 고정'이라는 단계를 거쳐야 한다. 위와 같이 플래시 메모리에 데이터를 쓰기 위한 과정은 다음과 같다.

영역 지우기(block erase) → **쓰기**(writing) → **데이터 고정**(fusing or programming)

▣ 플래시 메모리의 종류

① NOR형 플래시 메모리

- 펌웨어 프로그램의 저장용으로 사용한다.
- ROM이나 RAM과 같은 READ Cycle을 통해서 읽기가 가능하다.
- 데이터를 써넣는 시간과 영역 지우기에 소모되는 시간이 길다.
- 용량이 커질수록 가격이 기하급수적으로 비싸진다.

② NAND형 플래시 메모리

- 하드디스크와 같은 보조기억장치 대용으로 사용한다.
- ROM 형태의 읽기가 불가능하다.
- 읽고 쓰는 속도가 빠르며, 영역 지우기에 소모되는 시간이 짧다.
- 가격이 저렴하다.

1.2.3 주변 장치(Peripheral)

CPU는 명령어의 수행을 통해서 다양한 작업을 할 수가 있다. 특히 시간이나 이벤트 발생을 측정한다든지 병렬 데이터를 직렬 데이터로 변환하는 것과 같은 몇몇 특정한 작업을 수행하는 주변 장치(Peripheral)를 사용하면 CPU의 부담을 덜어주면서 같은 작업을 더 빠르게 수행할 수 있다. 임베디드 시스템 설계 시에 어느 부분을 CPU의 기능을 사용하여 소프트웨어적으로 해결하고 어디까지를 이와 같은 주변 장치를 사용해서 해결할지를 결정하는 것은 필요한 성능과 비용 등을 고려해서 적절히 결정해야 할 문제이다. 임베디드 시스템에서 많이 사용되는 주변 장치들은 CPU와 함께 하나의 소자 안에 같이 집적되는 경우가 많다.

◎ 타이머, 카운터

타이머는 시간 간격을 측정하는 장치로써 임베디드 시스템에서 가장 일반적으로 사용되는 주변 장치이다. 타이머를 사용해서 특정한 시각에 이벤트를 발생시키거나 두 이벤트 사이의 시간 간격을 측정할 수 있다. 실시간 특성이 요구되는 임베디드 시스템의 경우 정해진 시간마다 인터럽트를 발생시켜서 원하는 작업을 특정한 시간 주기로 수행할 수 있도록 타이머를 사용할 수 있으며 모터의 인코더에서 들어오는 펄스 사이의 시간을 측정함으로써 모터의 회전 속도를 계산해내는 데 사용되기도 한다.

◎ 직렬통신 장치

직렬통신 장치는 병렬 데이터를 시간적으로 나누어서 직렬 데이터로 보내고 직렬 데이터를 받아서 병렬 데이터로 바꾸어 주는 통신 장치이다. 직렬통신 방식은 데이터를 주고받는 시스템 사이에 2~3가닥의 선만 연결이 되어 있어도 사용이 가능하기 때문에 원거리 통신에 많이 사용되고 있다.

◎ A/D 변환기

A/D 변환기(analog-to-digital)는 아날로그 신호를 디지털 신호로 바꾸어 준다. 임베디드 시스템이 활용되는 환경에서 온도, 습도, 전압, 전류 등의 대부분의 외부 신호들은 아날로그 신호이다. 이들을 임베디드 시스템에서 읽어 들여서 활용하기 위해서는 A/D 변환기가 필요하다. 예를 들어 0V에서 7.5V 사이의 전압을 4비트의 이진수로 변환하는 경우를 생각해 보자. 0V에서 7.5V 사이의 값을 4비트로 표현할 수 있는 16개의 구간으로 균일하게 나눈다면 디지털 값을 할당할 수 있을 것이다. 7.5/16=0.5V 사이의 값에 대해서 동일한 이진수를 할당하게 됨을 알 수 있다. 사용하는 비트 수를 늘인다면 좀 더 전압 범위를 세분화해서 이진수 코드를 할당할 수 있을 것이다.

◎ 캐시

캐시는 프로세서 코어와 SDRAM 등으로 이루어진 주 메모리 사이에 놓여 있는 작고 빠른 메모리로, 가장 최근에 참조한 주 메모리의 일부분을 저장하고 있다. 주 메모리는 비교적 프로세서에 비해 속도가 느린 편이므로 자주 사용되는 프로그램이나 데이터를 응답이 빠른 캐시 메모리에 저장하고 이를 사용함으로써 프로세서의 성능을 향상시킬 수 있다.

캐시에 의한 성능 향상이 가능한 것은 프로그램 수행의 지역성 때문이다. 즉 컴퓨터 프로그램은 데이터 메모리의 집약되어 있는 부분에서 작은 코드들이 반복적으로 실행되는데 이 원리를 참조의 지역성이라고 한다. 지역성이 없다면 캐시는 전반적인 시스템의 성능을 향상시키는데 거의 도움이 되지 않을 것이다. 캐시는 시간과 공간에서의 반복적인 국부적 참조성을 사용하는데 시간적으로 참조하는 것을 시간적 지역성, 주소의 근접성에 의해 참조하는 것을 공간의 지역성이라고 한다. 다시 말하면 한번 사용된 데이터는 가까운 시간 내에 다시 사용될 확률이 높으며, 사용된 데이터의 주변에 있는 데이터 역시도 사용될 확률이 높기 때문에 이들을 빠른 캐시 메모리에 넣어 높으면 프로세서의 성능 향상을 가져 올 수 있다.

◎ Memory Protection Unit(MPU)

멀티 태스킹을 위해 운영체제를 사용할 경우 시스템에는 여러 개의 태스크가 동시에 (시분할) 동작하게 된다. 각 태스크가 동작하기 위해서는 각 태스크마다 고유의 스택 및 힙 메모리가 필요하다. 이때 하드웨어적인 적절한 메모리 보호 장치가 없다면 한 태스크가 다른 태스크의 메모리를 (악의적인 프로그램이거나 프로그램상 버그에 의해) 침범하여 동작을 방해하는 경우가 생길 수 있다. 따라서 멀티 태스킹 시스템에서 안정적인 동작을 위해서는 각 태스크들에 부여된 메모리를 다른 태스크들이 침범하지 않도록 하는 장치가 필요하다. 이와 같은 역할을 하는 것이 메모리 보호 장치(MPU)이다.

멀티 태스킹 시스템에서는 또한 각 태스크들 사이에서 자원(디바이스 장치들)을 중재할 필요도 있는데 ARM 시스템에서는 모든 디바이스가 메모리 맵되어 사용되므로 이 또한 MPU를 사용하여 중재할 수 있다.

1.3 ARM 프로세서

1.3.1 ARM 프로세서 개요

ARM 프로세서는 1985년 첫 번째 ARM1 프로토 타입이 만들어진 이후로 지속적으로 발전해 왔다. 현재 ARM 프로세서 코어는 모바일폰, 포켓용 전자 장치 등 다양한 32비트 임베디드 시스템에서 사용되고 있다. ARM 코어를 개발한 ARM사는 직접 반도체를 체조하여 판매하는 것이 아니라 설계한 프로세서를 Hard Macrocell 또는 Synthesizable core로 제공한다. 반도체 제조 또는 SoC 제조회사에서는 ARM사로부터 제공받은 ARM 코어에 적절한 주변 장치를 추가하여 SoC(System on Chip)을 만들어 판매하거나 자체 제품에서 사용한다. 2016년 현재 ARM사는 1,200개 이상의 semiconductor 파트너를 보유하고 있다.

ARM사는 임베디드 시장의 수요를 충족시키기 위해서 공통의 기본적인 틀 위에서 사용되는 용도와 필요한 기능에 따라서 다음과 같은 갈래의 제품군들을 갖추고 있다.

◎ Cortex-A/Cortex-A50 Series: **공개 운영체제를 위한 고성능 프로세서**

Cortex-A 프로세서는 가장 고성능의 ARM 제품 계열로서 최대 성능의 Memory management unit를 갖추고 큰 용량의 운영체제를 운영할 수 있는 능력을 갖추고 있다. 고성능의 32비트 프로세서 성능을 나타내고 있으며 Cortex-A50의 경우 32비트 및 64비트 성능을 가짐으로써 차세대 모바일 인터넷 기기의 등장을 가능케 하고 있다. 단일 코어 또는 멀티 코어 형태로 출시되고 있으며 NEON 멀티 미디어 처리기와 고성능 부동소숫점 연산 장치를 옵션으로 갖추고 있다. 스마트폰, 디지털 TV, 넷북 등의 장비에 채용되고 있다.

◎ Cortex-R Series: **실시간 응용을 위한 고성능 프로세서**

Cortex Real-time 임베디드 프로세서는 저전력으로 뛰어난 인터럽트 처리 능력을 가지도록 개발되었다. 뛰어난 성능을 가지면서 기존의 플랫폼과의 호환성을 유지하도록 설계되었다. 자동차 브레이킹 시스템, 네트워크 제어 장치 등에 채용되고 있다.

◎ Cortex-M Series: **저비용의 마이크로 콘트롤러 기능을 가진 프로세서**

OS가 사용되지 않는 응용 분야에 고속의 마이크로콘트롤러로서 정해진 동작을 빠르게 수행하도록 설계되었다. 스마트 센서, 자동차 에어백 등에 채용되고 있다.

1.3.2 ARM 아키텍처의 특징

(1) 32비트 RISC 프로세서
- 명령어와 내부 레지스터가 32비트로 균일하게 구성

(2) 간단하고 강력한 명령어 지원
- 32비트 ARM 명령과 16비트 Thumb 명령을 제공
- 메모리상의 데이터를 직접 연산에 사용할 수 없는 Load/Store 아키텍처
- 간단한 어드레싱 모드. 메모리에 Load/Store 하기 위해 필요한 주소 데이터가 모두 레지스터상에 존재
- 산술 및 논리연산과 Shift 연산과 명령어 수행 가능
- 거의 모든 명령어들의 조건부 실행 가능

(3) Jazelle 코어를 확장한 경우 8비트의 Java byte 코드도 실행 가능

(4) Big/Little Endian 지원

모든 ARM 프로세서는 처리되는 데이터의 크기, 명령어의 구조, 레지스터 등의 아키텍처(Architecture) 구성에 따라서 몇 가지 버전으로 구분이 된다. ARM 아키텍처의 구분은 v4, v4T, v5TE, v5TEJ, v6, v7 등으로 구분된다. ARM사는 임베디드 시장의 수요를 충족시키기 위해서 이와 같은 아키텍처의 버전을 변화시켜 왔으며, 원칙적으로 이전 버전에서 수행되던 코드가 이후 아키텍처 버전에서도 계속 수행될 수 있도록 버전의 변화가 진행되어 왔다. 최근에는 휴대전화 등의 고성능 장치에 적용되는 ARMv8-A와 자동차나 산업용 제어기에 적용되는 임베디드 시스템용 ARMv8-R 두 갈래의 아키텍처를 내어 놓고 있다.

ARM 코어 또는 ARM 프로세서 코어라 함은 이와 같은 아키텍처의 기본 원리를 이용하여 구현한 프로세서의 핵심 부분을 지칭한다. ARM 프로세서 코어에는 ARM7TDMI, ARM9TDMI, ARM9E, ARM10E, ARM11 등이 있다. ARM 프로세서는 프로세서 코어에 캐시(Cache), MMU(Memory Management Unit), 쓰기 버퍼(Write Buffer), 버스 접속 장치(BIC)와 같은 주변 회로를 덧붙인 독립된 형태를 일컫는다. 이러한 ARM 프로세서에는 ARM920T 프로세서, ARM940T 프로세서, ARM946EJ 프로세서, ARM1020E 프로세서, ARM1136JF-S 프로세서 등이 있고 ARM940T와 ARM920T처럼 같은 프로세서 코어(ARM9TDMI)를 같은 프로세서 패밀리라고 부른다. [표 1.3.1]은 아키텍처의 버전별 특징과 해당 프로세서에 대해 정리하고 있다.

【표 1.3.1】 ARM Architecture와 프로세서

Architecture	특 징	프로세서
v1, v2, v3	이전 버전, 현재는 거의 사용 안 됨.	ARM610, ...
v4	System 모드 지원	StrongARM(SA-1110, ...)
v4T	v4의 기능과 Thumb 명령 지원	ARM7TDMI, ARM720T ARM9TDMI, ARM940T, ARM920T
v5TE	v4T의 기능 ARM/Thumb Interwork 개선 CLZ 명령, saturation 명령, DSP Multiply 명령 추가	ARM9E-S, ARM966E-S, ARM946E-S ARM1020E XScale
v5TEJ	v5TE의 기능 Java 바이트 코드 실행	ARM7EJ-S, ARM9EJ-S, ARM1020EJ-S
v6	SIMD 명령(MPEG4 같은 미디어처리용) Unaligned access 지원	ARM1136EJ-S
v7	MMU 기반 VMSA 지원(-A) MPU 기반 PMSA 지원(-R)	Cortex-A8, Cortex-M4
v8	Cryptographic 명령어 지원 64비트 기능 지원	Cortex-A57, Cortex-A53

◎ ARM과 Thumb 명령어 셋

ARM 명령어 셋은 32비트 길이의 명령어들로서 데이터 처리와 제어 명령들을 다양하게 갖추고 있다. 반면에 Thumb 명령어 셋은 16비트로 이루어진 명령어들로서

ARM 명령어들이 가진 기능의 일부를 구현하고 있다. 32비트 명령어를 사용한 경우보다 16비트 명령어를 사용하면 약간의 성능 저하가 있더라도 코드의 길이를 상당히 줄일 수 있다. v4T 이상의 ARM 프로세서의 경우 ARM 명령어 수행과 Thumb 명령어 수행을 번갈아 할 수 있다. 코드의 길이를 줄이기 위해서 Thumb 명령어로 대부분의 코드를 작성하고 인터럽트 서비스 루틴과 같이 성능이 중요한 부분은 ARM 명령어로 작성하는 방식도 생각할 수 있다.

ARMv6T2에서는 Thumb-2 기술을 채용해서 기존의 Thumb 명령어를 확장하여 32비트 명령어를 다수 채용하였다. 여기에 채용된 32비트 Thumb 명령어들을 활용하면 ARM과 거의 비슷한 성능을 얻으면서 기존의 Thumb 명령어를 사용하는 경우보다 나은 코드 밀도를 가질 수 있다.

1.3.3 ARM7/9/11/ Cortex 아키텍처[2]

ARM 아키텍처 버전 ARMv4T 기반의 ARM7TDMI, ARM9TDMI 프로세서, 이보다 명령수행 능력이 향상된 ARMv5T 기반의 ARM9E(J) 프로세서 코어를 기반으로 하는 소자들이 다양한 반도체 제작업체로부터 만들어져 왔다. 최근에는 멀티미디어 성능에 대한 사용자의 욕구를 만족시키기 위해서 ARM7, ARM9을 대체하는 ARMv6 기반의 ARM11 코어 기반의 소자들이 생산되었고, 앞으로는 ARMv7 기반의 Cortex-A 시리즈의 소자들이 ARM11의 자리를 대체할 것으로 예상된다.

이 절에서는 ARM 코어가 ARMv4T 기반의 ARM7부터 ARMv7 기반의 Cortex-A 시리즈까지 발전하면서 크게 변경된 부분에 대해 살펴본다.

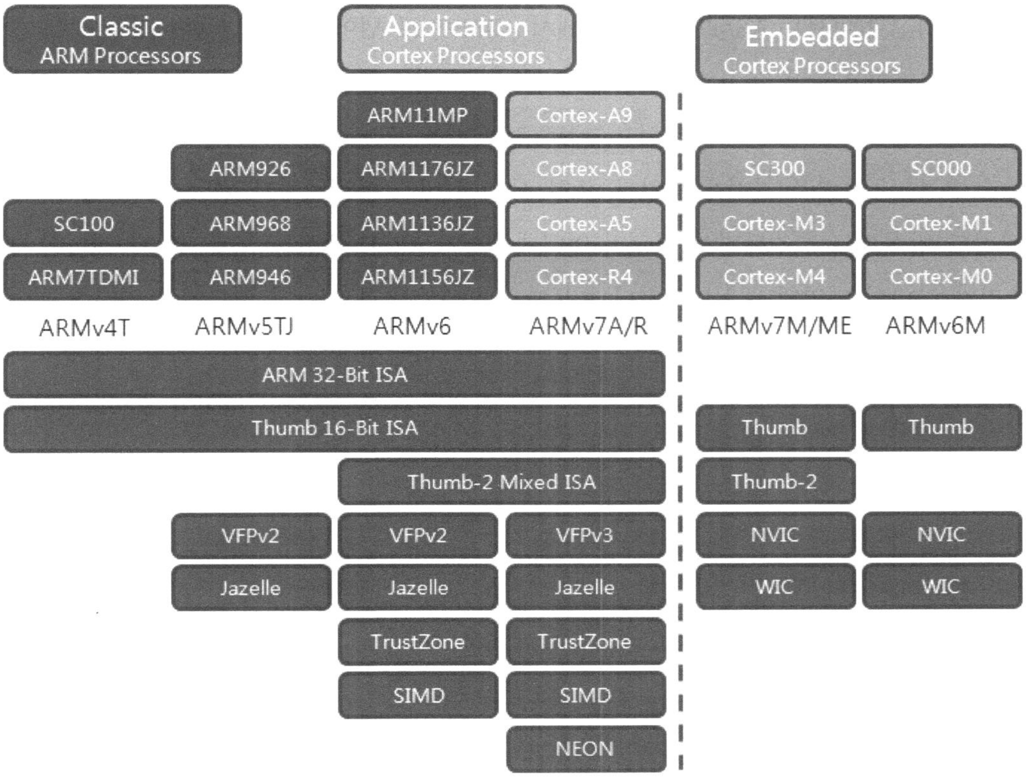

【그림 1.3.1】 ARM 아키텍처와 프로세서

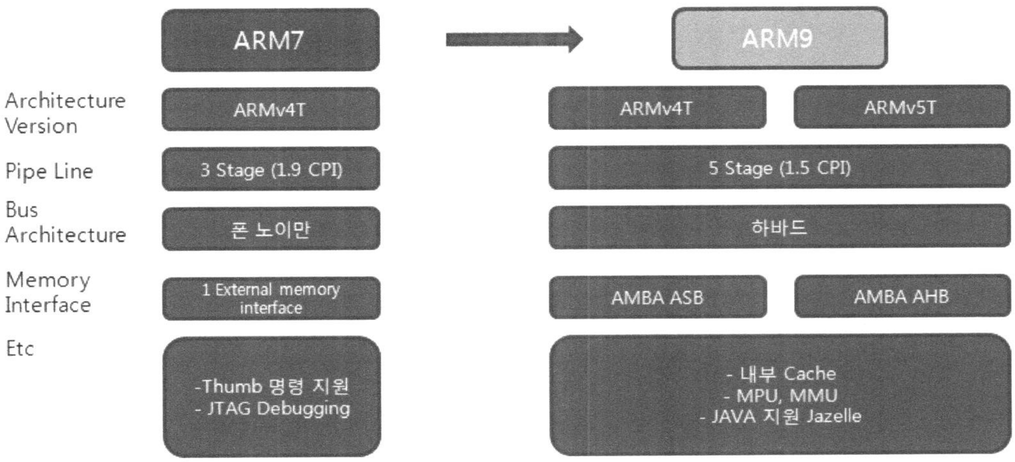

【그림 1.3.2】 ARM7 -> ARM9 변경 사항

[그림 1.3.2]에서는 ARM7 프로세서에서 ARM9으로 넘어오면서 변경된 점을 보여 주고 있다. 파이프라인 Stage의 개수를 변경함으로써 1개 명령을 수행하는데 평균적으로 소요되는 클럭 수가 1.9개에서 1.5개로 감소함에 따라 동일 CPU 클럭을 사용하더라도 높은 연산 능력을 가지게 되었다. 또한, 데이터 버스 아키텍처가 '폰 노이만' 방식에서 '하버드' 방식으로 변경되면서 메모리 인터페이스가 ARM7 에서는 프로그램과 데이터 메모리가 하나의 영역에 배치되었으나, ARM9은 프로그램과 데이터 메모리의 영역이 분리되었다. 또한, 메모리 인터페이스 방식의 변경으로 다양한 외부 장치를 연결하기 용이해졌다. 또한, 리눅스 등의 복잡한 OS를 올리기 위해 MMU를 부착한 코어가 생산되었다.

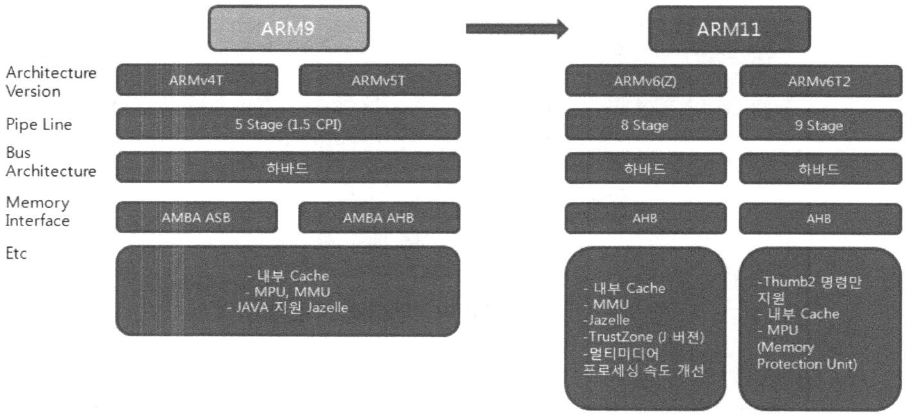

【그림 1.3.3】 ARM9 -> ARM11 변경 사항

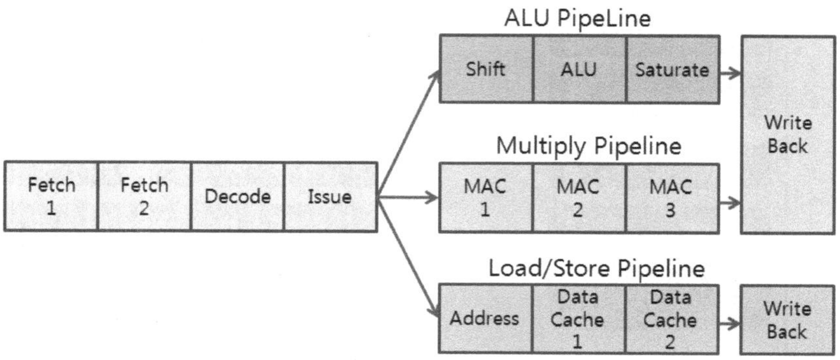

【그림 1.3.4】 ARM11의 Pipeline 구조

[그림 1.3.3]에서는 ARM9 과 ARM11의 차이점을 보여 준다. 임베디드 기기들에 요구되는 고성능의 멀티미디어 처리 능력을 만족시키기 위해서 ARM7에서 9으로 변경되었던 것보다 기능 추가 및 성능 개선이 많이 일어났다. 가장 눈에 띄는 부분은 파이프라인 Stage의 증가다. ARM11은 ARM9에서 사용하던 파이프라인이 branch 명령에서 파이프라인이 깨지는 단점을 branch 예측 기능을 통해 상당 부분 개선하였으며, 또한 파이프라인 뒷부분을 명령 종류에 따라 3가지로 분리하여 명령을 수행함으로써 연산 성능을 개선하였다. [그림 1.3.4]에서는 ARM11에서 사용되는 파이프라인 구조를 나타낸다.

또 다른 변화로 멀티미디어 프로세싱 기능 향상을 위한 새로운 SIMD(Single Instruction Muliple Data) 명령이 추가됨으로써, MPEG4 비디오 코덱의 연산 속도가 2배 이상 향상되었으며, 오디오 연산도 향상되었다. 그리고 인터럽트 컨트롤러 부분에서도 속도를 끌어올림으로써 프로세서의 실시간 성능도 향상되었다. ARM 프로세서에서 운영체제를 구동하기 위한 기능도 향상되었는데, ARM9에서 가지고 있던 동작 모드와 별도로 운영체제와 응용 프로그램으로부터 프로그램과 데이터를 안전하게 분리시키기 위해 TrustZone이라는 보안 기능도 추가되었다.

일부 ARM11에 사용된 아키텍처 버전 ARMv6K가 있다. 이는 일반 PC에서는 어느 정도 자리를 잡고 있는 멀티코어 프로세싱을 임베디드 시스템 프로세서로 구현한 것이다. 시중 제품에 사용된 것을 찾아보기는 어렵지만, 최근에 개발된 Cortex-A9 프로세서도 멀티 코어 프로세서이므로 앞으로 많이 사용될 것으로 예상된다.

ARM사에서 ARM11 다음으로 시장에 내놓은 제품은 더 이상 ARM이라는 이름으로 생산되지 않고 새로운 이름인 'Cortex'라 부른다. 또한, 코어 아키텍처 및 시장 목표를 분리시켜 다른 계열로 프로세서를 내놓았다. 대표적으로 2가지 계열이 있는데 하나는 소형 임베디드 시장의 마이크로프로세서를 대체하기 위한 Cortex-M 시리즈이고, 다른 하나는 멀티미디어 및 연산 능력을 더욱 향상시켜 고성능 임베디드 시장을 공략하기 위한 Cortex-A 시리즈가 있다.

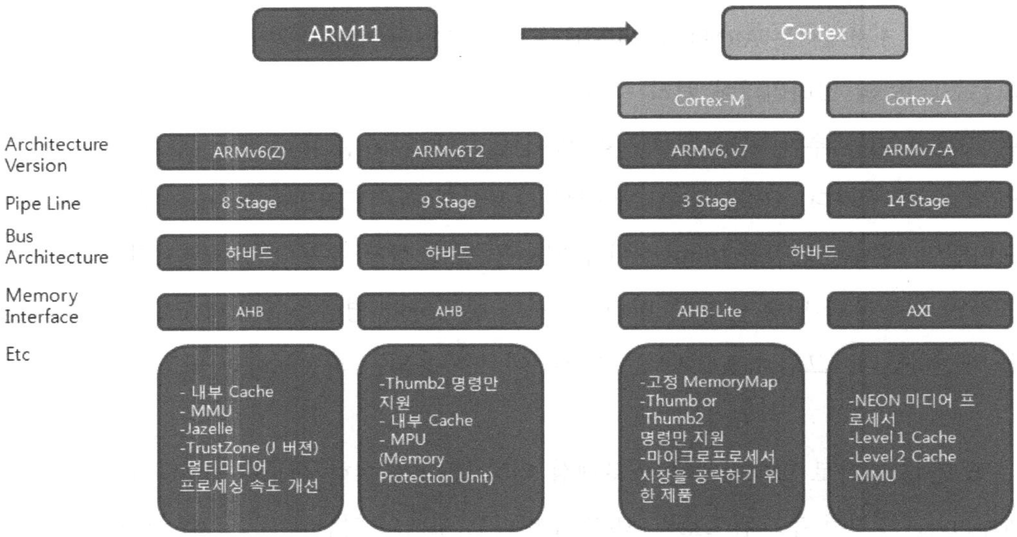

【그림 1.3.5】 ARM11 -> Cortex

[그림 1.3.5]에 정리된 것을 보면 Cortex-M 시리즈는 ARM11과 동일한 코어를 사용하지만 파이프라인이 개수가 변경되었으며, 32bit ARM 명령어가 아닌 Thumb 명령과 Thumb2 명령만을 사용하는 프로세서로 개발되었다. 이로 인해 프로세서의 크기는 작아지지만 성능은 ARM7 또는 9과 비슷해짐으로써, 소형 임베디드 시장에서 고속의 연산 성능을 위하는 제품에 사용하기에 유용한 제품으로 출시하였다.

Cortex-A 시리즈는 Cortex-M과는 반대로 ARM11에 비해 파이프라인의 개수가 증가하였고, NEON이라 불리는 멀티미디어 연산 프로세서가 추가로 붙어 있어, 기본적인 연산 기능과 멀티미디어를 위한 SIMD 연산의 효율을 증가시킬 수 있게 개발되었다. 또한, Cortex-A8 제품은 단일 코어지만 Cortex-A9은 멀티 코어 프로세서로 개발됨으로써 높은 큰 성능의 임베디드 시스템을 제작할 수 있게 되었다.

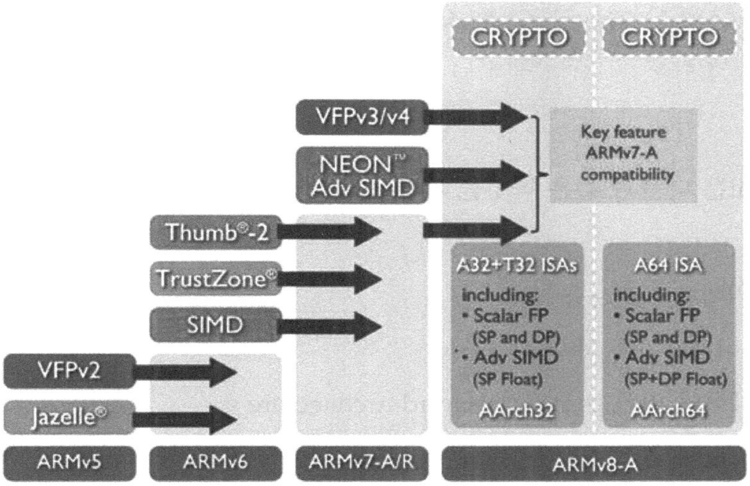

【그림 1.3.6】 ARM 아키텍처와 확장 기능(www.arm.com 참조)

ARMv8-A 아키텍처는 기존의 32비트 프로그램과의 호환성을 유지하면서 64비트 기능을 추가하였다. 64비트 기능과 관련해서

- 64-bit용 범용 레지스터, SP (stack pointer) 및 PC (program counter)
- 64-bit data processing and extended virtual addressing

등이 추가 되었으며 64비트의 명령어들도 정의되었다. [그림 1.3.6]에는 이전의 ARM 아키텍처와 ARMv8-A 아키텍처를 비교해서 보여 주고 있다.

지금까지 ARM7부터 Cortex 시리즈까지 ARM 코어의 변화를 살펴보았다. 속도 및 기능 개선을 위해 다양한 시도가 이루어 졌으며, 이로 인해 성능이 비약적으로 발전하였다. 하지만 코어의 기본적인 개념 및 사용 방법에 있어서 근본적으로 변한 것은 없으므로 ARM9 코어의 사용 방법을 익힌다면 다음 버전의 ARM 코어를 사용하는 데 있어서 큰 어려움은 없을 것이다.

1.4 ARM9TDMI 프로세서 코어

1.4.1 특징

ARM9TDMI는 다음과 같은 특징을 가진다.

- ARM 아키텍처 v4T 사용
- 5단의 파이프라인을 사용
- 코드와 데이터 버스를 분리한 Havard Architecture
- Clock Speed 향상
- 1.5 CPI(Clock cycle Per Instruction)

v4T는 ARM과 Thumb 명령어 교체 사용이 가능한 ARM 아키텍처로서 이후의 ARM 아키텍처들은 v4T를 기본으로 해서 명령어를 추가하거나, Pipeline의 수를 늘이는 등의 개선을 가한 것이라 볼 수 있다.

ARM 프로세서 코어의 이름에 붙는 심볼의 의미는 다음과 같다.

T : Thumb 명령어 수행 가능, v4T 이후에는 기본적으로 포함되는 기능임
M : Long Multiply 연산 가능
E : Enhanced DSP 명령어 수행 가능
D : JTAG 디버그 기능을 가지고 있음
I : Embedded ICE macrocell을 가지고 있음

◎ ARM9TDMI 코어의 내부 구조

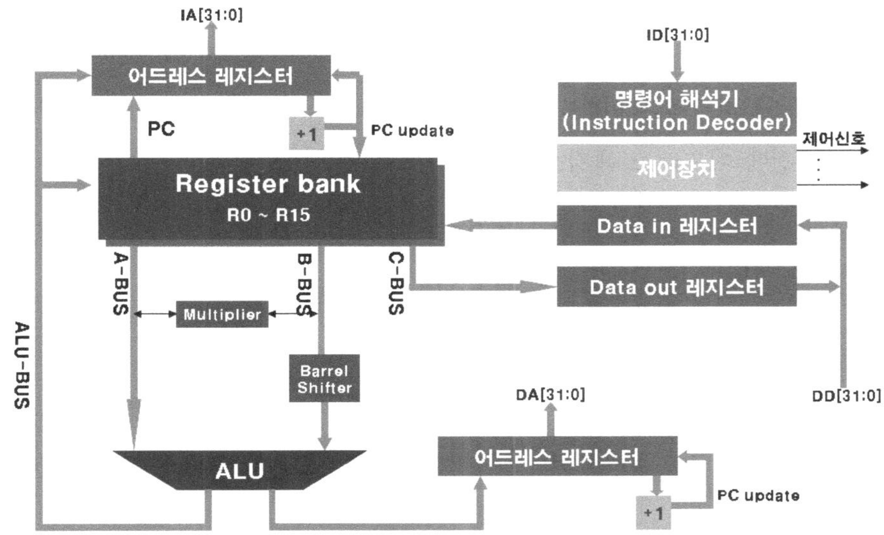

【그림 1.4.1】 ARM9TDMI 코어의 내부 구조

[그림 1.4.1]은 ARM9TDMI 코어의 내부 구조를 나타낸 것이다. 명령어는 ID[31:0]을 통해서 입력되고, 데이터 값은 DD[31:0]을 통해 입력된다. 명령어 해석기는 명령어가 실행되기 전에 명령어를 해독하는 역할을 한다.

ARM 프로세서는 로드-스토어 아키텍처를 채택하고 있기 때문에 메모리 사이에 데이터를 직접 조작할 수 있는 데이터 처리 명령어가 없다. 따라서 데이터 처리는 레지스터 안에서만 수행될 수 있다.

레지스터 뱅크란 32비트 레지스터로 구성된 저장 공간으로 데이터는 이 레지스터 뱅크에 저장된다. 8비트 또는 16비트 값은 메모리에서 읽혀진 후 레지스터에 저장되기 전 부호 확장기를 거쳐 32비트 값으로 변경된 후 저장된다.

ALU와 multiplier는 A-BUS와 B-BUS에서 두 개의 소스 레지스터 값을 읽어 연산을 수행한다. 데이터 처리 명령어는 결과 레지스터의 값을 ALU-BUS를 사용하여 레지스터 뱅크에 저장하고, 로드-스토어 명령어는 ALU를 사용하여 어드레스 레지스터에 저장되어 있는 주소 값을 읽은 다음, 그 값을 어드레스 버스에 뿌린다.

ARM의 중요한 특징 중 하나는 B-BUS에 연결된 소스 레지스터의 값이 ALU로 입력되기 전에 배럴 시프터를 거쳐 미리 선처리 작업을 할 수 있다는 것이다. 이를 통해 연산 속도를 향상시킬 수 있다.

제어 장치를 통해 제어신호가 전송된 후, 레지스터 뱅크에 그 결괏값이 저장된다.

로드-스토어 명령어를 위해 코어가 연속적인 메모리에서 다음의 레지스터 값을 읽고 쓰기 전에 어드레스 레지스터는 자동으로 업데이트된다.

◎ ARM9TDMI 파이프라인

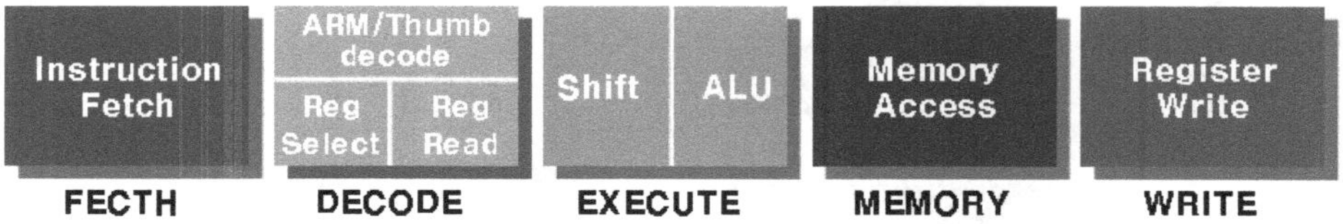

【그림 1.4.2】 ARM9TDMI 연산 과정

ARM 프로세서는 일반적으로 [그림 1.4.2]와 같은 데이터 연산 과정을 거친다. ARM 코어는 이러한 연 산시간을 단축하기 위해 파이프라인을 사용한다. [그림 1.4.3]은 이상적인 5단 파이프라인 동작 상태를 보여 준다.

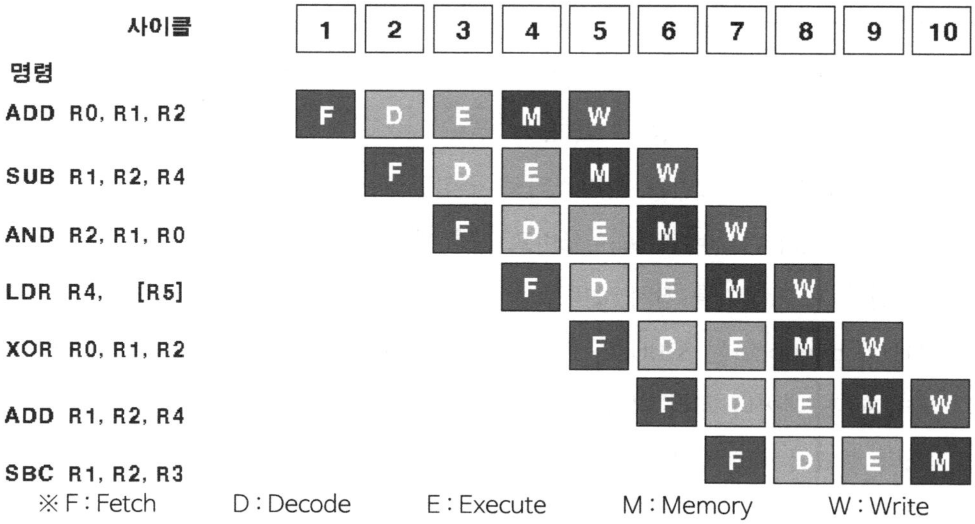

【그림 1.4.3】 이상적인 파이프라인 동작

[그림 1.4.3]과 같이 첫 번째 명령이 수행되어 디코드 되는 동안 다음 명령의 페치 명령이 수행된다. 이처럼 다섯 번째 사이클이 수행될 때는 다섯 가지 동작이 한 번에 수행되는 것을 볼 수 있다. 따라서 이상적인 파이프라인의 동작은 한 사이클에 하나의 명령을 수행함을 알 수 있다. 그러나 인터럽트 등 여러 가지 영향으로 인해 실제로 파이프라인은 평균적으로 2.5 사이클에 하나의 명령을 수행한다.

1.4.2 ARM9 프로그래밍 모델

◎ **자료형**(Data types)

ARM 아키텍처 버전 4 이상에서 지원하는 자료형은 (1) Byte(8bit) (2) Halfword(16bit) (3) Word(32bit) 세 가지이다. Halfword 자료형의 데이터는 짝수 자리의 주소에 위치해야 하며, Word 자료형의 데이터는 4의 배수 자리의 주소에 위치해야 한다. 각 자료형의 데이터는 부호가 있거나 또는 없는 것으로 해석될 수 있다. 부호가 없는 경우 N-bit 데이터는 0에서 2^N-1까지의 수를 나타낼 수 있으며 부호가 있는 경우 -2^{N-1}에서 2^{N-1}-1까지의 숫자를 나타낼 수 있다.

ADD, SUB 등의 모든 자료처리는 Word 단위로 이루어진다. Load 와 Store 명령을 사용해서 Byte 또는 Halfword 또는 Word형의 데이터를 메모리로부터 읽거나 메모리에 쓸 수 있는데 Halfword와 Byte형의 자료를 읽을 때는, 자동적으로, 부호가 있는 경우 부호가 확장되고 부호가 없는 경우 0이 확장되어 Word형의 데이터로 변화된다.

◎ 동작 모드

ARM 프로세서에는 7개의 동작 모드가 있는데 크게 사용자 모드(user mode)와 특권 모드(privileged mode)로 구분된다. 사용자 모드에서는 몇몇 시스템 리소스에의 접근이 제한되고 인터럽트 발생과 같은 예외 사항(exception)의 발생 이외에는 동작 모드의 변화를 일으킬 수 없다. 특권 모드에서는 시스템 리소스에 제한 없이 접근할 수 있으며 동작 모드의 변화도 자유롭게 일으킬 수 있다. 특권 모드에는 또 5개의 예외 모드(exception mode)와 하나의 시스템 모드가 있다. 예외 모드로는 전원인가, 인터럽트 발생 등 특정한 예외 상황이 발생했을 때 들어가게 된다. 각 예외 모드에는 각 모드에서만 사용 가능한 레지스터들이 있는데 이를 통해서 사용자 모드에서 예외 모드로 전환 시에 데이터가 망실되는 것을 방지할 수 있다. 시스템 모드에서는 사용자 모드와 같은 레지스터들을 사용할 수 있는데 아무 제한 없이 시스템 리소스에 접근할 수 있다. 이 모드는 운영체제에서 예외 모드와 관련된 레지스터들을 건드리지 않고 시스템 리소스에 접근할 필요가 있을 때 사용하게 된다.

【표 1.4.1】 동작 모드(Operation Modes)

<table>
<tr><th colspan="3">모드(Mode)</th><th>설 명</th></tr>
<tr><td colspan="3">사용자 모드(User Mode)</td><td>일반적인 프로그램을 실행하기 위한 모드이다.</td></tr>
<tr><td rowspan="6">특권 모드
(Privileged Mode)</td><td rowspan="5">예외 모드
(Exception Mode)</td><td>Supervisor Mode</td><td>전원 인가 혹은 리셋 시 최초에 사용되는 모드이다. 따라서 특별한 운영체제를 사용하지 않는 한 이 모드가 지속된다. 운영체제를 사용하는 경우에도 이 모드가 사용된다. 특별히 소프트웨어 인터럽트가 발생하면 이 모드로 변경된다.</td></tr>
<tr><td>FIQ</td><td>하드웨어 인터럽트를 위한 모드로 빠르게 처리해야 하는 경우에 사용하거나 고속 데이터 전송을 하는 경우에 사용된다. 스택 조작으로 인한 인터럽트 반응 시간을 줄이기 위해 특별히 R8~R14까지의 레지스터가 준비되어 있다.</td></tr>
<tr><td>IRQ</td><td>일반적인 하드웨어 인터럽트를 위한 모드이다. 여러 개의 인터럽트 소스가 존재하므로 이를 구분하기 위한 루틴이 필요하다.</td></tr>
<tr><td>Abort</td><td>외부 메모리에서 명령어 혹은 메모리를 엑세스하지 못하는 경우에 발생한다. 외부 메모리 버스 에러 처리 혹은 가상 메모리의 구현, 메모리 프로텍션 등의 기능을 구현할 때 사용된다.</td></tr>
<tr><td>Undefined</td><td>명령어를 읽었으나 알 수 없는 명령어일 때 진입하는 모드이다. 디버깅이나 코프로세서를 에뮬레이션 할 때 사용된다.</td></tr>
<tr><td colspan="2">시스템 모드(System Mode)</td><td>ARM 아키텍처 v4 이상에서 추가된 모드로 운영체제가 사용하는 모드이다. 특별한 점은 사용자가 모드와 레지스터를 함께 사용한다는 점이다.</td></tr>
</table>

◎ 레지스터

ARM에는 7개의 동작 모드에서 공통으로 사용할 수 있는 R0에서 R7까지, R15의 범용 레지스터와 현재 상태 레지스터(cpsr)가 있고 각 예외 모드마다 몇 개씩의 전용의 범용 레지스터가 있어서 전체적으로 37개의 레지스터가 있다.

ARM State General Registers and Program Counter

System & User	FIQ	Supervisor	Abort	IRQ	Undefine
R0	R0	R0	R0	R0	R0
R1	R1	R1	R1	R1	R1
R2	R2	R2	R2	R2	R2
R3	R3	R3	R3	R3	R3
R4	R4	R4	R4	R4	R4
R5	R5	R5	R5	R5	R5
R6	R6	R6	R6	R6	R6
R7	R7	R7	R7	R7	R7
R8	R8_FIQ	R8	R8	R8	R8
R9	R9_FIQ	R9	R9	R9	R9
R10	R10_FIQ	R10	R10	R10	R10
R11	R11_FIQ	R11	R11	R11	R11
R12	R12_FIQ	R12	R12	R12	R12
R13(SP)	R13_FIQ	R13_svc	R13_ABT	R13_IRQ	R13_und
R14(LR)	R14_FIQ	R14_svc	R14_ABT	R14_IRQ	R14_und
R15(PC)	R15(PC)	R15(PC)	R15(PC)	R15(PC)	R15(PC)

ARM State Program Status Register

System & User	FIQ	Supervisor	Abort	IRQ	Undefine
CPSR	CPSR	CPSR	CPSR	CPSR	CPSR
	SPSR_FIQ	SPSR_svc	SPSR_ABT	SPSR_IRQ	SPSR_UND

Cf) ◣ = Banked Register

【그림 1.4.4】 ARM 레지스터 세트

범용 레지스터들 중에서 R13(SP)은 관례적으로 스택포인터로 사용되며 R14와 R15는 각각 다음과 같은 특별한 기능을 가진다.

◎ R14(Link Register: LR)

이 레지스터는 다른 프로세서에서는 보지 못했던 기능의 레지스터이다. 일반적인 프로세서는 Subroutine을 호출할 경우 CALL을 사용하면 다음에 수행될 프로그램 카운터를 스택에 넣고, 호출될 번지를 프로그램 카운터에 넣는 동작을 하는데, ARM에서는 CALL과 RET 같은 명령이 없다. 대신 BL(Branch with Link)이라는 명령이 있어서, 해당 명령을 수행하면, CALL과 비슷하게 다음에 수행될 PC(R15)값을 스택이 아닌 LR(R14)에 넣고 분기 번지를 PC(R15)에 넣어 분기하게 된다.

▶ Subroutine에서 Return 할 때:

MOV　PC, LR 또는

BX　LR

▶ Subroutine Nested Call 할 때:

STMFD sp!, {<registers>, LR}

▶ Nested Call에서 return:

LDMFD sp!,{<registers>,LR}

◎ **프로그램 카운터**(R15)

R0-R14까지의 범용 레지스터와 같이 R15의 내용을 읽거나 쓸 수 있다. 단 명령어에 따라 사용하는데 제한이 있을 수 있다. R15를 읽을 때는 현재 명령어의 위치에 8이 더해진 값이 읽힌다. STR 명령어의 경우 예외적으로 12가 더해지는 경우도 있다. R15에 특정 어드레스를 쓰면 그곳으로 분기가 일어나게 된다.

◎ **프로그램 상태 레지스터**

ARM에서는 1개의 CPSR(Current Program Status Register), 5개의 SPSR(Saved Program Status Register), 총 6개의 PSR가 있다. PSR의 구조는 [그림 1.4.5]와 같다.

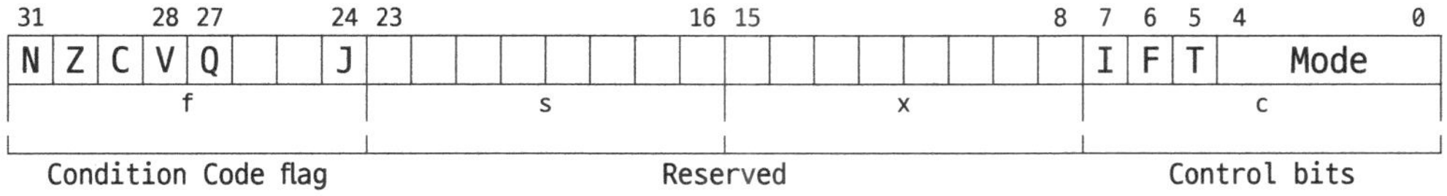

【그림 1.4.5】 ARM 프로그램 상태 레지스터

◎ Condition Flag Bit

- ALU를 통한 명령의 실행 결과를 나타내는 부분이다.

▶ Negative flag('N' 비트): ALU 연산 결과 마이너스가 발생한 경우에 세트

▶ Zero flag('Z' 비트): ALU 연산 결과 0이 발생한 경우 세트

▶ Carry flag('C' 비트)

ⓐ ALU 연산 결과 자리 올림(carry)이나 내림(borrow)이 발생한 경우 세트

ⓑ shift 연산에서 carry가 발생한 경우에 세트

▶ oVerflow flag('V' 비트): ALU 연산 결과 overflow가 발생하면 세트

▶ Q flag('Q' 비트)

ⓐ ARM Architecture v5TE/J에서 새롭게 추가된 saturation 연산 명령의 수행 결과 saturation이 발생하면 세트된다.

ⓑ 이 비트는 사용자에 의해서만 클리어 된다.

▶ 'J' 비트

ARM Architecture v5TEJ에서 새롭게 추가된 Java 바이트 코드를 수행하는 Jazelle state임을 나타낸다.

◎ Control Bits

- 인터럽트를 제어하는 비트와 Exception과 관련된 CPU 동작 모드를 설정하거나 확인하기 위한 비트들로 구성되어 있다.

▶ I/F 비트

IRQ('I' 비트) 또는 FIQ('F' 비트)를 Disable 시킬 수 있는 비트이다. 해당 비트가 1로 set 되어 있으면 disable, 0으로 clear되어 있으면 enable로 설정할 수 있다.

▶ T 비트

ⓐ ARM Architecture xT 버전인 경우 Thumb state임을 나타낸다.

ⓑ 상태만 나타낼 뿐 이 비트에 강제로 값을 write 할 수 없다.

ⓒ BX 명령에 의해서만 제어된다.

▶ Mode bits

[표 1.4.2]는 ARM의 7 가지의 동작 모드 설정을 나타낸다.

사용자 모드에서는 CPSR의 control bit들을 수정할 수 없다. 사용자 모드 이외의 특권 모드에서는 모드 bit 값들을 변화시킬 수 있다. 모드의 변환은 모드 비트값들의 변화에 따라 일어나게 된다.

【표 1.4.2】 ARM 동작 모드 설정

	M[4 : 0]	Operating Mode
사용자 모드	10000	User 모드
특권 모드	10001	FIQ 모드
	10010	IRQ 모드
	10011	SVC 모드
	10111	Abort 모드
	11011	Undefined 모드
	11111	System 모드

1.4.3 예외 상황(Exceptions)

외부의 요청이나 오류에 의해서 현재 진행되고 있는 프로그램의 수행을 멈추고 프로세서의 동작 모드를 바꾸고 예외 상황이 일어난 원인에 따라 미리 정해진 다른 프로그램을 수행하게 되는 과정을 말한다. ARM이 처리해 주는 예외 상황은 다음 6가지가 있다.

- Reset
- Undefined Instruction(정의 안된 명령)
- Software Interrupt
- Prefetch Abort
- Data Abort
- IRQ(인터럽트 요청)
- FIQ(빠른 인터럽트 요청)

예외 상황이 발생하면 각 상황에 따라 정해진 주소의 프로그램을 수행한다. 예외 상황이 발생했을 때 수행하게 되는 프로그램의 위치를 예외 상황표(Exception Table)라고 한다. 예외 상황표에는 각각의 예외 상황에 대하여 1 Word 크기의 명령어 저장 공간이 할당되어 있다. 여기에 각 예외 상황 처리를 위한 루틴으로 분기할 수 있는 분기 명령을 넣어 놓음으로써 원하는 예외 상황 처리 루틴을 수행하게 된다. ARM은 기본적으로 0x00000000에 예외 상황표를 둔다. ARM의 예외 상황표의 구성은 [표 1.4.3]과 같다.

【표 1.4.3】 ARM의 예외상황표

Vector Address	Exception	우선순위	동작모드 전환
0x0000 0000	Reset	1(High)	Supervisor(SVC)
0x0000 0004	Undefined Instruction	6(Low)	Undefined
0x0000 0008	Software Interrupt(SWI)	6	Supervisor(SVC)
0x0000 000C	Prefetch Abort	5	Abort
0x0000 0010	Data Abort	2	Abort
0x0000 0014	Reserved		
0x0000 0018	IRQ	4	IRQ
0x0000 001C	FIQ	3	FIQ

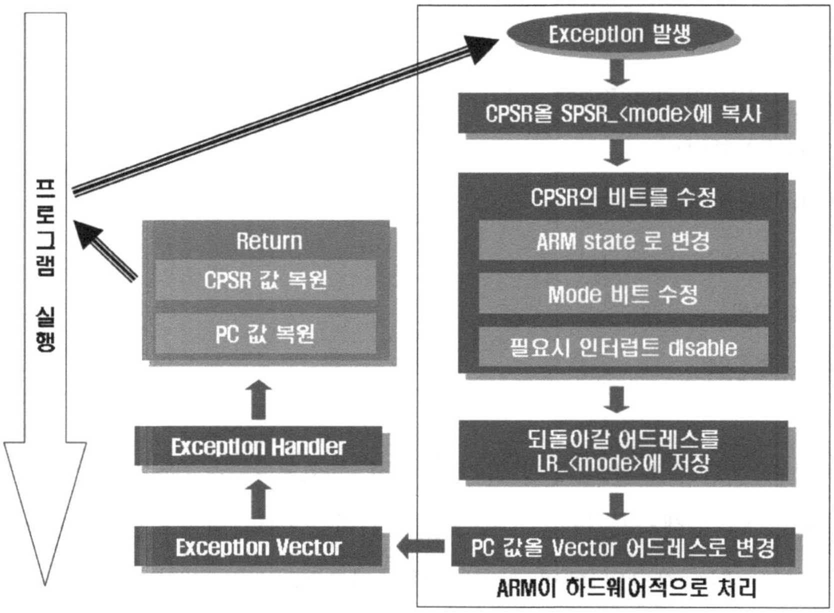

【그림 1.4.6】 예외 상황 발생 시 수행 과정

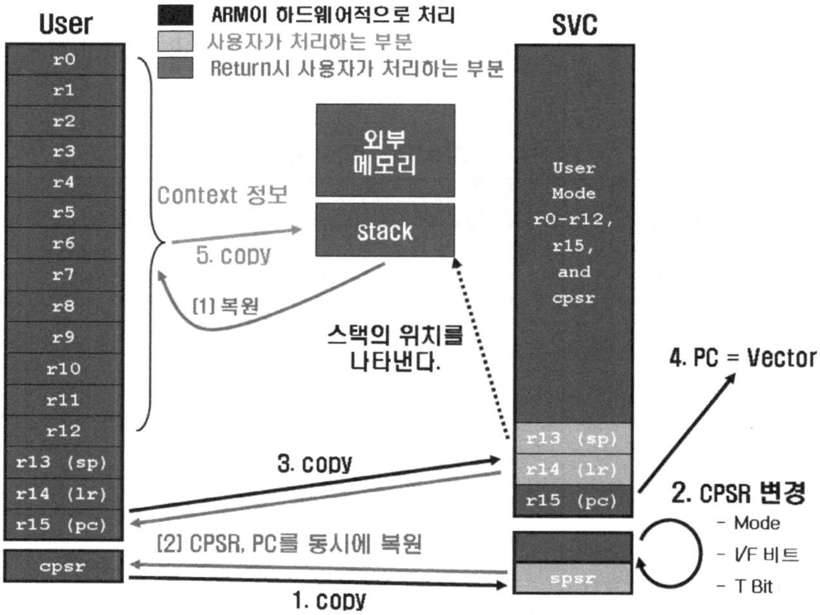

1~5: Exception 발생 시 프로그램의 수행 순서를 나타내며, 1~4는 ARM이 하드웨어적으로 처리하는 부분이며, 5는 사용자가 직접 처리해야 하는 부분을 나타낸다.
[1]~[2]: Exception 처리가 완료된 후에 복귀 시 사용자가 수행해야하는 절차를 의미한다.

【그림 1.4.7】 예외 상황 발생 시 동작 모드의 변환과 레지스터

◎ **예외 상황으로부터의 복귀**

예외 상황 발생 시 그림과 같이 CPSR이 SPSR로, PC값이 LR로 각각 저장된다. 예외 상황 처리가 끝나고 원래 프로그램으로 복귀하기 위해서는 이와 반대로 보관해 두었던 SPSR을 CPSR로, LR값으로부터 적절한 값을 PC로 복사하여야 한다. 이 두 가지 작업은 하나의 명령에 의해서 일어나는데

```
SUBS PC, LR,#4
```

와 같이 데이터 처리 명령하여 PC값을 고치고 S접미사를 사용해서 CPSR이 복원되도록 하거나

```
LDM      SP!,{PC}^
```

와 같은 스택 명령을 사용해서 PC를 고치는 경우 동시에 CPSR이 복원된다.

◎ **예외 상황과 Pipeline**

예외 상황의 종류에 따라 CPU에서 예외 상황을 인식하는 시점의 pipeline stage가 다르다. 따라서 예외 상황의 종류에 따라서 원래의 프로그램으로의 복귀 시 각기 PC값 조정이 필요하다.

【표 1.4.4】 예외 상황에 따른 파이프라인 스테이지

Exception	Pipeline Stage	Return 명령
Undefined Instruction	Decode Stage	MOVS PC, LR
Software Interrupt(SWI)	Decode Stage	MOVS PC, LR
Prefetch Abort	Execute Stage	SUBS PC, LR, #4
Data Abort	Memory Stage	SUBS PC, LR, #8
IRQ	Execute Stage	SUBS PC, LR, #4
FIQ	Execute Stage	SUBS PC, LR, #4

◎ Reset 상황

▣ 발생 조건

ARM으로 Reset 신호가 입력되면 Reset Exception 발생

【표 1.4.5】 Exception 발생에 따른 ARM의 동작

순서	동 작		동작설명
1	SPSR_svc = CPSR		CPSR에 저장된 내용을 해당 SPSR로 복사
2	CPSR 값 변경	CPSR[5] = 0	ARM state로 전환
		CPSR[6] = 1	FIQ Disable
		CPSR[7] = 1	IRQ Disable
		CPSR[4 : 0] = 10011'b	SVC 모드로 전환
3	LR_svc = unpredictable value		
4	PC = 0x00		해당 Vector table로 분기

◎ Undefined Instruction 상황

▣ 발생 조건

- ARM에 정의되지 않은 명령을 실행하고자 하면 발생
- Coprocessor에서 응답이 없으면 발생

【표 1.4.6】 Exception 발생에 따른 ARM의 동작

순서	동 작		동작설명
1	SPSR_undef = CPSR		CPSR에 저장된 내용을 해당 SPSR로 복사
2	CPSR 값 변경	CPSR[5] = 0	ARM state로 전환
		CPSR[6] = no change	
		CPSR[7] = 1	IRQ Disable
		CPSR[4 : 0] = 11011'b	Undefined 모드로 전환
3	LR_undef = address of undefined inst + 4		
4	PC = 0x04		해당 Vector table로 분기

▣ Return 명령

- MOVS PC, LR

◎ Software Interrupt (SWI)

▣ 발생 조건

- SWI 명령이 실행되면 Exception 발생

【표 1.4.7】 Exception 발생에 따른 ARM의 동작

순서	동 작		동 작 설 명
1	SPSR_svc = CPSR		CPSR에 저장된 내용을 해당 SPSR에 저장
2	CPSR 값 변경	CPSR[5] = 0	ARM state로 전환
		CPSR[6] = no change	
		CPSR[7] = 1	IRQ Disable
		CPSR[4 : 0] = 10011'b	SVC 모드로 전환
3	LR_svc = address of SWI + 4		
4	PC = 0x08		해당 Vector table로 분기

▣ Return 명령

- MOVS PC, LR

▣ SWI 처리 순서

- SWI 명령이 있는 위치를 찾는다.
- SWI 명령이 있는 SWI 번호를 알아낸다.

31 – 28	27	26	25	24	23 – 0
cond	1	1	1	1	24-bit (interpreted) immediate

- SWI 번호에 해당하는 동작을 수행한다.
- SWI 의 Argument는 R0, R1, R2, R3을 통해 전달된다.

◎ Prefetch Abort

▣ 발생 조건

- 잘못된 어드레스 공간에서 명령을 읽으려고 하면 Exception 발생
- MMU나 메모리 controller에서 발생한 Abort 신호 입력에 의해서 발생

【표 1.4.8】 Exception 발생에 따른 ARM의 동작

순서	동 작		동작설명
1	SPSR_abt = CPSR		CPSR에 저장된 내용을 해당 SPSR에 저장
2	CPSR 값 변경	CPSR[5] = 0	ARM state로 전환
		CPSR[6] = no change	
		CPSR[7] = 1	IRQ Disable
		CPSR[4:0] = 10111'b	Abort 모드로 전환
3	LR_abt = address of abort + 4		
4	PC = 0x0C		해당 Vector table로 분기

▣ Return 명령

- SUBS PC, LR, #4

◎ Data Abort

▣ 발생 조건

- 잘못된 어드레스 공간에서 데이터를 읽거나 쓰려고 하면 Exception 발생
- MMU나 메모리 Controller에서 발생한 Abort 신호 입력에 의해서 발생

【표 1.4.9】 표 1.4.9 Exception 발생에 따른 ARM의 동작

순서	동 작		동작설명
1	SPSR_abt = CPSR		CPSR에 저장된 내용을 해당 SPSR에 저장
2	CPSR 값 변경	CPSR[5] = 0	ARM state로 전환
		CPSR[6] = no change	
		CPSR[7] = 1	IRQ Disable

		CPSR[4:0] = 10111'b	Abort 모드로 전환
3	LR_abt = address of abort + 8		
4	PC = 0x10		관련 Vector table로 분기

▣ Return 명령

- SUBS PC, LR, #8

◎ IRQ

▣ 발생 조건

- 외부 장치에서 발생된 인터럽트(IRQ) 신호가 ARM에 입력되면 Exception 발생

【표 1.4.10】 Exception 발생에 따른 ARM의 동작

순서	동 작		동작설명
1	SPSR_irq = CPSR		CPSR에 저장된 내용을 해당 SPSR에 저장
2	CPSR 값 변경	CPSR[5] = 0	ARM state로 전환
		CPSR[6] = no change	
		CPSR[7] = 1	IRQ Disable
		CPSR[4:0] = 10010'b	IRQ 모드로 전환
3	LR_irq = address of next inst + 4		
4	PC = 0x18		관련 Vector table로 분기

▣ Return 명령

- SUBS PC, LR, #4

◎ FIQ

▣ 발생 조건

- 외부 장치에서 발생된 인터럽트(FIQ) 신호가 ARM에 입력되면 Exception 발생

【표 1.4.11】 Exception 발생에 따른 ARM의 동작

순서	동 작		동작설명
1	SPSR_fiq = CPSR		CPSR에 저장된 내용을 해당 SPSR에 저장
2	CPSR 값 변경	CPSR[5] = 0	ARM state로 전환
		CPSR[6] = 1	FIQ Disable
		CPSR[7] = 1	IRQ Disable
		CPSR[4 : 0] = 10001'b	FIQ 모드로 전환
3	LR_fiq = address of next inst + 4		
4	PC = 0x18		관련 Vector table로 분기

▣ Return 명령

- SUBS PC, LR, #4

◎ High Vectors

몇몇의 ARM Implementation 에서는 32비트 어드레스 공간의 하단부에 위치한 일반적인 Exception Vector 어드레스 범위 0x00000000~0x0000001C로부터, 어드레스 공간의 상단부에 위치한 alternative 어드레스 범위인 0xFFFF0000~0xFFFF001C로 이동한 Exception Vector 어드레스 범위를 따른다. 이 alternative 어드레스 범위를 High Vectors 라고 한다.

1.4.4 메모리, 메모리 공간 I/O

ARM에서는 2^{32}개의 8비트 주소를 사용할 수 있다. 이 주소 영역은 4의 배수로 된 주소(word-aligned)를 가진 2^{30}개의 32비트 워드들로 이루어졌다고 볼 수 있다. 4의 배수인(word-aligned) 주소 A의 word는 A, A+1, A+2, A+3 주소를 가진 4개의 바이트로 이루어진다. ARM 아키텍처 버전 4 이상에서는 이 주소 공간을 2^{31}개의 16비트 halfword들로 이루어진 걸로 볼 수도 있다. 이때 각 halfwor들은 2의 배수(halfword-aligned)의 주소 값을

가져야 한다. 2의 배수인 주소 A를 가진 halfword는 A와 A+1의 주소 값을 가진 두개의 바이트로 이루어진다. Word나 Halfword 데이터를 외부 메모리로부터 읽거나 쓸 때에 각각 4의 배수와 2의 배수로 정렬된 주소가 아니면 그 결과를 예측할 수 없게 되므로 주의해야 한다.

◎ Endians

Word나 Halfword의 데이터가 그 내부에서 바이트별로 정리되는 순서를 메모리 시스템의 Endian이라고 한다. Endian에는 little endian과 big endian이 있는데 MSB를 낮은 주소에 두는 방식을 little endian 방식, 반대로 MSB를 높은 주소에 두는 방식을 big endian 방식이라고 한다, 이를 그림으로 나타내면 [그림 1.4.8] 및 [그림 1.4.9]와 같다.

31 　　　　　24	23 　　　　　16	15 　　　　　8	7 　　　　　0
Word at address A			
Halfword at address A		Halfword at address A+2	
Byte at address A	Byte at address A+1	Byte at address A+2	Byte at address A+

【그림 1.4.8】 Big-Endian Memory System

31 　　　　　24	23 　　　　　16	15 　　　　　8	7 　　　　　0
Word at address A			
Halfword at address A+2		Halfword at address A	
Byte at address A+3	Byte at address A+2	Byte at address A+1	Byte at address A

【그림 1.4.9】 Little-Endian Memory System

ARM은 이 두 가지 방식을 다 지원할 수 있는데 하드웨어 입력을 통해서 선택할 수 있도록 되어 있다. 표준 System Control coprocessor가 같이 구현되어 있는 경우 coprecessor의 레지스터 1번의 7번 비트를 통해서 이를 조절할 수 있다. Endian의 선택과 ARM 프로세서 외부에 구현된 메모리의 endian 구조가 서로 다를 경우에는 32비트 word 입출력 동작 이외에는 그 결과를 예측할 수 없게 된다.

◎ **메모리 공간 I/O**(Memory Mapped I/O)

I/O 값들도 데이터 값들과 같은 명령(Load 또는 Store)을 사용해서 읽거나 쓰게 되는데 cache 등의 영향을 받지 않고 원하는 I/O 동작이 이루어지기 위해서는 I/O들이 위치한 메모리 영역을 unchable, unbufferable 영역으로 만들어야 하며, 각 I/O 데이터들을 word 또는 half-word 단위로 하드웨어적으로 설정된 대로 메모리상에 위치시켜야 한다.

1.5 ARM 명령어

1.5.1 명령어 개요

모든 ARM 명령은 32비트 구조로 구성되어 있다. 즉치로 사용하는 상숫값도 32비트 명령어 내에 포함되어진다. 이와 같이 32비트로 고정된 명령어 길이를 사용함으로써 pipeline의 구성이 쉬워지고 명령어 디코더의 구현이 용이해 지고 명령어의 고속 처리가 가능해진다.

ARM의 모든 명령은 조건부 처리가 가능하고 barallel shifter를 사용해서 오퍼란드의 shift와 명령 수행을 동시에 수행할 수도 있다. 대부분의 ARM 명령어는 레지스터 안에 들어 있는 데이터를 처리하며 Load-Store 명령만이 메모리에 접근이 가능하다.

◎ 조건 필드

ARM 명령어의 특징으로는 모든 명령어[31:28]에 Condition field를 두어 명령을 조건적으로 실행시킬 수 있다.

【표 1.5.1】 조건 필드표

31 28	24 20 16 12 8 4 0
Cond	
	MSB 4bit의 cond field는 Instruction이 수행될 조건을 나타내며 CPSR의 Flag들의 상태에 따라 수행 여부가 결정된다.

Opcode [31:28]	Mnemonic extension	Interpretation	Status flag state for execution
0000	EQ	Equal/equls zero	Z set
0001	NE	Not equal	Z clear
0010	CS/HS	Carry set/unsigned higher or same	C set
0011	CC/LO	Carry clear/unsigned lower	C clear
0100	MI	Minus/negative	N set
0101	PL	Plus/positive or zero	N clear
0110	VS	Overflow	V set
0111	VC	No overflow	V clear
1000	HI	Unsigned higher	C set and Z clear
1001	LS	Unsigned lower or same	C clear or Z set
1010	GE	Signed greater than or equal	N equals V
1011	LT	Signed less than	N is not equal to V
1100	GT	Signed greater than	Z clear and N equals V
1101	LE	Signed less than or equal	Z set or N is not equals to V
1110	AL	Always	any
1111	NV	Never(do not use!)	none

1.5.2 데이터 처리 명령어

Move와 Move Not을 제외한 대부분의 데이터 처리 명령어는 두 개의 소스 오퍼란드를 사용한다. 비교와 테스트 명령어는 상태 레지스터를 항상 갱신하고 다른 데이터 처리 명령어들은 상태 플래그 갱신하거나 안 하는 것을 선택할 수 있다. 두 개의 소스 오퍼란드 중에 하나는 항상 레지스터가 되며 다른 하나의 소스 오퍼란드는 shifter 오퍼란드라고 부르는데 즉치값이나 레지스터가 될 수 있다. 레지스터인 경우 shift를 사용할 수 있다.

◎ 명령어 인코딩 형태

31 28	27	26	25	24 21	20	19 16	15 12	11 0
cond	0	0	I	opcode	S	Rn	Rd	shifter_operand

I bit	Distinguishes between the immediate and resister forms of <sifter_operand>.
S bit	Signifies that the instruction updates the condition codes.
Rn	Specifies the first source operand register.
Rd	Specifies the destination register.
shigter_operand	Specifies the second source operand.

- 산술연산 명령어

【표 1.5.2】 산술연산 명령어표

opcode	명령	동 작	설 명
0100	ADD	*Rd : = Rn + Op2*	ADD
0101	ADC	*Rd : = Rn + Op2 + Carry*	ADD with Carry
0010	SUB	*Rd : = Rn − Op2*	Subtract
0110	SBC	*Rd : = Rn − Op2 − 1 + Carry*	Subtract with Carry
0011	RSB	*Rd : = Op2 − Rn*	Reverse subtract
0111	RSC	*Rd : = Op2 − Rn − 1 + Carry*	Reverse Subtract with Carry

▣ 문법 :

- 〈Operantion〉{〈cond〉}{S} Rd, Rn, Operand2

  ※ *S: CPSR의 flags 비트의 셋 여부 결정*

▣ 예제 :

ADD r0, r1, r2

SUBGT r3, r3, #1

RSBLES r4, r5, #5

- 논리연산 명령어

【표 1.5.3】 논리연산 명령어표

opcode	명령	동 작	설 명
0000	AND	*Rd : = Rn AND Op2*	AND
1111	ORR	*Rd : = Rn OR Op2*	OR
0001	EOR	*Rd : = Rn XOR Op2*	Exclusive OR
1110	BIC	*Rd : = Rn AND (Not Op2)*	Bit Clear

▣ 문법 :

- 〈Operation〉{〈cond〉} {S} Rd, Rn, Operand2

  ※ *S: CPSR의 flags 비트의 셋 여부 결정*

▣ 예제 :

AND r0, r1, r2

BICEQ r2, r3, #7

EORS r1, r3, r0

- 레지스터 간의 데이터 이동 명령어

【표 1.5.4】 데이터 이동 명령어표

opcode	명령	동 작	설 명
1101	MOV	*Rd : = Op2*	Move register or constant
1111	MVN	*Rd : = 0xFFFFFFFF EOR Op2*	Move Negative register

▣ 문법 :

- 〈Operation〉{〈cond〉}{S} Rn, Operand2

  ※ *Operand1이 없다, S: CPSR의 flags 비트의 셋 여부 결정*

▣ 예제 :

MOV r0, r1 ; r1 -> r0

MOVS r2, #10 ; 10 -> r2

MVNEQ r1, #0 ; if zero flag set then 0 -> r1

- 비교 명령

【표 1.5.5】 비교 명령어표

opcode	명령	동 작	설 명
1010	CMN	*CPSR flags : = Rn + Op2*	Compare Negative
1011	CMP	*CPSR flags : = Rn − Op2*	Compare
1000	TEQ	*CPSR flags : = Rn EOR Op2*	Test bitwise equality
1001	TST	*CPSR flags : = Rn AND Op2*	Test bits

▣ 문법 :

- 〈Operation〉{〈cond〉} Rn, Operand2

※ *Destination 레지스터가 없다.*

▣ 예제 :

CMP r0, r1

TSTEQ r2, #5

1.5.3 상태 레지스터 명령어

두 개의 명령어를 사용해서 상태 레지스터의 내용을 범용 레지스터로 옮기거나 범용 레지스터의 내용을 상태 레지스터로 옮길 수 있다. CPSR의 내용을 바꿈으로써

- 컨디션 플래그들을 원하는 값으로 설정
- 인터럽트를 차단 또는 허용
- 프로세서의 동작 모드를 변환

등의 세 가지 일을 할 수 있다.

【표 1.5.6】 상태 레지스터 명령어표

명령	동 작	설 명
MRS	*Rd = psr*	PSR 레지스터를 범용 레지스터에 복사
MSR	*$psr_{[field]}$ = Rm*	범용 레지스터를 PSR 레지스터로 이동
MSR	*$psr_{[field]}$ = immediate*	상숫값을 PSR 레지스터로 이동

▣ 문법 :

- MRS {⟨cond⟩} Rd, ⟨cpsr | spsr⟩
- MSR {⟨cond⟩} ⟨cpsr | spsr⟩_⟨fields⟩, Rm
- MSR {⟨cond⟩} ⟨cpsr | spsr⟩_⟨fields⟩, #immediate

※ *fields는 control(c), extension(x), status(s), flag(f)의 어떤 조합이 될 수 있다.*

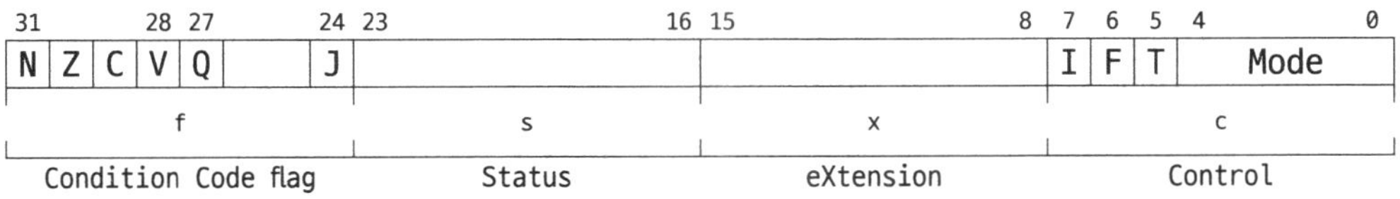

▣ 예제 :

```
MRS r0, CPSR          ; r0 : = CPSR
MSR CPSR, r0          ; CPSR : = r0
MSR CPSR_f, r0        ; CPSR의 condition flags 비트 : = r0
MSR CPSR_fc, r0       ; CPSR의 flags, control 비트 : = r0
MSR CPSR_c, #0x80     ; CPSR의 control 비트 : = 0x80
```

1.5.4 분기 명령어

【표 1.5.7】 표 1.5.7 분기 명령어표

명령	설 명
B	{cond} 조건에 맞으면 <expression>이 가리키는 위치로 분기
BL	{L}은 branch with link로 R14(LR)에 PC 값을 저장

▣ 문법 :

- B{L} {cond} 〈expression〉

▣ 예제 :

B there ; 무조건 there로 분기하라

CMP R1, #0 ; R1과 0을 비교하고,

BEQ fred ; R1이 0이면 fred로 분기

BL sub+ROM ; 어드레스를 계산한 후 서브루틴 콜

▣ 분기할 주소 계산

- PC 값을 기준으로 32비트 중 [23:0]에 해당하는 Offset이 사용된다.
- 24비트의 Offset
  - ⇨ 맨 상위 비트는 +/- sign 비트
  - ⇨ 나머지 23비트를 이용하여 2비트 왼쪽으로 shift한 값을 사용
  - ⇨ 분기 가능한 어드레스 영역: PC +/- 32MB

▣ Branch with Link(BL) 명령(서브루틴 구현)

- 다음에 수행 할 명령의 위치를 LR에 저장한다.
- LR = PC -4

▣ Subroutine에서 Return

- LR에 저장된 주소를 PC에 옮긴다.
- MOV PC, LR

1.5.5 곱하기 명령어

【표 1.5.8】 곱하기 명령어표

명령	동 작	설 명
MUL	*Rd := Rm * Rs*	32비트 곱셈 명령어
MLA	*Rd := Rm * Rs + Rn*	32비트 곱셈-덧셈 명령어
MULL	*RdHi, RdLo := Rm * Rs*	64비트 곱셈 명령어
MLAL	*RdHi, RdLo := Rm * Rs +(RdHi,RdLo)*	64비트 곱셈-덧셈 명령어

▣ 문법 :

- MUL{cond}{S} Rd, Rm, Rs
- MLA{cond}{S} Rd, Rm, Rs, Rn
- {U|S}MULL{cond}{S} RdLo, RdHi, Rm, Rs
- {U|S}MUAL{cond}{S} RdLo, RdHi, Rm, Rs

  ※ *[U: Unsigned | S: Signed], S: CPSR의 flags 비트의 셋 여부 결정*

▣ 예제 :

MUL R1, R2, R3 ; R1 := R2 * R3

MLA R1, R2, R3, R4 ; R1 := R2 * R3 + R4

MULL R1, R2, R3, R4 ; R2, R1 := R3 * R4

MLAL R1, R2, R3, R4 ; R2, R1 := R3 * R4 + (R2, R1)

1.5.6 Immediate 상수

▣ Operand 2로 Immediate 상수로 사용 가능

- 32비트 명령어 내에 그 값이 지정된다.

  ※ *Immediate 상수는 32비트 상수를 가질 수 없다.*

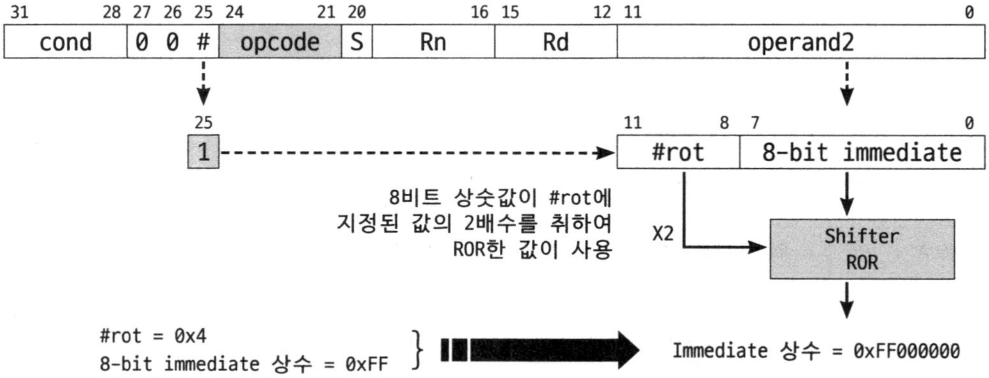

▣ 예제 :

operand2 = 00FF0000가 되기 위해서는?

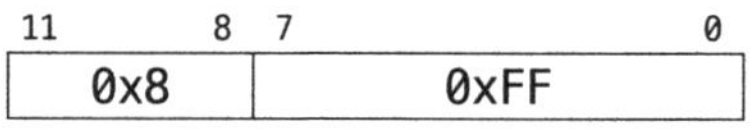

1.5.7 메모리 사용 명령어

ARM은 메모리 사이의 데이터 교환을 지원하지 않고 메모리와 레지스터 간의 데이터 이동만을 지원하는 Load-Store 구조를 가지고 있다. Load와 Store는 다음과 같은 두 가지 형태 중의 하나로 이루어진다.

- 부호가 없는 8비트 또는 32비트의 데이터 전송
- 부호가 있는 16비트 halfword의 전송, 이때 16비트나 8비트의 부호 확장이 일어난다.

【표 1.5.9】 Single Register Data Transfer 명령어표

명령	Load 명령	Store 명령
Word	*LDR*	STR
Byte	*LDRB*	STRB
Halfword	*LDRH*	STRH
Signed byte	*LDRSB*	
Signed halfbyte	*LDRSH*	

◎ **메모리 주소 지정 방법**(Addressing mode)

메모리의 주소는 base register와 offset을 사용해서 구한다. base register로는 임의의 범용 레지스터가 사용될 수 있으며 offset은 다음 세 가지 형태 중의 하나로 주어진다.

- 즉치값: 베이스 레지스터에 더해지거나 빼지는 값으로 부호 없는 데이터 전송의 경우 12비트 숫자이며 부호 있는 경우 8비트 숫자이다.
- 레지스터: PC를 제외한 범용 레지스터이다.
- 변형된 레지스터(scaled register): PC를 제외한 범용 레지스터를 즉치값으로 주어진 숫자만큼 shift해서 사용한다. 부호 없는 32비트 또는 8비트 전송에만 사용 가능

Base register와 offset을 사용해서 메모리 주소를 만들어 내는 방식은 다음 세 가지가 있다.

- Offset: Offset 값을 base register에 더하거나 빼서 메모리 주소를 만든다.
- Pre-Indexed: Offset 값을 base register에 더하거나 빼서 메모리 주소를 만들고 그 주소를 base register에 저장한다.
- Post-Indexed: Base register 값을 메모리 주소로 사용한 후 거기에 offset을 더하거나 뺀 값을 base register에 저장한다.

【표 1.5.10】 메모리 사용 명령어표

명령어	<Address>fields	Effective 어드레스
Relative 방법	LABEL	PC + relative constant
Pre-indexed 방법 [Rn, <offset>]	[Rn, +/-expression]{!}	Rn +/- expression
	[Rn, +/-Rm]{!}	Rn +/- Rm
	[Rd, Rn, +/-Rm, shift cnt]{!}	Rn +/- (Rm shift cnt)
Post-indexed 방법 [Rn], <offset>	[Rn], +/-expression	Rn
	[Rn], +/-Rm	Rn
	[Rn], +/-Rm, shift cnt	Rn

Rn : base 레지스터
expression : 0 ~ 4095 범위의 unsigned 12비트 Immediate 상수
shift : LSL, LSR, ASR, ROR와 RRX의 shift 동작
cnt : 1~31 범위의 4비트 값
! : auto-update 또는 write-back, pre-indexed 방식의 경우 base 레지스터를 update

◎ 단일 데이터 전송 명령

메모리에서 데이터를 가져올 때 Load, 레지스터 값을 메모리에 저장할 때 Store.

	명령어	r0 =	r1 +=
auto-indexed	LDR r0, [r1, #4]!	r1 + 0x4	0x4
	LDR r0, [r1, r2]!	r1 + r2	r2
	LDR r0, [r1, r2, LSR #0x04]!	r1 + (r2 LSR 0x4)	(r2 LSR 0x4)
pre-indexed	LDR r0, [r1, #0x04]	r1 + 0x4	0
	LDR r0, [r1, r2]	r1 + r2	0
	LDR r0, [r1, -r2, LSR #0x04]	r1 - (r2 LSR 0x4)	0
post-indexed	LDR r0, [r1], #0x04	r1	0x4
	LDR r0, [r1], r2	r1	r2
	LDR r0, [r1], r2, LSR 0x04	r1	(r2 LSR 0x4)

◎ 복수 데이터 전송 명령

하나의 명령으로 메모리와 프로세서 레지스터 사이에 여러 개의 데이터를 전송하는 명령으로서 메모리의 일정 부분을 복사하거나 옮길 때 사용할 수 있고 특히 별도의 Stack 명령이 없는 ARM에서 스택과 관련해서 사용된다.

【표 1.5.11】 복수 데이터 전송 명령어표

명령	설 명
LDM	Base 레지스터 Rn이 지정한 번지에서 여러 개의 데이터를 읽어 <register_list>로 읽어들임
STM	Base 레지스터 Rn이 지정한 번지에 <register_list>에 있는 여러 개의 데이터를 저장

▣ 문법 :

- LDM{cond}〈addressing mode〉 Rn{!}, 〈register_list〉{^}
- STM{cond}〈addressing mode〉 Rn{!}, 〈register_list〉{^}

※ *{^}: privilege모드에서 stack동작할 때 PC와 CPSR 복원*

▣ <register_list>에서 사용 가능한 레지스터 :

- R0-R15까지 최대 16개

▣ 연속된 레지스터 표현

- {r0-r15}와 같이 "-"로 표현 가능

▣ <register_list>의 순서 지정

- 항상 low order의 register에서 high order순으로 지정

```
LDM r10, {r2, r3, r1}
```
➡
```
LDM r10, {r2, r3, r1}
```

【표 1.5.12】 LDM/STM의 어드레스 지정 방식

Addressing Mode	키워드(표현방식)		유효 어드레스 계산
	데이타	스택	
Pre-increment Load	LDMIB	LDMED	Increment before load
Post-increment Load	LDMIA	LDMFD	Increment after load
Pre-decrement Load	LDMDB	LDMEA	Decrement before load
Post-decrement Load	LDMDA	LDMFA	Decrement after load
Pre-increment Store	STMIB	STMFA	Increment before store
Post-increment Store	STMIA	STMEA	Increment after store
Pre-decrement Store	STMDB	STMFD	Decrement before store
Post-decrement Store	STMDA	STMED	Decrement after store

▣ 예제 :

STMIB r9!, {r0, r1, r2} ; 어드레스 증가 후 데이터 저장

STMIA r9!, {r0, r1, r2} ; 데이터 저장 후 어드레스 증가

STMDB r9!, {r0, r1, r2} ; 어드레스를 〈register_list〉 개수만큼 감소해 놓고, 어드레스를 증가하면서 데이터 저장

STMDA r9!, {r0, r1, r2} ; 어드레스를 감소하면서 데이터 저장해 놓고, 어드레스를 〈register_list〉 개수만큼 증가

◎ 스택 동작

새로운 데이터를 "PUSH"를 통해 "top" 위치에 삽입하고, "POP"을 통해 가장 최근에 삽입된 데이터를 꺼내는 자료 구조 형태

▣ 스택의 위치 지정

- Base pointer : Stack의 bottom 위치를 지정
- Stack pointer : Stack의 top 위치를 지정

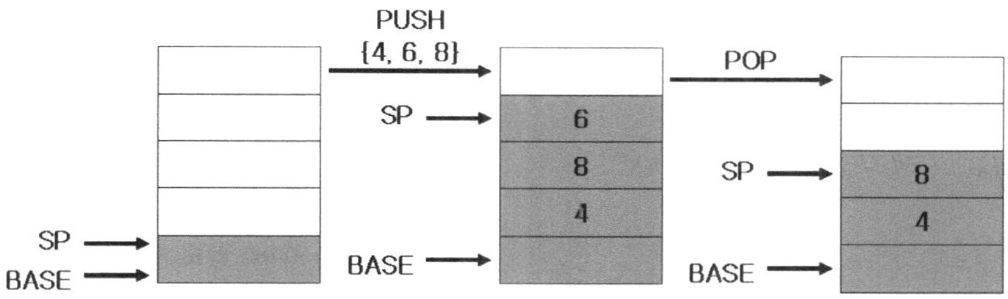

【그림 1.5.1】 스택의 위치 지정

▣ 구현 명령

- PUSH = STMFD sp!, {r0-r1, lr}
- POP = LDMFD sp!, {r0-r1, pc}

▣ Stack pointer가 나타내는 위치에 따라 Stack의 형태 지정

- Full stack : Stack pointer가 Stack의 마지막 주소를 지정
- Empty stack : Stack pointer가 Stack의 다음 주소를 지정

▣ Stack의 Type

- Full Descending stack
  - ⇨ Stack pointer가 stack의 top을 지정하고 push가 필요하면 어드레스 감소하면서 사용
  - ⇨ ARM compiler의 경우는 항상 이 방법을 사용한다.
  - ⇨ STMFD/LDMFD
- Full Ascending stack
  - ⇨ STMFA/LDMFA
- Empty Descending stack
  - ⇨ STMED/LDMED
- Empty Ascending stack
  - ⇨ STMEA/LDMEA

■ Stack의 Push 동작

STMFD sp!, {r0-r1. lr}

※ *Base 레지스터(sp) = 0x100C*

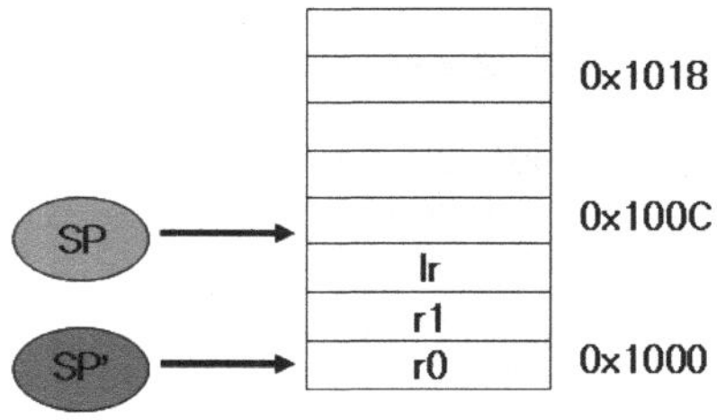

◆ **Stack에 context 정보 저장**

① 어드레스를 0x1000로 감소
② 레지스터 값 저장 후 어드레스 증가
③ 링크 레지스터 저장 후 어드레스 증가
④ Stack의 위치를 ox1000로 변경

【그림 1.5.2】 스택의 push 동작

■ Stack의 Pop 동작

LDMFD sp!, {r0-r1. lr}

※ *Base 레지스터(sp) = 0x1000*

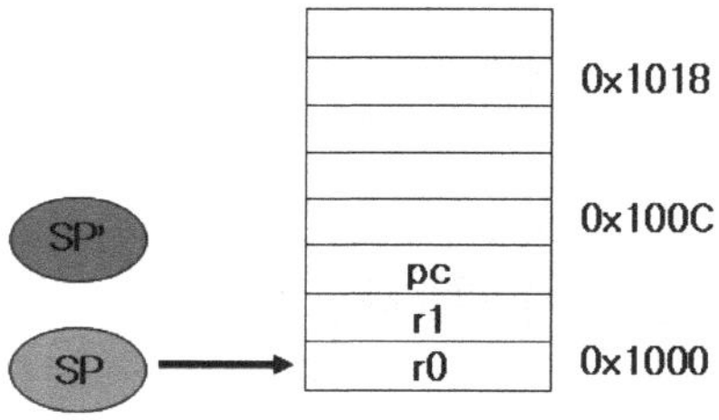

◆ **Stack에 context 정보를 읽는다**

① 레지스터 값을 읽은 후 어드레스 증가
② 링크 레지스터(lr) 값을 읽어 프로그램 카운터(pc)에 저장
③ Stack의 위치를 0x100C로 변경

【그림 1.5.3】 스택의 pop 동작

■ 스택과 서브루틴

- 스택의 용도 중 하나는 서브루틴을 위한 일시적인 레지스터 저장소를 제공하는 것.
- 서브루틴에서 사용되는 데이터를 스택에 push하고, caller 함수로 return하기 전에 pop을 통해 원래의 정보로 환원시키는 데 사용:

```
STMFD sp!, {r0-r12, lr}        ; stack all registers
      ......                   ; and the return address
      ......
LDMFD sp!, {r0-r12, pc}        ; load all the registers
      ......                   ; and return automatically
```

◎ **데이터 교환**(SWAP 명령어)

swap 명령어는 특별한 로드-스토어 명령어로, 메모리의 내용과 레지스터의 내용을 바꾸어 준다. 이 명령어는 **단일 수행 명령어**(그 명령의 처리가 끝날 때까지 다른 명령어가 그 영역을 읽거나 쓰지 못하도록 같은 버스를 사용하여 어떤 영역을 읽거나 쓰는 명령어)이다.

명령	동 작	설 명
SWP	*Tmp = [Rn]* *[Rn] = Rm* *Rd = Tmp*	메모리와 레지스터간에 워드를 교환
SWPB		메모리와 레지스터간에 바이트를 교환

▣ 문법 :

- SWP{B}{〈조건〉} Rd, Rm, [Rn]

▣ 예제 :

PRE : [0x9000] = 0x12345678

r0 = 0x00000000

r1 = 0x11112222

r2 = 0x00009000

SWP r0, r1, [r2]

POST : [0x9000] = **0x11112222**

r0 = **0x12345678**

r1 = 0x11112222

r2 = 0x00009000

1.6 연습문제

ARM 프로세서에 대한 다음 물음에 답하시오.

① LE 조건이 만족될 때 r1에 170을 더해서 r0에 넣고 status register를 update하는 명령을 써보시오.

② LDR r0, [r1,#4]!, LDR r0, [r1], #0x04의 차이점을 설명하시오.

③ FIQ handler가 IRQ handler에 비해서 빨리 서비스될 수 있는 이유를 설명하시오.

④ 0x1000~0x100B번지에 저장된 데이터를 0x2000~0x200B번지로 옮기는 어셈블리어 코드를 작성하시오.

정답 : ① ADDLES r0,r1,#170

② LDR r0, [r1,#4]! : r1=r1+4로 r1의 내용을 바꾼 후 r1이 가르키는 번지에서 데이터를 가져와서 r0에 넣는다.

LDR r0, [r1], #0x04 : r1이 가르키는 번지에서 데이터를 가져와서 r0에 넣은 후 r1=r1+4로 r1의 내용을 바꾼다.

③ - FIQ는 IRQ 모드에 비해서 별도로 사용할 수 있는 레지스터가 많다.(R8_FIQ~R12_FIQ) 따라서 Handler에서 이 레지스터들을 스택에 먼저 보관하지 않고 바로 사용할 수 있어서 수행이 빨라질 수 있다.

- FIQ 의 Interrupt Vector는 IV의 가장 아래쪽에 있어서 점프 명령 없이 바로 Handler를 시작할 수 있다.

④
```
MOV     r10, #0x1000
LDMIA   r10!, {r1,r2,r3} (LDMFD)

MOV     r10, #0x2000
STMIA   r10, {r1,r2,r3} (STMEA)
```

02
리눅스 시스템

2.1 리눅스 소개
2.2 리눅스 구조
2.3 PC에 리눅스 설치하기
2.4 리눅스 쉘 명령어
2.5 연습문제

2.1 리눅스 소개

2.1.1 운영체제[4]

운영체제 또는 오퍼레이팅 시스템(OS, operating system)은 컴퓨터의 하드웨어를 직접적으로 제어하고 관리하는 일을 하는 시스템 소프트웨어이다. 운영체제는 실행되는 응용 프로그램들이 메모리와 CPU, 입출력 장치 등의 자원들을 사용할 수 있도록 만들어 주고, 그들을 추상화하여 파일 시스템 등의 서비스를 제공한다. 또한, 멀티태스킹을 지원하는 경우, 여러 개의 응용 프로그램을 실행하고 있는 동안, 운영체제는 이러한 모든 프로세스들을 스케줄링하여 마치 그들이 동시에 수행되는 듯한 효과를 낸다.

이러한 운영체제의 핵심적인 부분을 커널이라고 부르며 운영체제 내에서의 커널의 영역과 그 구성에 따라 모노리딕 커널(monolithic kernel), 마이크로 커널(micro kernel) 등으로 분류할 수 있으며, 운영체제의 중요한 목적은 다음 세 가지로 정리할 수 있다.

- 사용자에게 컴퓨터의 프로그램을 쉽고 효율적으로 실행할 수 있는 환경을 제공한다.
- 컴퓨터 시스템 하드웨어 및 소프트웨어 자원을 여러 다중 사용자 간에 효율적 할당, 관리 보호한다.
- 사용자 프로그램의 오류나 잘못된 자원 사용을 감시하는 것과 입출력 장치 등의 자원에 대한 연산과 제어를 관리한다.

운영체제를 사용하는 경우의 소프트웨어의 구성 요소와 관계는 다음과 같이 표현할 수 있다.

하드웨어(H/W) ↔ 운영체제(OS) ↔ 셸(SHALL) ↔ 응용 프로그램(EXE)

셸은 사용자가 시스템을 운용할 수 있게끔 해주는 기본적인 응용 프로그램이다. 셸은 그러나 엄밀히 운영체제의 일부가 아니며 운영체제 입장에서는 셸이나 필수 유틸리티들이나 모두 응용 프로그램일뿐 구별하지 않는다. 셸을 구분해서 말하는 이유는 사용자의 입장에서 필수적인 응용 프로그램이라는 뜻이다.

보통 하나의 프로그램만이 실행되는 Firmware 프로그램에 비해서 OS(operating system)가 탑재된 시스템에서는 여러 개의 프로그램이 동시에 실행된다. 여러 개의 프로그램이 동시에 실행되기 때문에 여러 프로세스가 동시에 하나의 자원을 접근할 때 자원의 일관성에 대한 문제가 발생될 수 있다. 따라서 대부분의 운영체제에서는 모든 자원을 OS가 관리하면서 각 프로세스에서 해당 자원에 대한 요청이 있을 때 자원 획득에 대한 중재를 담당한다.

2비트의 주소를 사용하는 마이크로프로세서 시스템의 경우 4GByte까지의 메모리를 다룰 수 있다. 따라서 플래시 메모리나 SDRAM 등을 사용해서 수 Mbyte 크기의 운영체제를 감당하기에 문제가 없고 근래 들어 인터넷 등의 네트웍 기능과 멀티미디어를 처리할 수 있는 기능을 가진 임베디드 시스템의 필요성이 높아지면서 대부분의 OS 기반 임베디드 시스템들은 리눅스나 WinCE 등의 운영체제를 갖추고 있으며, 운영체제에서 제공하는 네트웍과 멀티미디어 처리 기능들을 활용한 프로그래밍을 활용하고 있다.

2.1.2 리눅스 역사

리눅스(Linux)는 컴퓨터 운영체제이며, 그 커널을 뜻하기도 한다. 리눅스는 자유 소프트웨어와 오픈 소스 개발의 가장 유명한 표본으로 들 수 있다. 리눅스는 다중 사용자, 다중 작업(멀티태스킹), 다중 스레드를 지원하는 네트워크 운영체제(NOS)이다. 엄밀하게 따지면 이 '리눅스'라는 용어는 리눅스 커널만을 뜻하지만, 리눅스 커널과 GNU 프로젝트의 라이브러리와 도구들이 포함된, 전체 운영체제(GNU/리눅스라고도 알려진)를 나타내는 말로 흔히 쓰인다. 리눅스 배포판은 핵심 시스템 외에 대다수 소프트웨어를 포함한다. 현재 200여 종류가 넘는 배포판이 존재한다. (www.gnu.org 참조)

리눅스는 1991년에 Linus Torvalds에 의해서 Intel 80386 마이크로프로세서 기반의 컴퓨터에서 동작하는 운영체제(OS)로서 처음 개발된 이후 현재는 다양한 컴퓨터 아키텍처를 지원한다. 리눅스는 개인용 컴퓨터에서부터 슈퍼컴퓨터는 물론 휴대전화, 개인용 비디오 레코더와 같은 임베디드 시스템까지 광범위하게 이용되고 있다.

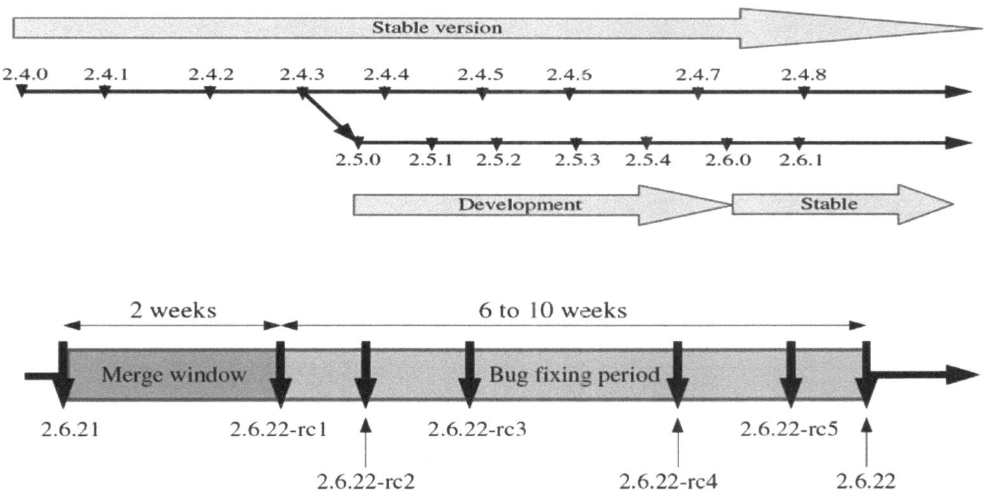

리눅스 kernel merge 기간

【그림 2.1.1】 리눅스 커널의 업데이트 형태

위 그림은 일반적인 리눅스 커널 버전의 업데이트 형태를 나타낸다. 리눅스 커널의 최신 안정화 버전은 2014년 6월 현재 v3.15.6이며 2.6.x 버전에서 3.x 버전으로 넘어온 것은 2011년이다. 위 그림에서 파악할 수 있는 것과 같이, 리눅스 커널은 현재 지속적으로 발전 및 업데이트 되고 있으며, 이러한 변화의 속도가 매우 빠르게 이루어지고 있음을 알 수 있다(약 8주에서 12주의 주기로 새로운 버전이 업데이트되는데, 이러한 주기는 상당히 급격한 것이다). 또한, 버전 이름은 X.Y.Z 의 형태를 갖으며, 2.x 버전의 경우 버전의 이름은 다음과 같은 규칙을 갖는다. https://www.kernel.org/#sthash.x4Lyhl35.dpuf을 방문하면 리눅스 릴리스 번전들을 확인할 수 있다.

버전 구분	의 미
X	리눅스 커널 버전의 Major, 주 버전
Y	리눅스 커널 버전의 Minor, 부 버전 안정화 버전: 부 버전 짝수 개발 버전 : 부 버전 홀수
Z	리눅스 커널 버전의 Revision, 개정 버전

2.2 리눅스 구조

2.2.1 리눅스 커널의 구조

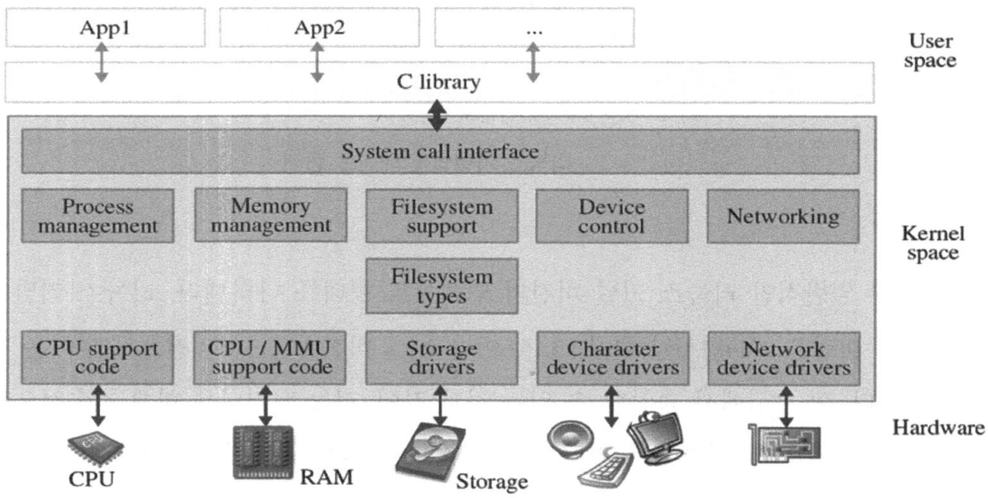

【그림 2.2.1】 리눅스 커널 구조도

안드로이드의 등장과 함께 리눅스는 현재 유닉스 계열 운영체제에서 가장 많은 관심을 모으고 있는 운영체제이다. 리눅스 커널의 대략적인 구조는 [그림 2.2.1]과 같다. 리눅스 커널의 특징은 다음과 같이 정리할 수 있다.

- 모놀리딕 커널 구조(monolithic): 리눅스는 모놀리딕 커널 구조로 다양한 컴포넌트로 구성된 거대하고 복잡한 프로그램이며, 이는 Microsoft의 Vista와 같은 마이크로 커널의 구조와 설계 철학이 상이하다.

- 모듈 지원: 전통적인 유닉스 커널은 정적(statically)으로 컴파일 및 링크가 이루어지는데, 이러한 모놀리딕 커널 구조를 위하여 커널 컴포넌트의 동적 로딩 및 제거가 가능한 커널 코드를 제공하며 이러한 기능을 모듈을 통해서 제공하고 있다.

- 커널 스레드 제공: 주기적으로 수행되는 커널 함수를 통해 지원. 커널 레벨에서의 스레드 수행이 가능하다.

- 다중 프로세서 지원: SMP(symmetric multiprocessing) 지원은 데스크탑 환경뿐만 아니라 게임, 멀티미디어 처리 장치 등을 포함하는 임베디드 시스템에서도 최근 연구 및 상업화가 이루어지고 있으며, 리눅스 커널은 다중 프로세서 환경을 지원하고 있다.

리눅스 커널의 기능을 개략적으로 살펴보면 다음과 같다.

◎ **프로세스 관리** (Process Management)

- 독립적인 프로그램인 프로세스의 생성, 제거 및 프로세스와 외부의 입출력을 관리한다.
- 프로세스 사이의 정보 교환을 관리한다.
- 각 프로세스들이 CPU에 의해서 번갈아 수행될 수 있도록 관리한다.

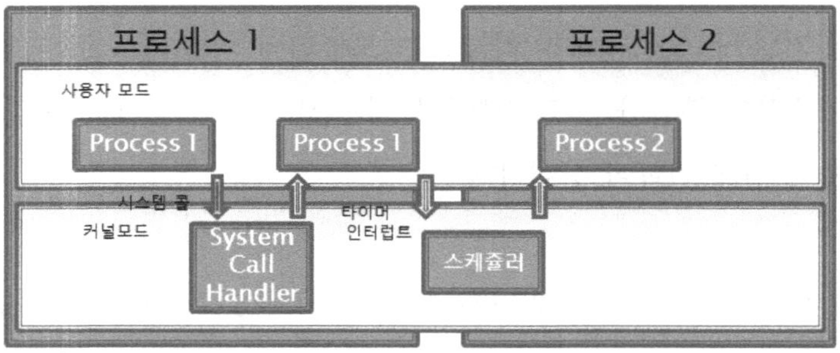

【그림 2.2.2】 커널의 프로세스 관리

◎ **메모리 관리**(Memory Management)

- 시스템상에 있는 메모리 자원을 각 프로세스들이 활용할 수 있도록 가상 메모리 관리를 수행한다.

◎ **파일 시스템**(File System)

- 입출력 장치, 저장 장치 등의 하드웨어들까지 포함하는 추상화된 파일 시스템을 운용한다.

◎ **디바이스 제어**(Device Control)

- 하드디스크, 키보드 등 시스템상에 있는 모든 디바이스들은 각 디바이스에 대해서 지정되어 있는 디바이스 드라이버를 동작이 이루어지며 이를 커널이 관리한다.

◎ **네트워킹**(Networking)

- 프로세스 사이나 네트워크 장치를 통한 데이커 패킷 교환을 관리한다.

2.2.2 리눅스의 장단점

리눅스는 목적에 맞게 컴포넌트 커스터마이징이 가능한 운영체제이다. 이는 운영체제의 핵심 부분에 해당하는 커널 소스가 공개되어 있어 사용자가 원하는 대로 리눅스 운영체제를 수정할 수 있기 때문인데, 이러한 리눅스 운영체제는 GPLv2 라이선스 등에 기반하여 소스코드의 수정 및 배포가 가능하다.

리눅스 운영체제의 또 다른 장점은 이식성이다. 리눅스는 일반 데스크톱 환경은 물론, 임베디드 시스템과 같이 시스템 자원이 제약된 환경에서도 수행 가능하며, 저가의 하드웨어 플랫폼에서 수행할 수 있다. 예를 들어 4MB의 Intel 80386 시스템에서 네트워크 서버의 구축 및 운용 등을 할 수 있다.

리눅스는 유닉스 계열의 운영체제라 할 수 있다. 이러한 유닉스 계열 운영체제의 종류는 상당히 많이 있으며, 예를 들어 AIX, HP-UX, IRIX, Linux, Minix, Ultrix, Xenix 등 '*nix' 의 형태를 갖는 운영체제는 물론 UNIX 운영체제와 유사하게 동작하는 운영체제들 또한 유닉스 계열 운영체제라 할 수 있으며, Solaris, FreeBSD, Mac OS X 등이 그 대표적인 예라 할 수 있다. 이러한 유닉스 계열 운영체제는 POSIX(Portable Operating System Interface for Unix)라 불리우는 UNIX 계열 운영체제 간의 공통적인 시스템 API 등을 정리한 인터페이스 규격이며, 대표적인 예로 'pthread' 인터페이스가 있다. 이뿐만 아니라 Microsoft사의 Windows 계열 운영체제 기반 환경의 응용 프로그램 수행을 위한 에뮬레이터 등을 제공하고 있어, 리눅스 운영체제가 높은 호환성을 제공한다고 볼 수 있다.

리눅스의 단점으로는 표준화의 문제를 이야기할 수 있다. 오픈소스를 기반으로 수많은 사람이 리눅스 커널에 기여하고 있어 이러한 문제가 발생하고 있으나, 근래는 각 기업에서 리눅스 운영체제에 참여하고 있어서, 단일화되는 경향이 있다. 또한, 현재도 개발되고 있는 운영체제이며, 따라서 운영 교육이나 업그레이드 등의 사후 관리에 어려움이 있어 복잡해지고 각 버전별 Documentation이 잘 되어 있지 않다는 문제가 있다.

무엇보다도 가장 큰 어려움은 리눅스 운영체제는 컴퓨터에 대한 전문적이면서도 다양한 지식이 요구되며, 자발적 정신으로 만들어 지는 성격을 가지므로 운영체제에 대한 이해와 프로그래밍 환경에 대한 적응 및 시스템 운용 중 발생하는 문제 등은 사용자

스스로 해결해야 할 필요가 있으며, 이러한 부분은 사용자 개인에게 의존되는 부분이지만 각 배포판별 포럼 및 커뮤니티 등을 통하여 리눅스 사용 및 시스템 운용과 관련한 도움을 얻는 방법을 활용할 수 있다.

2.2.3 리눅스의 자원 중재

리눅스에서 모든 프로그램은 두 가지 모드에서 실행된다. 하나는 모든 자원에 대한 권한을 갖는 supervisor 모드이고, 다른 하나는 자원에 대한 접근 권한이 제한된 user 모드이다. 리눅스에서 supervisor 모드로 동작하는 OS 코드를 커널이라 부르며 커널이 모든 자원의 중재를 담당한다.

- 리눅스에서 자원(resource)을 보호하는 방법

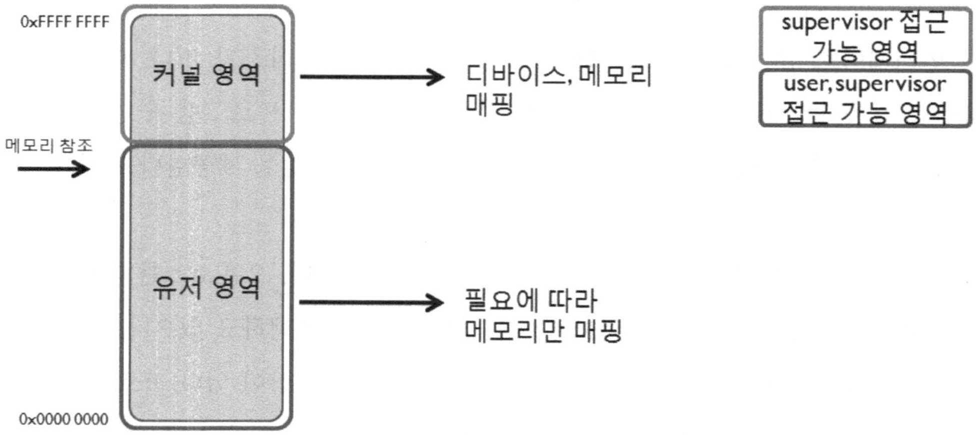

【그림 2.2.3】 커널 영역과 유저 영역의 분리

자원 접근에 대한 권한은 기본적으로 cpu의 모드와 함께 mmu의 접근 권한을 이용하여 자원을 보호한다. 유저 영역 코드는 cpu의 권한이 낮은(user 모드) 상태에서 실행되고 커널 영역 코드는 cpu의 권한이 높은(supervisor 모드) 상태에서 실행된다.
이와 같은 동작 상태에서 리눅스는 가상 메모리의 하위 3GB 공간을 유저 영역을 위해 할당하며 가상 메모리의 상위 1GB 공간을 커널을 위해 할당한다. 이때 MMU의 접근 권한 bit를 사용하여 하위 3GB는 user, supervisor 모드 양쪽에서 접근 가능하도록 하고 상위 1GB는 supervisor 모드에서만 접근을 할 수 있도록 설정한다. 이와 같이 설정된 상태에서 하위 3GB의 유저 영역에는 유저 영역 프로그램을 위한 메모리를 할당하고 상위 1GB에는 커널 코드를 위한 메모리와 디바이스를 매핑하면 유저 영역에서는 상위 1GB 공간에 할당한 디바이스들에 대해서는 접근할 수가 없게 된다.

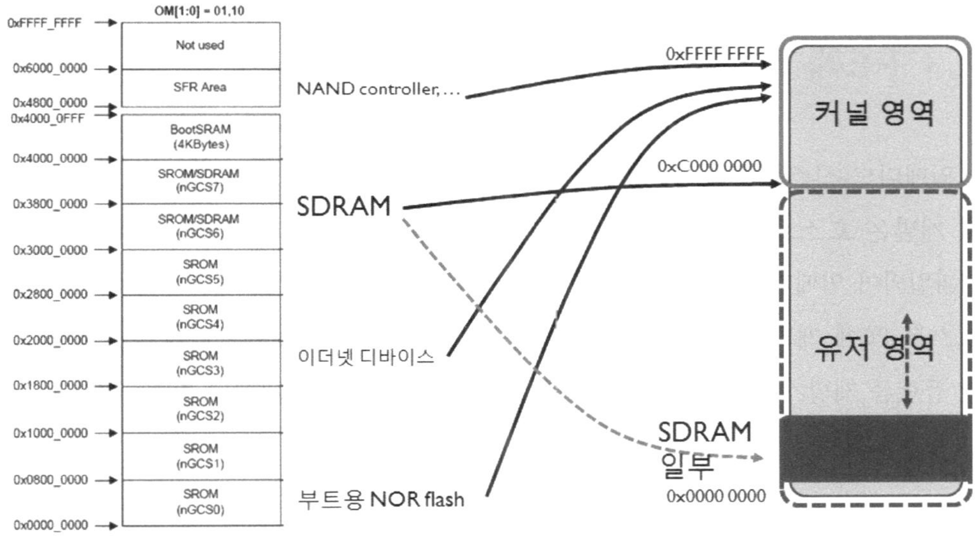

【그림 2.2.4】 MMU를 사용한 자원의 보호

위의 그림에서 유저 프로그램은 (user 모드) 이더넷 디바이스, 부트용 NOR Flash, NAND controller 등 디바이스에 접근할 수 없다. 해당 디바이스에 접근하는 순간 Data Abort가 발생하고 Data Abort 핸들러가 수행된다.

인터럽트 벡터 또한 커널이 관리하기 때문에 위에서처럼 접근 권한 위반이 일어날 경우 커널에서 적절한 조치를 취한다. (보통은 해당 프로세스를 강제로 종료시킨다.) 이런 접근 권한 위반에 관한 예로는 윈도우에서 "잘못된 메모리 접근", 리눅스에서 segmentation 오류 등을 들 수 있다.

다시 말하면 리눅스에서 응용 프로그램(유저 코드)은 디바이스에 마음대로 접근 할 수 없으며 디바이스에 접근하는 유일한 방법은, 응용 프로그램이 디바이스 드라이버(커널 코드)에게 미리 정의된 인터페이스(시스템 콜 & 가상 파일시스템)를 통해서 디바이스 사용을 요청하는 것이다. 디바이스 드라이버는 응용 프로그램으로부터 요청된 디바이스에 대한 접근을 대신 처리해 주고 그 결과를 응용 프로그램으로 전해 준다.

2.3 PC에 리눅스 설치하기

임베디드 시스템은 키보드와 같은 입력 장치가 없으므로, 플랫폼 개발 및 소프트웨어 개발은 호스트 시스템에서 이루어지고, 완성된 소스는 크로스 컴파일러에 의해서 컴파일되어 임베디드 보드에 전송된다. 그러므로 임베디드 시스템을 개발하기 위해서는 호스트 PC에 개발 환경을 구축해야 한다. 특히, 안드로이드 애플리케이션 개발자가 아닌 플랫폼 개발자는 반드시 리눅스 호스트 PC를 구축해야 개발을 할 수 있다.

2.3.1 Ubuntu 다운로드

Ubuntu는 데비안 계열의 호스트 리눅스 OS이다. 무료로 배포되고 있으며, 일반적인 안드로이드 플랫폼 개발에 가장 많이 사용되는 리눅스 버전이다. 우분투 이미지는 우분투 공식 홈페이지에서 다운로드할 수 있다. 사용하고 있는 윈도우 운영체제에 맞는 우분투 배포 버전을 다운로드한다.

```
http://www.ubuntu.com
```

본 교재에서는 Ubuntu 14.04 LTS를 사용하고 있다. 우분투의 경우 해당 홈페이지에서는 가장 최근 버전을 제공하고 있으므로 이를 설치하여도 무방하다. 그리고 가급적 LTS 버전을 이용하도록 한다. LTS 버전은 Long Term Support 버전이므로 일반적인 버전에 비해서 장기간 지원이 된다. 하지만 우분투 홈페이지에서는 최신 버전만 보여 주기 때문에 교재와 동일한 환경으로 학습하기 위해서는 다음의 링크에서 다운로드 받도록 한다.

```
http://releases.ubuntu.com/14.04.5/
```

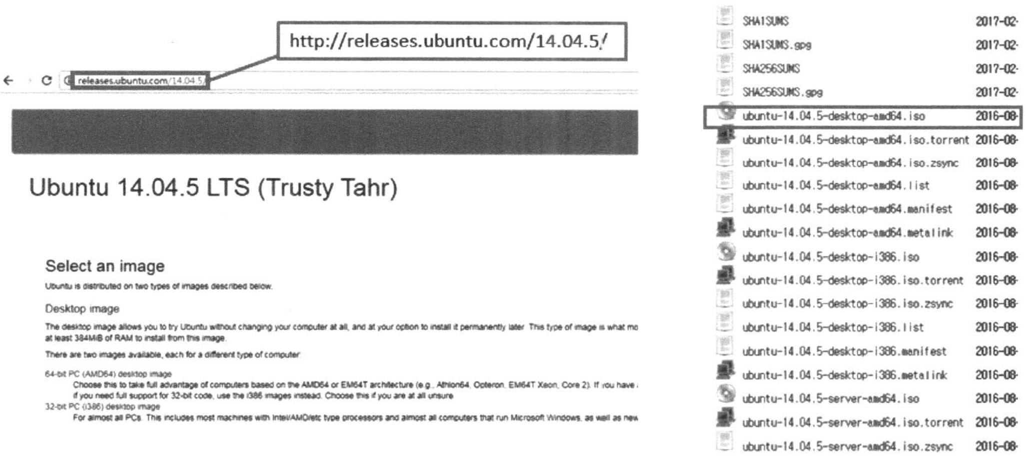

위와 같이 Ubuntu 14.04LTS x64비트를 선택하여, CD 이미지인 iso파일을 다운로드 받으려한다. 이때 저장할 폴더를 만들어 해당 위치에 저장하기로 하였다. 저장 폴더는 c: \lecture\ubuntu_cd_image 폴더이다.

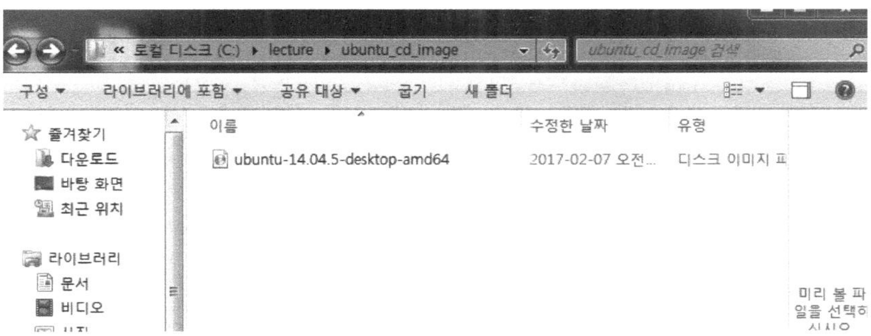

2.3.2 리눅스 설치를 위한 VMware 설정

VMware가 설치가 완료되면, 설치된 VMware를 이용하여 리눅스를 설치한다.

① VMware Player에서 Create a New Virtual Machine를 선택

② New Virtual Machine Wizard에서 Installer disk나 Image file을 선택한다. Ubuntu CD가 있다면 CD를 넣고 Installer disc를 선택하여 설치를 진행한다. 필자와 같이 CD 이미지를 받은 경우라면 image file을 선택하여 설치를 진행한다.

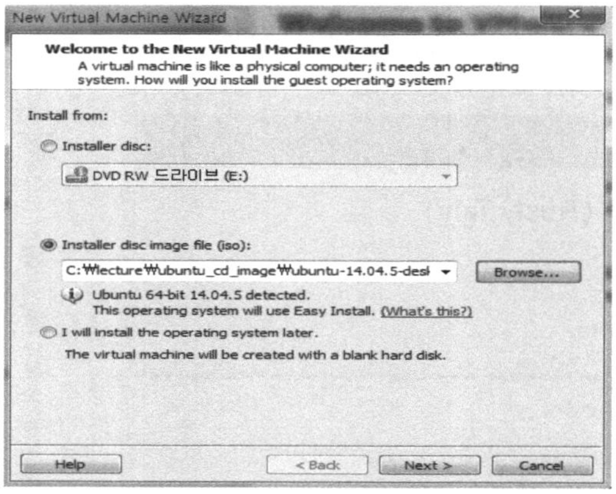

③ 설치 정보를 넣고 진행

Name, id, password를 입력하고 Next 클릭하고, 계속 진행한다.

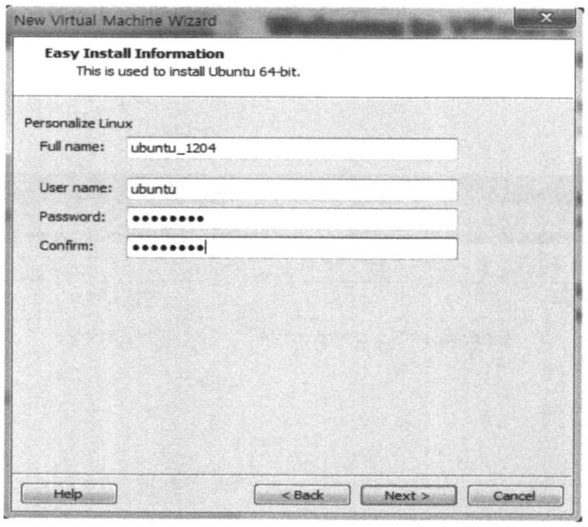

④ 생성될 가상 머신 정보 입력

- 가상 머신 이름과 이미지 파일이 생성될 위치를 설정한다.

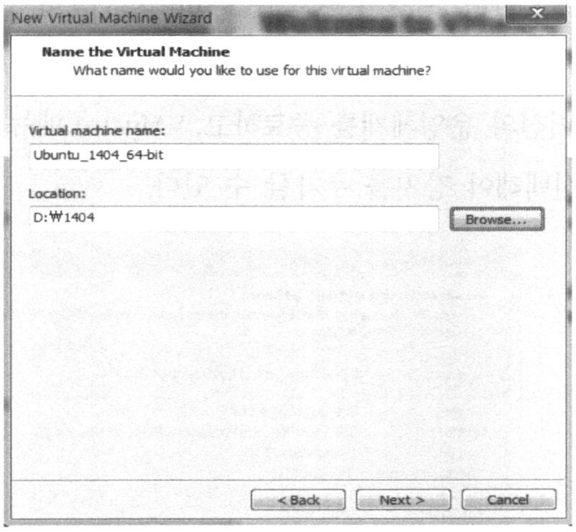

- 가상 머신의 최대 크기를 입력하고 진행한다. 가상 이미지의 용량을 크게 해도 실제 설정한 만큼 용량을 차지하는 게 아니라 사용한 만큼 늘어난다. 최소 40GB이상을 설정하고, 아래의 파일 옵션 중 Store virtual disk as a single file을 선택한다. 만약, 사용하는 하드디스크의 파티션이 NTFS가 아니라 FAT32로 설정되어 있다면 아래의 Split virtual disk into multiple files를 선택한다.

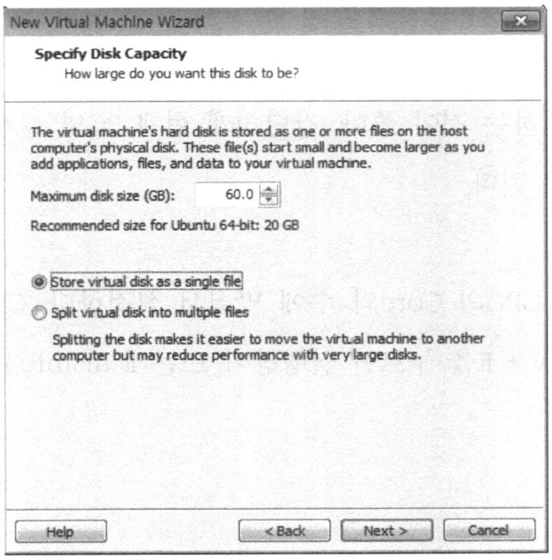

- 설치 전에 하드웨어 설정을 변경할 필요가 있다면 Customize Hardware 버튼을 누른 다음 자신의 PC에 맞도록 하드웨어 설정을 변경할 수 있으며, 설치된 이후에도 변경이 가능하다. 설정이 완료되면 finish를 눌러서 진행하고, 설치 전에 변경하려면 아래의 내용을 토대로 변경하면 된다. 설치 후 하드웨어를 추가할 경우에는 가상 머신의 운영체제를 종료하고, VMware 메뉴에서 해당 가상 머신 이미지 파일을 선택해야 장치를 추가할 수 있다.

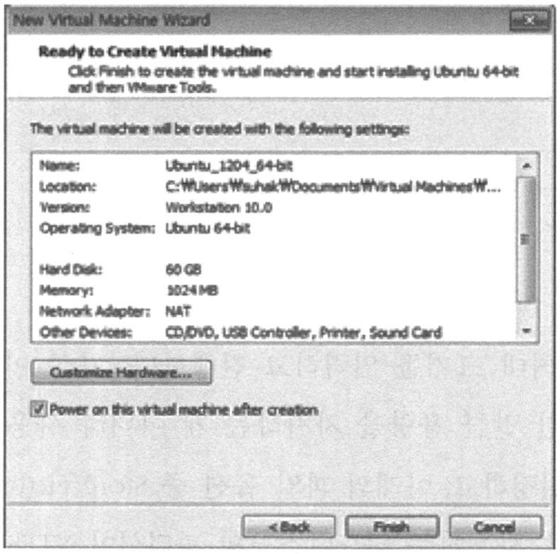

- Memory는 Maximum recommended memory와 Recommended memory 사이에서 적당히 설정하고, 안드로이드 파일 시스템 개발까지 고려한다면 최소 1GB 이상으로 설정하는 것이 좋다. 간단하게 현재 PC의 실제 메모리의 절반 정도를 잡아주고 하면 된다.

- Processors는 CPU의 Core의 수에 맞춰서 설정한다. CPU의 Core 수를 모른다면, 윈도우 Key + R을 누르면 실행창이 뜨는데 msinfo32를 실행시켜 확인할 수 있다.

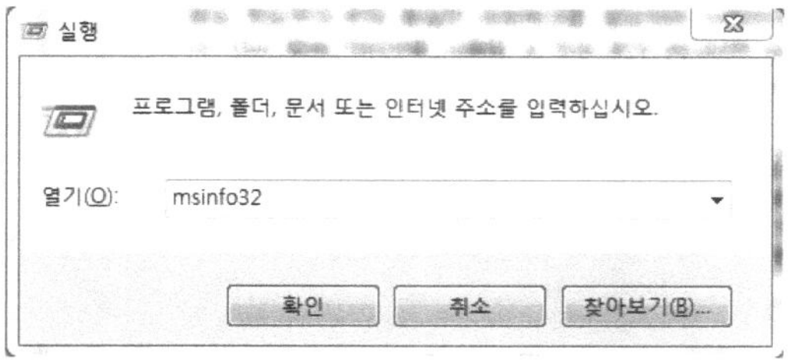

■ Network adapter는 자신의 개발 환경에 맞추어 설정한다. 윈도우의 IP를 이용해서 가상 머신에서 네트워크를 사용하는 경우라면 NAT로 설정하고, 가상 머신의 네트워크 장치에도 윈도우의 IP와 동일한 네트워크를 할당하여 사용하려는 경우라면 Bridge로 선택한다. 다시 말해 인터넷을 사용할 수 있는 IP가 하나라면 NAT를 선택하고, 하나의 허브 혹은 공유기 등을 이용하여 여러 개의 인터넷 IP를 이용할 수 있다면, bridge를 선택하면 된다.

과거 임베디드 시스템에서는 네트워크를 이용하여 파일 송수신을 했었기 때문에 네트워크 설정이 상당히 중요한 부분이었으나, 최근 임베디드 시스템에서는 usb를 통한 파일 송수신을 주로 사용하기 때문에 호스트 리눅스 시스템의 업데이트까지만 인터넷 사용이 필요하다. 그러므로 NAT이던 Bridge이던 호스트 리눅스 개발 환경이 인터넷만 가능하면 진행에 있어 문제가 없다.

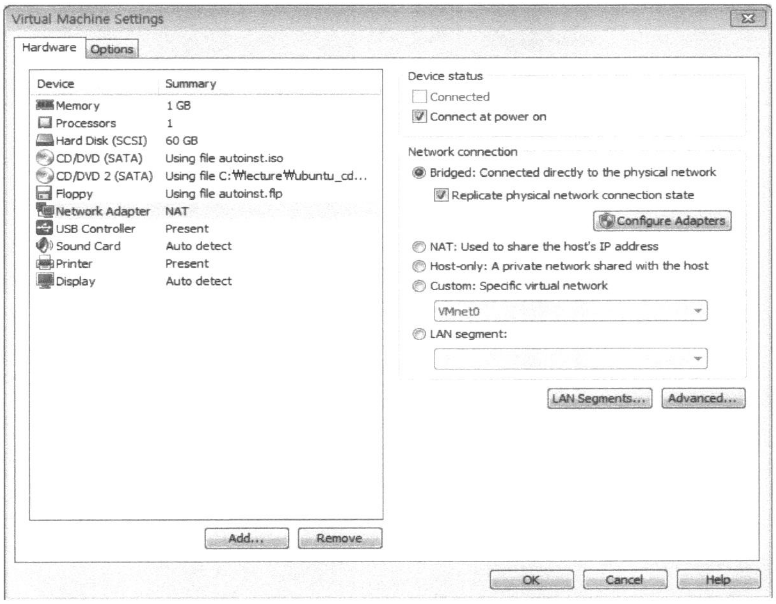

- Add Hardware Wizard를 눌러 호스트 개발 시스템에 필요한 시리얼 포트를 추가한다.

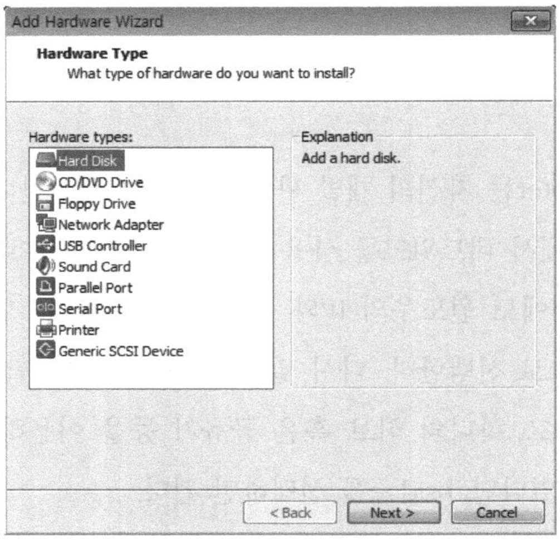

- Use physical serial port on the host를 선택하고 Next를 선택한다.

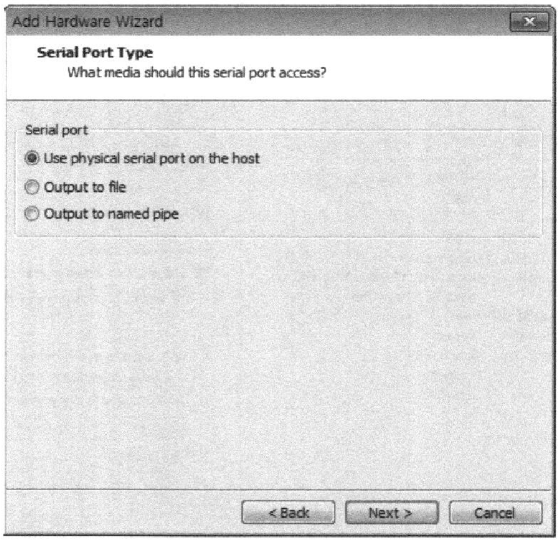

- Physical serial port를 Auto detect로 선택하고 Finish를 선택한다.

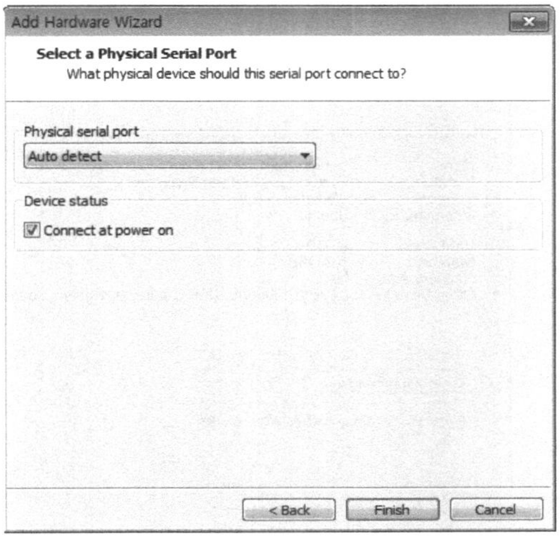

- Hardware 설정을 마쳤으면 OK를 선택한다.

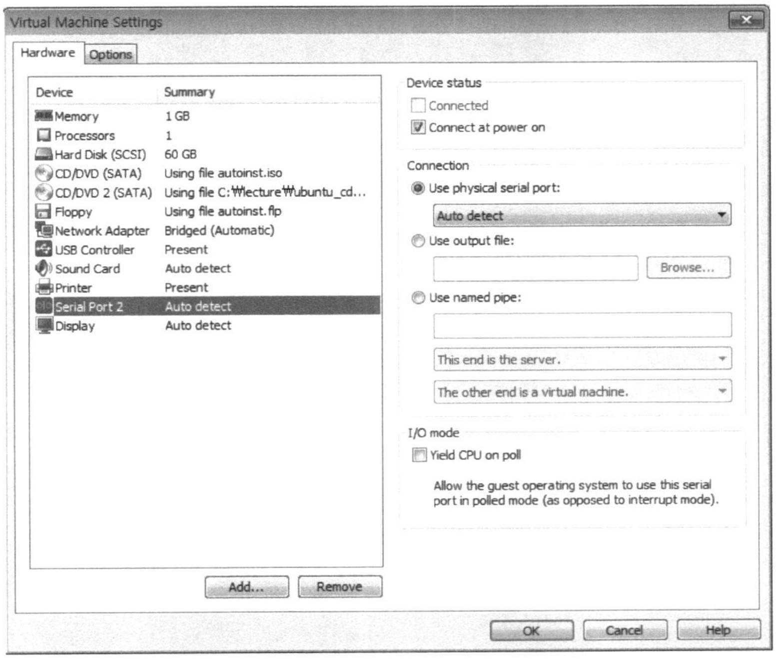

■ 설정이 완료되었으면 Finish를 눌러서 설치를 진행한다.

■ Ubuntu 설치 화면이 나타나면 설치가 끝날 때까지 기다린다.

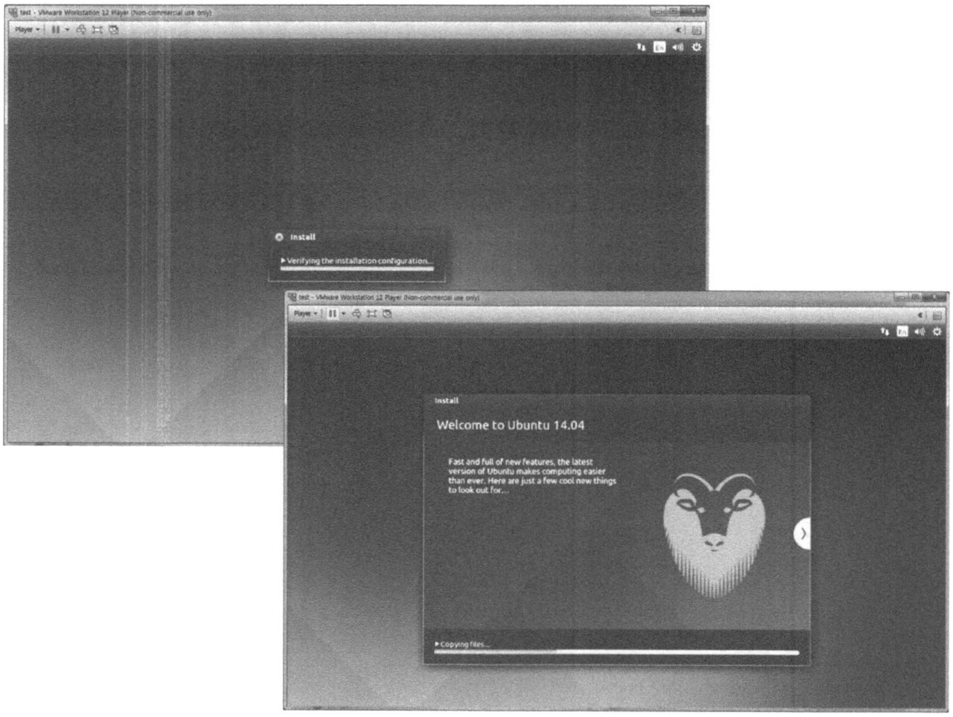

■ 설치가 완료되면 자신이 등록한 id를 선택하고, Passward를 입력하여 로그인한다.

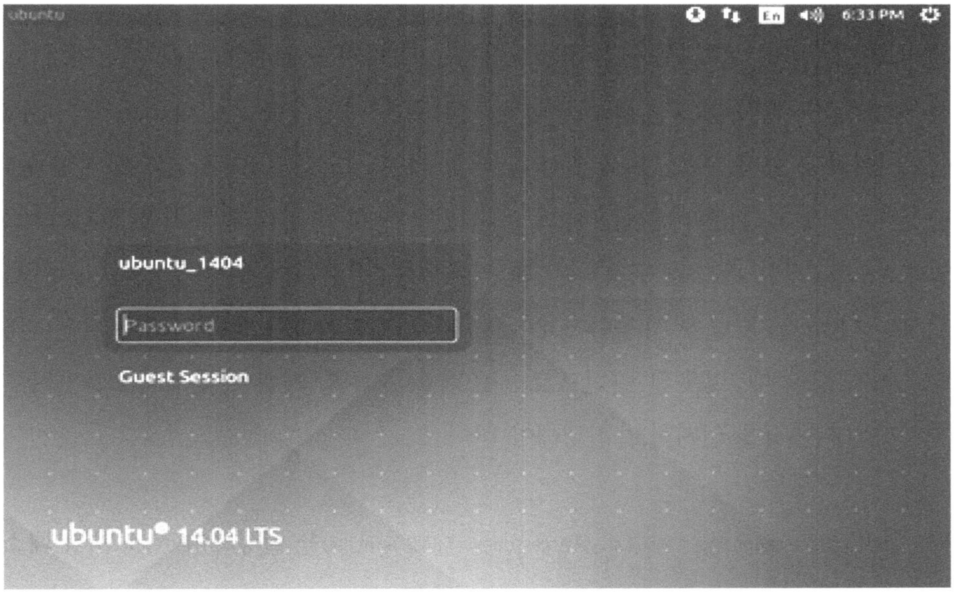

■ 정상적으로 로그인이 된다면 다음과 같은 화면을 볼 수 있다.

2.3.3 호스트 시스템 슈퍼 유저 사용 설정

리눅스는 멀티 유저 시스템이다. 그러므로 하나의 시스템에 여러 사용자가 로그인해서 사용할 수 있다. 그중에서 시스템을 관리하는 사용자를 일반적으로 슈퍼 유저 혹은 어드민이라고 한다. 슈퍼 유저 권한을 갖게 되면 시스템의 모든 영역을 마음대로 수정, 편집할 수 있다. 우분투에서는 슈퍼 유저 권한의 사용에 대해서 기본 설정하지 않는다. 일반적으로 개발 환경을 구축하는 데 있어서 슈퍼 유저의 권한이 있다면, 명령을 실행할 때마다 sudo 명령을 사용하지 않아도 되므로 편리하다. 다만, rm과 같은 파일 삭제 명령을 수행할 때, 잘못된 판단으로 시스템을 모두를 지워 운영체제조차 구동되지 않을 수 있다는 점을 인지하고 진행해야 한다.

- **터미널**(Application 메뉴 – 보조프로그램 Accessories – 터미널 Terminal)**을 실행하여, root 계정 패스워드를 생성한다.** (또는 Ctrl + Alt + T를 누르면 Terminal을 켤 수 있으며 Ctrl + Shift + T를 누르면 Terminal Tab을 추가할 수 있다.)

```
<Host PC>
huins@ubuntu:/$ sudo passwd root
```

입력을 마치면 현재 시스템 사용자 패스워드, 새로운 root 사용자 패스워드, 새로운 root 사용자 패스워드 확인 절차를 거친 다음에 root 사용자 계정으로 로그인할 수 있다. root 사용자 계정으로의 로그인을 위해서 현재 우분투를 로그아웃시킨다. 로그인 메뉴에서 other를 선택하고 root 사용자를 선택한 다음, 이전에 입력했던 root 사용자의 패스워드를 입력해 준다.

다시 한번 언급하지만, root 권한은 시스템에서 사용되는 모든 권한을 획득한 상태이므로, 파일 삭제 등과 같은 명령을 쓸 때에는 신중하게 고려하고 사용하여야 한다. 최소한 root 사용자로 로그인하였을 때에는 삭제 명령(rm)에서 가급적 강제 삭제 옵션 -rf와 같은 옵션을 사용하지 말아야 한다.

교재에서 개발 환경 설치 및 파일 시스템 빌드 부분은 root 계정을 사용한다. 일반 사용자 계정으로 아래 교육 내용을 진행할 때에는 명령어 앞에 sudo를 붙여서 해당 명령에 대해 슈퍼 유저 권한을 획득할 수 있다. 본 교재에서는 시스템 환경 구성, 파일 시스템 포팅 등과 같은 내용에서 슈퍼 유저 권한으로 실행하도록 구성되었다.

따라서 다음부터의 작업은 모두 관리자 계정으로 접속해서 진행하도록 하겠다. 아래처럼 sudo su 명령어를 입력해 주고 로그인 계정 비밀번호를 입력하면 된다. 이때 입력 시 보이지 않으므로 잘못 입력하였을 시 엔터를 치고 다시 시도하면 된다.

<Host PC>

```
huins@ubuntu:/$ sudo su
[sudo] password for huins:
root@ubuntu:/home/huins#
```

2.3.4 라이브러리 설치

■ 32bit 호환 라이브러리 설치

64bit의 호스트를 설치한 경우 CD에 포함된 툴 체인이나 기타 바이너리들은 32bit용으로 배포가 되므로 사용하지 못한다. 따라서 64bit 환경에서 32bit 라이브러리 및 바이너리를 사용할 수 있도록 호환해 주는 라이브러리를 별도로 설치해 주도록 한다.

<Host PC>

```
root@ubuntu:/# dpkg --add-architecture i386 && apt-get update
root@ubuntu:/# apt-get install lib32z1 lib32ncurses5 lib32bz2-1.0
```

■ Build-essential 패키지 설치

개발에 필요한 기본 라이브러리들과 헤더파일 등이 포함되어 있는 패키지이다.

<Host PC>

```
root@ubuntu:/# apt-get install build-essential
```

2.3.5 VMware Tools 설치(Guest와 Host간의 파일 공유 시 필요)

VMware Tools는 게스트 운영 체제에 대한 더 나은 관리 및 원활한 사용자 상호 작용을 위해 VMware 제품의 일부 기능을 사용하도록 설정하는 서비스 및 모듈 집합이다. VMware Tools 설치는 새 가상 시스템 생성 프로세스의 일부이며, VMware Tools 업그레이드는 가상 시스템을 현재 표준으로 유지하는 프로세스의 일부이다. 게스트 운영체제는 VMware Tools 없이 실행될 수 있지만 VMware Tools를 설치해야만 사용할 수 있는 VMware 기능이 많이 있다. VMware Tools를 설치할 경우 제품군의 유틸리티가 가상 시스템의 게스트 운영체제 성능을 향상하고 가상 시스템의 관리를 개선한다.

VMware Tools를 설치함으로써 얻을 수 있는 장점은 주로 하드웨어와 관련된 성능의 최적화와 Host 운영체제와의 상호 연동에 따른 편의성 등이다. 주로 그래픽, 사운드, 입력 장치, 네트워킹 장치를 위한 드라이버 또는 서비스를 포함한다.

- **자동 제어권 전환**

  VMware Tools를 설치하기 전에는 Guest에서 Host로 제어권을 넘기기 위해선 [Ctrl] + [Alt] 키를 눌러야만 한다. 하지만 설치 후에는 마우스 커서의 위치에 따라 자동으로 제어권이 넘어간다.

- **디스플레이 옵션의 확장**

  VMware Tools를 설치한 후엔 Guest 컴퓨터의 그래픽 카드가 VMware SVGA2로 잡히게 된다. 그러면 Guest 컴퓨터의 해상도를 Host 컴퓨터가 제공하는 최대 해상도까지 표현할 수 있게 된다. 또한, 다중 디스플레이 기능까지 지원하여 Guest 컴퓨터에서도 다중 디스플레이 환경을 만들 수 있다.

- Drag and Drop File 이동

  VMware Tools를 설치하기 전에는 오직 네트워크 연결을 통해서 작업을 할 수밖에 없다. 하지만 VMware Tools를 설치하면 단순히 폴더에서 폴더로 File을 복사하듯이 Host 컴퓨터에서 Guest 컴퓨터로 또는 그 반대의 경우에도 File을 Drag&Drop만 하면 파일의 복사가 이루어지게 된다.

* Drag&Drop 방식의 File 복사는 네트워크 방식이 아닌 VMware Tools를 거쳐서 복사하는 방식으로 File의 용량이 큰 경우 굉장히 느린 속도를 보여 준다. 그래서 소규모의 작은 File 외에 대용량의 File을 복사하기에는 부적절한 방식이다. 100MB를 초과하는 대용량 File을 복사할 때는 네트워크 전송 또는 Shared Folder 방식을 권장한다.

■ **클립 보드의 공유**

Host 컴퓨터에 있는 문서의 일부 내용을 그대로 복사하여 Guest 컴퓨터의 문서에 붙여넣고자 한다면 일반적으로는 Host 컴퓨터의 문서 File을 Guest 컴퓨터로 복사하고 Guest 컴퓨터에서 문서 파일을 연 후 필요한 내용을 복사 사용해야 할 것이다. 하지만 VMware Tools를 설치하면 Host 컴퓨터와 Guest 컴퓨터의 클립 보드가 공유되어 Host 컴퓨터에서 메모장의 문서 내용을 복사한 후 바로 Guest 컴퓨터의 메모장에 그대로 붙여넣는 작업이 가능하게 된다.

■ **Share Folder를 통한 File 이동**

Host 컴퓨터와 Guest 컴퓨터 사이에 대용량의 File 전송을 해야 할 경우엔 서로 간의 네트워크를 연결하여 전송하는 방법이 있다. 하지만 네트워크를 연결하기 위해 양쪽의 네트워크를 개방해야 하며 사용자 설정 등을 추가로 해주어야 한다. VMware Tools를 설치하면 Host 컴퓨터와 Gust 컴퓨터 간에 네트워크를 개방하지 않고도 VMware에서 제공하는 공유 폴더를 통해서 파일의 전송이 가능해진다.

▣ 설치하기

■ [Player] - [Manage] - [Reinstall VMware Tools...]

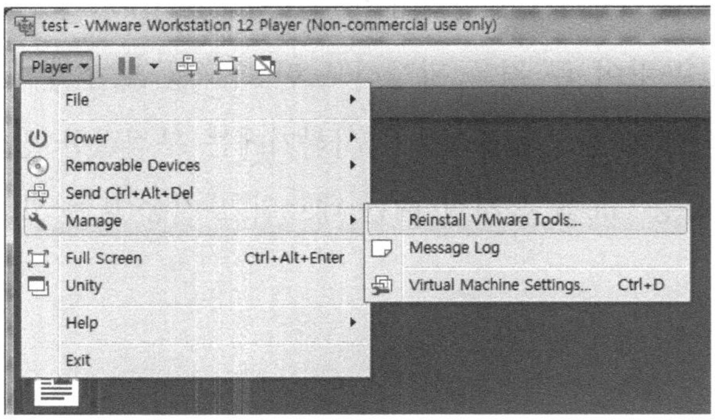

■ **아래의 화면이 나오면 터미널을 열어서 접근한다.** (터미널: [Ctrl] + [Alt] + [t])

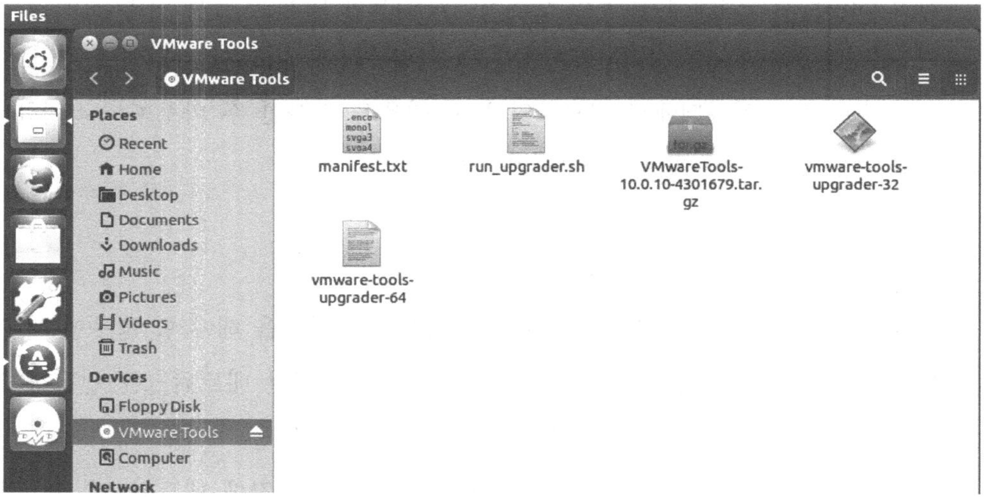

- tar.gz 파일을 복사해 오고 압축을 해제한다.

```
root@ubuntu:/# cd /media/huins/VMware\ Tools/
root@ubuntu:/media/huins/VMware Tools# ls
manifest.txt     VMwareTools-10.0.10-4301679.tar.gz  vmware-tools-upgrader-64
run_upgrader.sh  vmware-tools-upgrader-32
root@ubuntu:/media/huins/VMware Tools# cp VMwareTools-10.0.10-4301679.tar.gz /root/
root@ubuntu:/media/huins/VMware Tools# cd /root/
root@ubuntu:~# ls
VMwareTools-10.0.10-4301679.tar.gz
root@ubuntu:~# tar xvf VMwareTools-10.0.10-4301679.tar.gz
```

- 압축이 해제되어 나온 폴더로 들어가 vmware-install.pl을 실행시킨다.

```
vmware-tools-distrib/doc/INSTALL
vmware-tools-distrib/doc/README
vmware-tools-distrib/doc/open_source_licenses.txt
root@ubuntu:~# ls
VMwareTools-10.0.10-4301679.tar.gz  vmware-tools-distrib
```

- 실행 시 Yes or No를 묻는 질문에는 y 또는 yes라고 입력해 주면 된다.

```
root@ubuntu:~# cd vmware-tools-distrib/
root@ubuntu:~/vmware-tools-distrib# ls
bin  caf  doc  etc  FILES  INSTALL  installer  lib  vgauth  vmware-install.pl  vmware-install.real.pl
root@ubuntu:~/vmware-tools-distrib# ./vmware-install.pl
The installer has detected an existing installation of open-vm-tools on this
system and will not attempt to remove and replace these user-space
applications. It is recommended to use the open-vm-tools packages provided by
the operating system. If you do not want to use the existing installation of
open-vm-tools and attempt to install VMware Tools, you must uninstall the
open-vm-tools packages and re-run this installer.
The packages that need to be removed are:
open-vm-tools
The installer will next check if there are any missing kernel drivers. Type yes
if you want to do this, otherwise type no [yes]
```

- 그 외에 [/usr/bin] 처럼 경로를 묻는 질문에는 [Enter]를 눌러 그냥 넘어가면 된다.

```
Enter yes to proceed. [no] yes

Creating a new VMware Tools installer database using the tar4 format.

Installing VMware Tools.

In which directory do you want to install the binary files?
[/usr/bin]

What is the directory that contains the init directories (rc0.d/ to rc6.d/)?
[/etc]

What is the directory that contains the init scripts?
[/etc/init.d] █
```

2.4 리눅스 쉘 명령어

PC 사용에 있어서 일반화된 윈도우 OS 환경에서는 대부분의 작업을 그래픽 환경에서 수행한다. 그래픽 작업 환경은 전문 지식이 없는 일반인들이 컴퓨터를 쉽게 활용할 수 있게 하는 장점을 가지고 있다. 그러나 본 교재에서 다루고자 하는 바와 같이 임베디드 OS를 포팅하고 활용하는 작업에는 적절한 명령어들을 문자 형태로 활용하는 것이 그래픽 환경보다는 훨씬 효과적이다. 예를 들어 100여 개의 다양한 파일들이 혼재되어 있는 폴더에서 30여 개의 .txt 파일들만 다른 폴더로 옮기는 작업은 그래픽 환경에서는 30번 가까이 마우스 클릭과 드랙을 필요로 하는 작업이 되겠지만, 한 줄의 간단한 명령어로 처리될 수도 있는 것이다.

윈도우 환경에서도 명령어를 사용할 수 있는 command 창이 있듯이 2.3절에서 설치한 Linux OS에서도 명령어를 사용할 수 있는 도구를 제공하고 있다. 이를 쉘(Shell) 프로그램이라고 한다. 쉘 프로그램은 Linux OS상에서 동작하는 일종의 응용프로그램이면서 사용자가 명령어를 사용해서 OS 커널에서 제공하는 기능들을 활용해서 원하는 작업을 할 수 있도록 해준다. 쉘 프로그램도 몇 가지 종류가 있으나 가장 일반적인 쉘 프로그램은 bash shell이다. 컴퓨터를 켜고 부팅 과정을 거쳐 리눅스가 시작되면 로그인 프롬프트가 나타난다. 이 로그인 프롬프트가 단순한 문자이면 로그인 후 바로 쉘 프로그램이 시작되고 '그래픽'이면 로그인 후 데스크톱 환경이 나타난다. 2.3절에서 설치한 Ubutu 리눅스의 경우 '그래픽' 로그인 프롬프트가 나타나며 로그인 후 화면에서 'terminal' 에뮬레이터를 이용해서 쉘 프로그램을 실행할 수 있다.0

```
[me@linuxbox me]$ pwd
/home/me
```

【그림 2.4.1】 쉘 프로그램 실행 화면

[그림 2.4.1]은 pwd(print working directory)라는 명령어를 입력한 결과를 보여 주고 있다. 쉘프로그램을 사용하기 위해서는 이와 같이 명령어를 사용하여야 한다. 쉘의 프롬프트

는 그림에서 보듯이 대개 '$' 표시로 끝난다. 명령어는 대소문자 구분이 되며 많은 경우 옵션 파라메터 사용이 필요하거나 가능하다.

2.4.1 디렉터리와 파일 관련 명령어

그래픽 환경에서는 [그림 2.4.2]와 같이 디렉터리의 구성을 일목요연하게 볼 수가 있으나 쉘 프로그램에서는 이렇게 한눈에 디렉터리의 구성과 현재 작업하는 디렉터리 및 파일들을 알 수가 없다. 따라서 원활한 작업을 위해서는 리눅스의 디렉터리의 구성과 현재 쉘 프로그램이 있는 디렉터리를 잘 파악할 필요가 있다. 윈도우 OS에서는 PC에 장착된 C: D: 등의 하드디스크나 USB 메모리 드라이버가 있고 그와 같은 드라이버 아래에 트리 구조로 각각의 디렉터리들이 존재하는 반면에 리눅스 OS에서는 파일 시스템의 가장 상위에 '/'로 표시되는 루트 디렉터리가 있고 저장기기를 포함한 다른 모든 디렉터리들은 루트 디렉터리 밑에 있게 된다.

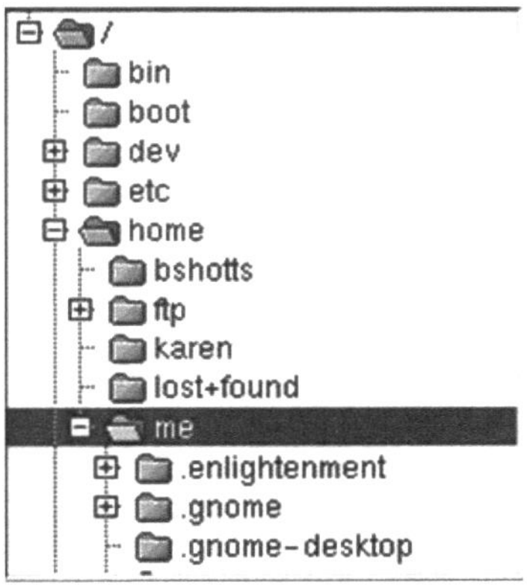

【그림 2.4.2】 그래픽 환경에서의 디렉토리 구성 표현

리눅스에서 중요한 디렉터리들을 살펴보면 다음과 같다.

- / : 파일 시스템이 시작하는 루트 디렉터리를 나타낸다. 대개의 경우 루트 디렉터리에는 하위의 디렉터리만 포함되어 있다.
- /boot : 리눅스 커널과 부트로더 파일이 저장되어 있는 곳. 커널 파일의 이름은 vmlinuz이다.
- /etc : 시스템 configuration 파일이 저장되어 있는 곳. 이곳에 저장된 모든 파일은 텍스트 형태의 파일이다.
- /home : 사용자들이 개인적 작업들을 저장하는 공간으로 사용자들이 파일을 써 넣을 수 있도록 허용된 유일한 장소이다.

◎ pwd(print working directory) :

현재 작업 중인 디렉터리를 보여 준다. 아래 그림에서는 현재 작업 중인 디렉터리가 /-루트 디렉터리 아래에 있는 home 디렉터리 아래에 있는 embe 임을 보여 주고 있다.

■ 명령어 형식

```
pwd [-LP]
```

■ 사용 예시

```
# pwd
```

■ 명령어 실행 결과

◎ ls(list files and directories) :

디렉터리 내의 파일들을 보여 준다.

■ 명령어 형식

```
ls [OPTION]... [FILE]...
```

■ 명령어 옵션

옵션	설명
-a	숨겨진 파일을 포함하여 모든 파일을 나열한다.
-A	-a 옵션과 비슷하지만, '.' (현재 디렉터리)와 '..'(부모 디렉터리)를 제외하고 나열한다.
-l	결과를 긴 형식으로 나열한다.

-r	출력 결과를 반대 순서로 나열한다.
-S	파일 크기로 정렬하여 나열한다.
-t	수정된 시간 순으로 정렬하여 나열한다.

■ 사용 예시

```
# ls
```

현재 디렉터리의 파일을 나열한다.

```
# ls /
```

루트 디렉터리의 파일을 나열한다.

```
# ls /home/embe
```

/home/embe 디렉터리의 파일을 나열한다.

```
# ls -l
```

현재 디렉터리의 파일의 긴 형식 정보를 나열한다.

■ 명령어 실행 결과

```
-rw-------   1 bshotts  bshotts       576 Apr 17  1998 weather.txt
drwxr-xr-x   6 bshotts  bshotts      1024 Oct  9  1999 web_page
-rw-rw-r--   1 bshotts  bshotts    276480 Feb 11 20:41 web_site.tar
-rw-------   1 bshotts  bshotts      5743 Dec 16  1998 xmas_file.txt

----------     -------  -------  -------- ------------ -------------
    |             |        |         |         |             |
    |             |        |         |         |         File Name
    |             |        |         |         |
    |             |        |         |         +---  Modification Time
    |             |        |         |
    |             |        |         +-------------   Size (in bytes)
    |             |        |
    |             |        +-----------------------        Group
    |             |
    |             +--------------------------------        Owner
    |
    +----------------------------------------------   File Permissions
```

【그림 2.4.3】 ls 실행 결과

[그림 2.4.3]의 ls 명령 실행 결과에는 각 파일에 대한 속성들이 표시되어 있다. 이를 간단하게 설명하면 다음과 같다.

- Owner : 파일을 소유한 사람의 이름
- Group : 파일의 소유자(Owner) 외에 파일에 대한 권한을 지정할 수 있는 그룹의 이름
- File Permissions : 파일에 대한 접근 권한을 나타냄. 첫 번째 문자는 파일의 타입을 나타낸다. "-" 는 보통 파일임을 나타내고 "d"는 디렉터리임을 나타낸다. 그다음으로 나타나는 세 개 문자는 파일 소유자의 읽기, 쓰기, 실행하기 권한을 나타낸다. 그다음의 세 문자는 group의 권한, 마지막 세 문자는 그 외 모든 사용자의 권한을 나타낸다.

◎ mkdir(make directories) :

디렉터리를 만든다.

■ **명령어 형식**

```
mkdir [option] [Directory Name]
```

■ **사용 예시**

아래의 명령이 실행되면, 현재 자신이 위치한 디렉터리에 서브 디렉터리로 cmd_test라는 디렉터리가 생성된다.

```
# mkdir cmd_test
```

■ **상대 경로를 이용한 디렉터리 만들기**

현재 위치한 경로에서부터 디렉터리를 따라간 뒤 해당 디렉터리를 만들게 된다. 아래의 예시를 보면, 위에서 이미 만든 cmd_test라는 디렉터리 내부에 md라는 디렉터리를 만들게 된다.

```
#mkdir ./cmd_test/md
```

■ **절대 경로를 이용한 디렉터리 만들기**

절대 경로를 이용하는 경우에는, 리눅스의 최상위 시스템부터 경로를 따라가서 디렉터리를 만들게 된다. 즉 최상위 디렉터리인 '/'를 기준으로 디렉터리 경로를 따라가서 디렉터리를 만들게 된다. 아래의 명령이 수행되면, 최상위 디렉터리에서부터 /cmd_test 디렉터리의 서브 디렉터리인 md 디렉터리에서 서브디렉터리 abs_md 디렉터리를 만들게 된다.

```
# mkdir /root/cmd_test/md/abs_md
```

◎ cd(change directory) :

디렉터리를 이동하는 명령

■ **명령어 기본 형식**

```
cd [-L¦-P] [directory name]
```

■ **사용 예시**

앞에서 만들었던 디렉터리를 사용할 경우의 예시는 아래와 같다. 우선, 현재 디렉터리(최상위 디렉터리) 내에 있는 서브 디렉터리로 이동(cam_test)한다.

```
# cd /root
# cd cmd_test
```

■ **상대 경로를 이용한 디렉터리 이동**

위의 명령으로 슈퍼 유저의 홈 디렉터리인 /root로 이동한 다음 cmd_test 디렉터리로 이동되었고, 아래의 명령이 수행되면, cmd_test 디렉터리의 서브 디렉터리인 md 그리고 md 디렉터리의 서브디렉터리인 abs_md 디렉터리로 이동한다.

```
# cd ./md/abs_md
```

■ **절대 경로를 이용한 디렉터리 이동**

우선 최상위 디렉터리로 재이동한 뒤, 절대 경로를 이용해서 abs_md까지 이동하기 위해서는 아래와 같이 하면 된다. 이전 디렉터리 만들기의 만들어진 디렉터리 구조를 이동하는 방법이다.

```
# cd /root
# cd /root/cmd_test/md/abs_md
```

◎ cp(copy files and directories) :

파일이나 디렉터리를 복제한다.

■ **명령어 형식**

```
cp [OPTION]...  SOURCE...   DIRECTORY
```

■ **사용 예시**

hello_C.c 파일을 부모 디렉터리로 복사한다.

```
# cp hello_C.c ..
```

■ **명령어 실행 결과**

◎ mv(move or rename files and directories) :

파일과 디렉터리를 옮기거나 이름을 바꾼다.

■ 명령어 형식

```
mv [OPTION]... SOURCE...   DIRECTORY
```

■ 사용 예시

hello_C.c 파일을 부모 디렉터리로 이동한다.

```
# mv hello_C.c ..
```

■ 명령어 실행 결과

```
root@ubuntu: /home
root@ubuntu:/home/embe# ls
examples.desktop  main.c    공개      문서      비디오  음악
hello_C.c         test.txt  다운로드  바탕화면  사진    템플릿
root@ubuntu:/home/embe# mv hello_C.c ..
root@ubuntu:/home/embe# ls
examples.desktop  test.txt  다운로드  바탕화면  사진  템플릿
main.c            공개      문서      비디오    음악
root@ubuntu:/home/embe# cd ..
root@ubuntu:/home# ls
embe  embedded  hello_C.c
```

◎ rm(remove files and directories) :

파일이나 디렉터리를 지운다. 파일 및 디렉터리의 삭제가 가능하므로 삭제할 때 신중을 기해야 한다. 리눅스에서는 한 번 지운 파일은 복구하기가 힘들다.

■ 명령어 형식

```
rm [options] file(s)
```

■ 옵션

옵션	설명
-f	쓸 수 없는 파일이라도 물어보지 않고 강제로 지운다.
-i	각 파일에 대하여 지울 것인지 묻는다.
-r	서브 디렉터리를 포함한 모든 내용을 재귀적으로 지운다.
-v	지워지는 파일명을 출력한다.

■ 사용 예시

아래의 명령이 수행되면, test.txt.를 삭제하게 된다. 하지만 rm의 경우 일반적으로 alias로 'rm -i'로 묶여 있다. 그래서 아래의 경우 삭제할 것인지 물어보게 될 것이다.

```
# rm test.txt
```

■ 디렉터리 삭제

아래의 명령이 수행되면, mydirectory라는 디렉터리가 삭제가 된다.

```
# rm -r mydirectory
```

◎ grep:

파일이나 표준 입력으로부터 패턴 혹은 문장을 입력하여, 검색하려는 파일 혹은 출력에서 동일한 값을 검색한다. 기본적으로 리눅스 시스템에서 사용하는 대부분의 명령어와 혼용하여 사용할 수 있다.

■ 명령어 형식

```
grep [option] PATTERN [File..]
```

■ 옵션

grep의 경우, 대부분 입력된 문자열과 일치하는 데이터를 찾는 경우가 대부분이지만, 그렇지 않은 경우가 아주 가끔 발생할 수 있으므로, 세부 옵션은 다음과 같다.

옵션	설명
-A [숫자]	해당 라인에서 패턴과 매치되는 문자열을 찾아서 그 이전 전체를 보여 줌
-B [숫자]	해당 라인에서 패턴과 매치되는 문자열을 찾아서 그 이후 전체를 보여 줌
-b	매치되는 라인과 그 크기를 출력함
-c	매치되는 개수를 세어 출력함
-f	파일로부터 패턴을 입력받음
-n	매치되는 라인과 그 라인 수를 출력함
-v	매치되지 않는 라인을 출력함
-w	주어진 단어와 완전히 매치되는 라인을 출력함

■ 사용 예시

아래의 예시에서는 루트 홈 디렉터리(/root)에 있는 bash 설정 파일인 .bashrc을 열어서 PATH라는 문자열이 매치되는 라인을 출력해 줄 것이다.

```
# grep PATH /root/.bashrc
```

2.4.2 I/O redirection과 Pipe Line

앞 절에서 살펴 본 ls 명령어의 경우 해당하는 디렉터리 내의 파일들을 모니터에 보여 준다. 이는 ls 가 실행된 결과를 모니터 출력 쪽으로 보낸 것이라 볼 수 있는데 그 결과를 I/O redirection 기능을 이용해서 모니터가 아니라 다른 쪽으로 보낼 수가 있다. 즉 쉘의 프롬프트 화면에서

```
$ ls > file_list.txt
```

라고 입력하면 디렉터리 내의 파일리스트가 file_list.txt라는 파일에 기록된다. file_list.txt라는 파일이 없다면 새로 만들어진다. 기존의 파일이라면 새로운 내용을 덮어쓰게 된다.

```
$ ls >> file_list.txt
```

라고 입력하면 기존의 파일의 뒤쪽에 새로운 내용이 추가된다. 명령어를 사용한 결과의 출력만이 아니라 명령어 사용을 위한 입력도 redirection 할 수 있다. 예를 들어

```
$ sort < file_list.txt
```

라고 하면 sort 라는 명령어는 file-list.txt파일을 내용을 받아서 정해진 작업을 수행하게 된다. 한편 파이프 기능을 이용하면 한 명령어의 출력을 다른 명령어의 입력으로 연결시킬 수 있다. 예를 들면 ls 명령과 grep을 혼용하여 사용하는 것이다. 일반적으로 디렉터리 내에 한 화면에 출력할 수 있는 파일보다 출력 내용이 많은 경우 grep을 이용해서 해당 파일이 존재하는지 확인할 수 있다. 아래의 명령이 수행되면 ls 명령어에서 현재 위치하는 디렉터리 내에 있는 파일 들을 파이프를 통해서 grep로 보내면 grep 명령어는 그중에서 test라는 문자열을 포함하는 파일 혹은 디렉터리만 출력이 된다. 물론 ls의 경우 파일 이름을 지정해 주어서 출력할 수가 있지만, 찾고자 하는 파일 이름을 대부분 확실히 알 때만 가능하다.

```
# ls ¦ grep test
```

◎ cat(Concatenate files) :

파일 내용을 알아보거나 여러 파일을 하나의 파일로 병합하는 경우에 사용된다.

■ **명령어 형식**

```
cat [OPTION]...   [FILE]...
```

■ **사용 예시**

test.txt에 hellow!! embedded world!!의 내용을 저장한다. 사용자가 "Ctrl + D"를 입력할 때까지 데이터를 입력 가능하다. cat을 이용하여, 출력을 test.txt에 계속 덧붙여서 저장한다.

```
# cat > test.txt
hellow!! embedded world!!
```

test.txt의 내용을 확인한다.

```
# cat < test.txt
```

movie.mpeg.01 movie.mpeg02 ..... movie.mpeg09 를 movie.mpeg으로 붙인다.

```
# cat movie.mpeg.0* > movie.mpeg
```

■ **명령어 실행 결과**

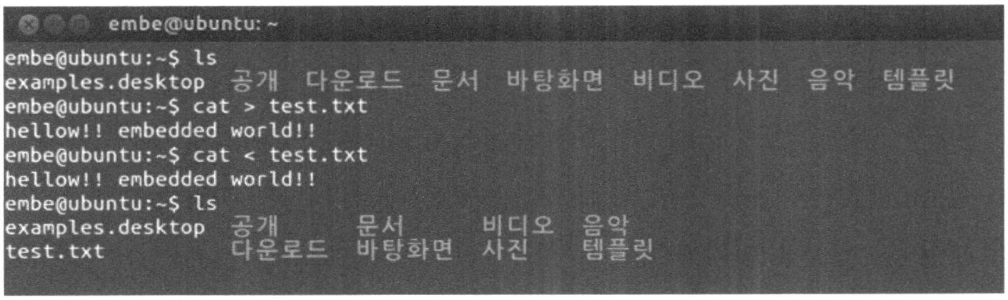

2.4.3 권한 조작 명령어

UNIX 보안 모델에서는, 사용자는 파일과 디렉터리를 소유하고 있다. 사용자는 파일과 디렉터리를 소유하는 경우, 파일과 디렉터리의 접근을 제어할 수 있다. 또한, 그룹에 대한 접근 권한을 부여할 뿐만 아니라, 모두에게 접근할 수 있는 권한을 부여할 수 있다. ls -l과 같은 명령으로 아래와 같이 파일 및 디렉터리의 쓰기/읽기/실행과 같은 권한을 볼 수 있다.

■ 파일 형식 구조

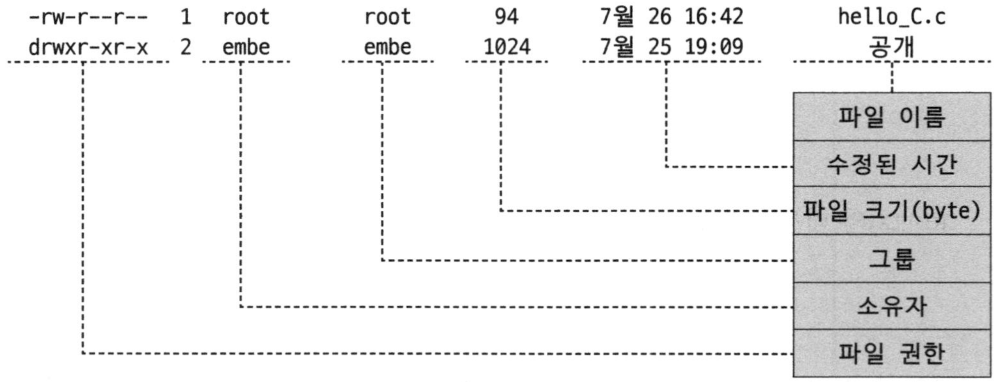

파일 권한(File Permission) 부분은 해당 파일에 대한 접근 권한을 나타내는 것으로서 여기에 포함된 10개 문자의 해석은 다음과 같다. 첫 번째 문자는 파일의 형태를 나타내는 것으로서 '-'은 보통의 파일임을 나타내고 'd'는 디렉터리임을 나타낸다. 이후에 있는 3개의 문자열은 파일 소유자(file owner)의 이 파일에 대한 읽기(r), 쓰기(w), 실행(x) 권한을 나타낸다. 다음의 3개 문자열은 그룹(group)의 이 파일에 대한 읽기(r), 쓰기(w), 실행(x) 권한을, 마지막 3개의 문자열은 모든 사용자의 이 파일에 대한 읽기(r), 쓰기(w), 실행(x) 권한을 나타낸다.

■ 파일 형식

속성	파일 형식
-	일반 파일
d	디렉터리
l	심볼릭 링크
c	문자 특수 파일. 터미널 또는 모뎀과 같이 byte의 흐름으로 데이터를 다루는 장치를 뜻한다.
b	블록 특수 파일. 하드드라이브 또는 CD-ROM과 같이 블록 단위로 데이터를 다루는 장치를 뜻한다.

■ 권한 특성

나머지 파일 권한은 아래 표와 같이 구성되어 있다.

소유자	그룹	모두
rwx	rwx	rwx

각각 속성이 의미하는 바는 아래 표와 같다.

속성	파일	디렉터리
r	파일을 열고 읽을 수 있도록 허용한다.	실행 속성도 설정되어 있는 경우, 디렉터리의 내용을 나열할 수 있다.
w	파일을 쓰거나 조작할 수 있다. 하지만 파일의 이름을 변경하거나 삭제시킬 순 없다. 디렉터리의 속성에 의해서만 삭제하거나 변경할 수 있다.	디렉터리에 파일을 생성, 삭제 및 실행 속성도 설정되어 있는 경우 이름을 변경할 수 있도록 허용한다.
x	파일을 프로그램으로 처리하고 실행할 수 있다. 스크립트 언어로 쓰인 프로그램 파일은 실행될 수 있게 읽을 수 있도록 설정해야 한다.	디렉터리로 들어 올 수 있도록 허용한다.

◎ chmod(Change File Mode) :

파일 또는 디렉터리의 권한을 설정하는 명령어 이다.

■ **명령어 형식**

```
head [OPTION]... [MODE]...  FILE...
```

■ **권한 설정**

8진수	이진수	파일 권한
0	000	---
1	001	--x
2	010	-w-
3	011	-wx
4	100	r--
5	101	r-x
6	110	rw-
7	111	rwx

3개의 8진수를 이용하여 소유자, 그룹, 모두의 파일 권한을 설정할 수 있다.

■ **사용 예시**

test.txt 파일의 권한을 777(rwxrwxrwx)로 변경한다.

```
#chmod 777 test.txt
```

◎ su :

로그인 중 필요에 의해서 다른 사용자 계정으로 계정을 바꾸는 것을 말한다.

■ **명령어 형식**

```
su [UserID]
```

■ **사용 예시**

embe(유저 아이디)로 전환한다.

```
#su embe
```

두 명령어 둘 다 슈퍼 유저로 전환한다. 전환 시에는 패스워드를 입력해야 한다.

```
#su root
#su
```

■ **명령어 실행 결과**

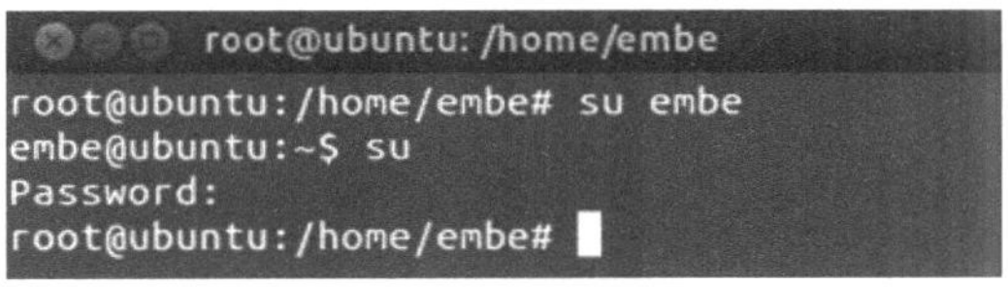

◎ sudo :

명령어를 다른 유저로서 실행하는데 사용하는 명령어이다.

■ **사용 예시**

```
#sudo chmod 777 test.txt
```

■ **명령어 실행 결과**

chmod를 실행하려고 했지만, 접근 권한이 허용되지 않아, 슈퍼 유저로서 명령어를 실행하였다.

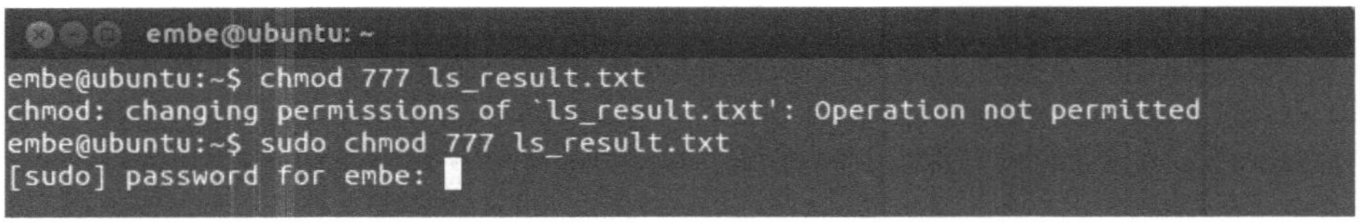

2.4.4 기타 명령어

◎ passwd:

사용자의 패스워드를 만들거나 변경해 주는 명령어이다. 만들어진 패스워드는 암호화되어 /etc/passwd 파일에 저장된다. 암호는 최소한 6자 이상이어야 하며, 8자 이상을 권고하고 있으며, 대문자 및 소문자 등을 구분하기 때문에 신중하게 결정해야 한다.

■ **명령어 형식**

```
passwd [option] 사용자 ID
```

■ **일반 유저가 자신의 패스워드 변경 시**

자신의 패스워드를 바꿀 경우에는 passwd만 입력해도 되고, 슈퍼 유저가 일반 사용자의 패스워드를 변경해 줄 경우 사용자 ID까지 입력해 주면 된다. 예를 들면 사용자가 자신의 패스워드를 변경하려면 아래와 같이 하면 된다.

```
kittens $ passwd
Changing password for user kittens
(current) UNIX password:
New UNIX password:
```

■ **슈퍼 유저가 일반 사용자의 비밀번호를 변경할 경우**

만약 슈퍼 유저의 권한으로 로그인했을 경우, 다른 사용자의 passwd 바꾸려면 아래와 같이 할 수 있다.

```
# passwd kittens
Changing password for user kittens
New UINX password:
retype new UNIX password
```

◎ tar:

tar는 여러 개의 파일을 하나의 파일로 합치거나 합쳐진 파일을 다시 여러 개의 파일로 나누어 주는 기능을 한다. 하나의 파일을 압축하고 풀어 주는 기능을 가진 gzip나 gnuzip 같은 프로그램과 연동하여 파일/디렉터리 압축과 해제를 하는 도구로써 tar를 많이 사용한다. tar를 사용해서 압축과 해제를 하기 위해서는 여러 가지 옵션을 사용하여야 하는데 기본 적인 사용 형식은 다음과 같다.

■ **명령어 형식**

```
tar [option] [archive-file] [files or directories]
```

■ **옵션**

주요 동작 모드에서의 옵션은 다음과 같다.

옵션	설명
-t	압축 파일의 내용을 출력
-x	압축 파일에서 원본 내용을 추출(압축 해제)
-c	새로운 압축 파일을 생성
-d	압축 파일과 파일 시스템 간의 차이점을 비교
-r	압축 파일에 다른 파일을 추가

-u	압축 파일 안에 있는가 보다 최신의 파일만 추가
-A	압축 파일에 다른 압축 파일을 추가
--delete	압축 파일로부터 제거
-v	처리되는 파일을 순서대로 출력
-f	압축 파일 혹은 압축 장치를 사용
-z	gzip 필터
-	bz2

■ **압축을 풀 때**

압축 파일이 test.tar.gz면 다음과 같이 압축을 해제하면 된다. 디렉터리까지 통째로 압축하였다면, 현재 위치에서 해당 디렉터리가 확인이 될 것이고, 파일만 압축했었던 파일이라면, 해당 위치에 압축이 해제된 파일들이 생성이 된다.

```
# tar -zxvf test.tar.gz
```

압축 파일이 tar.bz2면 다음과 같이 압축을 해제하면 된다.

```
# tar -jxvf test.tar.bz2
```

■ **압축을 할 때**

tar.gz로 압축을 할 경우에는 다음과 같이 한다. 아래의 명령이 수행되면, 현재 위치의 디렉터리에서 test_dir.tar.gz를 만들게 되는데, 그 내용은 mydirectory가 된다.

```
# tar -cvzf test_dir.tar.gz mydirectory
```

파일만 압축할 경우에는 파일 이름을 넣어주면 된다.

```
# tar -cvzf test_file.tar.gz test.c
```

디렉터리 내부에 있는 모든 파일 및 디렉터리를 압축하려면 와일드카드를 이용.

```
# tar -cvzf test_file.tar.gz *
```

◎ ping (packet internet gopher) :

자신의 네트워크나 다른 네트워크가 통신이 잘되고 있는지 점검한다.

■ **명령어 형식**

```
ping [hostname or ip]
```

■ **사용 예**

아래의 명령이 수행되면, KT에서 운영하는 DNS로 ping을 날리게 된다. 인터넷이 연결되었다면 당연히 응답이 올 것이다.

```
# ping 168.126.63.1
```

인터넷이 연결되었다면 당연히 응답이 올 것이다.

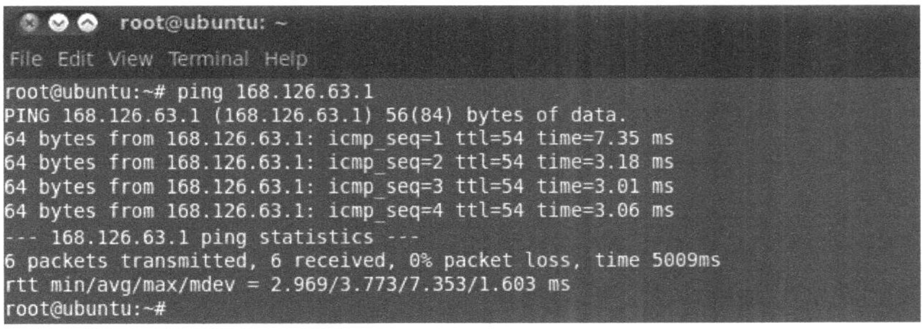

【그림 2.4.4】 ping 명령어 사용 예

◎ apt-get :

데비안 계열의 우분투의 패키지 관리자이다.

■ **명령어 형식**

```
# apt-get [option] [command]
```

■ 명령어 옵션

옵션	설명	command	설명
-h	help	update	새로운 패키지의 리스트 확인
-d	다운로드만 할 경우 설정	install	패키지 설치
-u	패키지 제거	remove	패키지 제거

■ 사용 예시

vim 패키지를 다운받고 설치

```
#apt-get install vim
```

vim 패키지를 제거

```
#apt-get remove vim
```

■ 옵션

옵션	설명
-h	Help
-d	다운로드만 할 경우
-u	업그레이드 패키지 리스트 출력

2.5 연습문제

다음 물음에 답하시오.

① ls -l을 이용해서 볼 수 있는 present working directory의 내용을 pwdstatus.txt 라는 파일로 저장해 보시오.

② 로그인한 후, ls 명령을 사용하여 root 디렉터리에 bin이라는 하위 디렉터리가 있

는지 확인해 보시오.

③ pipe(|)와 grep 명령을 이용해서 /bin에 들어 있는 각 파일들 중 'un'이라는 글자가 들어간 파일들을 표시해 보시오.

④ 상당히 긴 내용을 가진 bin.txt의 내용을 화면 한 페이지씩 화면에 볼 수 있게 하시오.

정답: ① ls -l 〉 pwdstatus.txt

② ls /bin

③ ls | grep 'un'

④ cat bin.txt | less

03 리눅스 응용 프로그램

3.1 컴파일과 Make 파일

3.2 파일 입출력 프로그램

3.3 프로세스, 쓰레드, IPC

3.4 하드웨어 장치 사용

3.5 연습문제

3.1 컴파일과 Make 파일

임베디드 리눅스에서 응용 프로그램을 작성하는 방법은 PC에서 동작하는 리눅스 응용 프로그램을 작성하는 방법과 크게 다르지 않다. 임베디드 시스템에 따라 사용 가능한 라이브러리에 차이가 존재할 뿐 시스템 프로그래밍 방법은 동일하다. 다만 PC에서 작동하는 프로그램을 위한 컴파일러(gcc)와 타겟 보드에서 작동시킬 프로그램을 위한 크로스 컴파일러가 다르고 임베디드 시스템의 특성상 응용 프로그램에서 하드웨어에 직접 접근하는 경우가 많다고 할 수 있다.

리눅스 응용 프로그램의 작성법을 익히기 위해서 본 장에서는 호스트 PC 상에서 동작하는 응용 프로그램을 만들어 본다.

3.1.1 C 프로그램 작성 및 실행

Ubuntu 리눅스 환경에서 C 프로그램을 작성하고 컴파일해서 실행하는 과정을 간단히 살펴보자. Ubuntu 로그인 후 gedit를 이용해서 간단한 c 프로그램을 작성한다.

```
$ gedit main.c
```

```
#include <stdio.h> ; C standard libray에 있는 stdio.h를 포함

int main(int argc, char *argv[])
{
  int i=0;
  printf("Hello World\n");
  printf("Number of arguments to the main function : %d\n",argc);
    for (i=0;i<argc;i++)
    {
      printf("argument number %d is %s\n", I, argv[i]);
    }
  return 0;
}
```

위와 같은 파일을 작성 후 working directory에 저장하고 ls 명령을 통해서 디렉토리 안에 main.c 파일이 존재함을 확인한다. Ubuntu에서 c 프로그램의 컴파일은 gcc 명령어를 통해서 수행한다. gcc 프로그램의 설치가 필요하면

```
$ apt-get install gcc
```

를 수행한다. 작성한 main.c 코드를 컴파일하기 위해서

```
$ gcc main.c
```

를 실행한다. 컴파일이 수행된 결과 실행 파일이 만들어졌는지 ls 명령어를 통해서 working directory의 내용을 확인한다. 디렉토리 안에 a.out이라는 파일이 있다면 컴파일이 잘 수행된 것이다. 이제

```
$ ./a.out
```

을 실행하면 화면에

```
Hello World
Number of arguments to the main function : 1
argument number 0 is a.out
```

이 출력될 것이다. 프로그램에서 argc와 argv의 기능을 확인하기 위해서

```
$ ./a.out My name is ooo
```

등을 실행시켜 보기 바란다.

gcc를 통한 컴파일 과정은 다음과 같다.

```
전처리기 --> 컴파일러 --> 어셈블러 --> 링커
```

전처리기에는 컴파일을 거치면 .s 파일이, 어셈블러를 거치면 a.out이라는 실행 파일이 만들어진다. gcc에서 사용 가능한 옵션들은 다음과 같다.

-o : 실행 파일 명을 따로 지정함. 디포트 값은 a.out
-c : 컴파일까지만 하고 링크하지 않음
-D : 소스코드의 #define 문과 같이 심볼에 대한 값을 지정
-I : 헤더 파일이 저장된 디렉토리 지정
-l : 라이브러리 파일을 지정
-L : 라이브러리 디렉토리를 지정

◎ Argument List

command 창에서 어떤 프로그램을 실행시키기 위해서 입력한 명령어 열은 argument list를 통해서 프로그램에 전달된다. 여기에는 프로그램의 이름과 사용한 argument들이 포함된다. 예를 들어

```
$ls -s /
```

과 같이 입력한 경우 'ls' 프로그램이 전달받는 argument list는 세 개의 요소인 'ls', '-s', '/'를 가진다. 각 프로그램의 main 함수는 이들 argument list를 argc와 argv 파라메터를 통해서 접근할 수 있다. 첫 번째 argument인 argc는 argument list에 포함된 아이템의 개수를 나타내는 integer 값이며 두 번째 파라메터인 argv는 문자에 대한 포인터들의 배열이다. argv 배열의 크기는 argc와 같다. argv의 각 포인터는 argument list의 각 문자열들을 가르킨다.

3.1.2 Makefile

다음은 c 및 c++ 언어로 작성한 프로그램을 리눅스 tool-chain에 포함된 컴파일러를 이용해서 컴파일하고 링크해서 실행 파일로 만드는 예를 보여 준다.

```
%gcc -c main.c
 main.o 생성 (object file 생성)
%g++ -c -I ../include reciprocal.cpp
 reciprocal.o생성
%gcc -o reciprocal main.o recirpocal.o
 reciprocal 이라는 실행화일 생성 (no extension)
```

위의 예에서는 c로 작성된 main.c와 c++로 작성된 reciprocal.cpp라는 프로그램을 각각 컴파일하고 이 둘을 링크하여 reciprocal이라는 실행 파일을 만들고 있다. main.c나 reciprocal.cpp의 내용을 바꾼다면 해당 파일의 컴파일 작업과 링크 작업을 다시 수행하여야 한다. 같이 링크할 파일들이 많아질 경우 gcc나 g++ 컴파일러를 직접 사용하기보다는 make라는 명령을 생성하는 유틸리티를 이용해서 여러 개의 쉘 명령어들을 자동으로 수행하게 한다. 위의 작업을 수행하기 위한 make 파일의 구성은 다음과 같다.

```
<Makefile>
reciprocal: main.o reciprocal.o
    gcc -o reciprocal main.o reciprocal.o
main.o: main.c reciprocal.hpp
    gcc -c main.c
reciprocal.o: reciprocal.cpp reciprocal.hpp
    g++ -c reciprocal.cpp
```

```
clean:
	rm -f *.o reciprocal
```

Makefile은 콜론(:)을 포함하는 행과 탭(Tab) 문자로 시작하는 하나 이상의 명령 행들로 이루어진다. 콜론 왼쪽은 만들고 싶은 파일인 타겟이고 콜론 오른쪽은 타겟을 만드는데 필요한 파일들로서 종속자(dependency)라고 부른다. 위의 예에서 첫 번째 행인

```
reciprocal: main.o reciprocal.o
```

은 reciprocal이라는 타겟 파일을 main.o와 reciprocal.o라는 두 개의 종속자인 목적 파일들을 이용해서 만든다는 뜻이다. 그리고 탭 문자로 시작하는 그다음 행은 이를 실행하기 위한 명령어 사용을 보여 준다. 즉

```
gcc -o reciprocal main.o reciprocal.o
```

라는 명령 수행을 통해서 reciprocal 파일을 만들어 낼 수 있다. 그 이후의 행들은 두 개의 목적 파일 main.o와 reciprocal.o를 만들어 내는 것에 대해서 같은 방법으로 기술하고 있다.

Makefile이 호출되면 이 내용들을 참고해서 필요한 명령어들이 수행되고 원하는 실행 파일이 만들어지게 된다. main.c와 reciprocal.cpp를 작성해서 처음으로 Makefile을 수행하는 것이라면 두 번째와 세 번째 명령을 먼저 실행해서 각각 main.o와 reciprocal.o를 만들고 최종적으로 첫 번째 명령을 수행해서 reciprocal 파일을 만든다. 이 후에 main.c를 수정한 다음 다시 Makefile을 호출하면 main.o라는 타겟 파일이 main.c라는 종속자보다 먼저 만들어진 것이라는 것으로부터 main.o라는 파일을 컴파일을 통해서 다시 만들어야 한다는 것을 인식해서 해당하는 명령행인

```
gcc -c main.c
```

을 수행해서 main.o를 새로 만들게 된다. 이제는 reciprocal이 새로이 만들어진 main.o보다 먼저 만들어진 것이 되므로 reciprocal을 새로이 만들기 위해서

```
gcc -o reciprocal main.o reciprocal.o
```

라는 명령이 수행된다. 이와 같이 Makefile을 사용하게 되면 필요한 명령 수행만 자동적으로 수행함으로써 재작성 시간을 최소화하여 작업 시간을 줄여 준다. Makefile의 좀 더 상세한 내용들을 간단하게 정리하면 다음과 같다.

◎ Makefile의 기본적인 형태

```
Target: Dependency
[TAB] Command
```

- Target:
  명령이 수행되어 나온 결과를 파일을 지정
- Dependency:
  Target이 어떤 파일에 종속적인가를 지정
- Command:
  실제 실행될 명령어 및 쉘 스크립트 사용 가능
- 빈 라인은 무시한다.
- 라인에 '#'이 나오면 그 이후로 끝까지 무시
- 하나의 라인이 길어질 경우 '\'를 추가하여 라인을 바꿀 수 있다.
  라인 사이가 ' \' 로 연결된 것은 make에서 하나의 라인으로 인식한다.

◎ 레이블의 사용

```
Lable:
[TAB] Command
```

- Lable:

  Target 대신에 사용 가능

    ex) all:

    ex) clean:

- Command:

  실제 실행될 명령어 및 쉘 스크립트 사용 가능

◎ 매크로

- 매크로 작성은 등호를 이용
- 작성된 매크로를 참조하기 위해서는 매크로 이름 앞에 '$'를 붙여 사용
- 기존에 작성된 매크로에 내용을 추가하기 위해서는 += 과 같은 방식을 사용

```
INCLUDE = -I/usr/include
INCLUDE += -I/usr/locla/include

실제 INCLUDE가 를 참조하여 사용될때는
-I/usr/include -I/usr/locla/include 와 같이 된다.
```

- 미리 정의 해놓은 매크로 및 환경 변수

  : make는 수많은 일반 명령들을 매크로로 미리 정의해 놓고 있다.

  : $(CC) 매크로는 항상 C 컴파일러로 인식

  : $(LD) 매크로는 항상 링커로 인식

  : make -p를 이용하여 내부적으로 정의된 매크로가 어떤 것이 있는지 출력해서 살펴볼 수 있다.

- 명령행에서의 매크로

  : make 명령 행에서 매크로를 정의할 수 있다.

```
$ make test DIR="/usr/project /usr/project/lib"
```

- 명령 행에서 정의가 여러 단어들로 구성되어 있을 경우 해당 부분을 작은따옴표(') 나 큰따옴표("")로 묶어 주어야 한다.

```
$ make test DIR="/usr/project /usr/project/lib"
```

- 내부 매크로

  : 미리 정해져 있는 매크로

  - $* : 현재 타겟보다 최근에 변경된 현재 필요 항목의 이름(확장자 제외)

```
main.o : io.h main.c
[TAB] gcc -c $*.c
```

  - $< : 현재 타겟보다 최근에 변경된 현재 필요 항목의 이름(소스 파일)

```
main.o : io.h main.c
[TAB] gcc -c $<
```

  - $@ : 현재 타겟의 이름

```
test : main.o foo.o bar.o
[TAB] gcc -o $@ $*.c
```

  $^ : 현재 타겟보다 최근에 변경된 필요 항목들의 리스트

```
test : main.o foo.o bar.o
[TAB] gcc -o $@ $^
```

◎ include

- include는 만드시 줄의 처음에서 시작해야 하면 다음에 공백 문자 혹은 탭 문자가 나와야 한다. include 앞에 공백이나 탭이 있어서는 안 된다.
- include의 효과는 'file_name'의 모든 행을 현재의 Makefile로 옮겨 적는 것과 동일함
- 사용법:

```
include file_name
```

◎ **확장자 규칙**

- make가 파일의 확장자를 보고, 그에 따라 적절한 연산을 수행시키는 규칙
- 어떤 확장자에 대한 규칙이 정의되어 있더라도, .SUFFIXES 리스트에도 함께 정의되어야 효력이 있다.
- SUFFIXES와 우선순위
  : 오브젝트 파일이 존재하지 않으면, make는 이를 작성하기 위한 .c, .s 소스 파일을 찾는다.
  : make는 .SUFFIXES 리스트의 확장자 순서에 따라 파일을 검색한다.
- 내부에 미리 정의되어 있는 확장자 리스트

```
.SUFFIXES: .out .a .ln .o .c .cc .C .cpp .p .f .F .r .y .l .s
.S .mod .sym .def .h .info .dvi .tex .texinfo .texi .txinfo
.w .ch .web .sh .elc .el
```

- 확장자 규칙에 의하여 make는 파일들 간의 확장자를 자동으로 인식해서 필요한 작업을 수행한다.

3.2 파일 입출력 프로그램

유닉스 계열의 운영체제에서는 전통적으로 하드웨어 장치와 같은 시스템의 자원을 "파일"로 추상화하여 다룬다. 자원에 대해서 수행할 수 있는 연산 작업을 일반 파일과 같이 열기, 읽기, 쓰기, 닫기 등 단순한 몇 가지 행위로 생각함으로써 시스템 자원에 대한 접근을 일관적이면서 단순하게 만들 수 있었다. (추상화된 파일에 수행할 수 있는 작업에는 단순 열기, 읽기, 쓰기, 닫기 이외에 많은 작업이 있지만 대부분은 그 의미가 앞서 4가지와 비슷하거나 하드웨어 장치를 위해 추가된 몇 가지뿐이다.) 따라서 하드웨어와 상호작용이 많은 임베디드 시스템에서 파일 입출력 작업(함수 인터페이스)를 사용하는 방법을 익히는 것은 응용 프로그램 작성에 있어서 기본에 해당한다고 할 수 있다.

◎ File Descriptor

File descriptor는 특정한 프로세스에서 open한 파일을 지칭하기 위해서 사용하는 정숫값이다. File descriptor를 통해서 해당 파일의 내용을 읽거나 새로운 내용을 써넣거나 할 수 있다. 또한, 데이터를 주거나 받을 수 있는 시스템 구성 요소와 파일을 연결하는 데도 사용된다.

3.2.1 open, close, read, write

파일 연산에서 가장 기본적인 인터페이스는 파일에 대한 열기, 닫기, 읽기, 쓰기이다. 원하는 파일을 읽기 전에 파일을 "열어" 해당 파일에 대한 핸들을 얻어 오면 이후 읽기, 쓰기, 닫기와 같은 연산들이 이 파일 핸들을 통해 이루어질 수 있다.

다음은 open, close, read, write 시스템 콜의 프로토타입을 나타낸다.

```
#include <fcntl.h>

int open( char *filename, int access, int permission );
int read( int handle, void *buffer, int nbyte );
int write( int handle, void *buffer, int nbyte );
int close( int handle );
```

각 매개변수의 의미는 다음과 같다.

◎ **open 시스템 콜에서 매개변수**

리턴값: 열린 파일에 대한 핸들, 즉 File Descriptor. 이 핸들값을 나머지 read, write, close 함수에서 사용한다.

filename: 오픈할 파일 이름에 대한 포인터

access: 오픈할 파일에 대한 접근 모드. 여러 플래그들을 OR 시켜 사용한다. 자주 사용되는 플래그 몇 가지의 의미는 다음과 같다.

O_RDONLY - 읽기 전용으로 파일을 연다. (write 시스템 콜이 실패한다.)

O_WRONLY - 쓰기 전용으로 파일을 연다. (read 시스템 콜이 실패한다.)

O_RDWR - 읽기, 쓰기용으로 파일을 연다.
(O_RDONLY ¦ O_WRONLY으로 준 것과 동일)

O_CREAT - 오픈할 파일이 존재하지 않으면 새로 생성한다.

permission: open 시스템 콜을 사용하여 파일을 생성할 때 파일 접근 권한. (생략 가능)

- S_IRUSR 소유자 읽기
- S_IWUSR 소유자 쓰기
- S_IXUSR 소유자 실행
- S_IRWXU 소유자 모두 가능
- S_IRGRP 그룹 읽기
- S_IWGRP 그룹 쓰기
- S_IXGRP 그룹 실행
- S_IRWXG 그룹 모두 가능
- S_IROTH 기타 사용자 읽기
- S_IWOTH 기타 사용자 쓰기
- S_IXOTH 기타 사용자 실행
- S_IRWXO 기타 사용자 모두 가능
- S_ISUID 실행 중 사용자 ID 설정
- S_ISGID 실행 중 그룹 ID 설정

◎ read 시스템 콜에서 매개변수

리턴값: 파일에서 읽은 데이터의 바이트 수

handle: open 시스템 콜에서 얻은 파일 핸들

buffer: 파일에서 읽혀진 데이터를 저장할 버퍼(nbyte보다 버퍼의 크기가 커야 한다.)

nbyte: 읽을 데이터 크기에 대한 바이트 수. read 시스템 콜은 nbyte를 통해 요청된 크기만큼을 읽으려 노력하지만 (특히 장치 파일의 경우) 그 크기만큼 처리할 수 없을 경우가 있기 때문에 실제 읽은 데이터의 크기는 리턴값을 확인해야 한다.

◎ write **시스템 콜에서 매개변수**

리턴값: 파일에 쓴 데이터의 바이트 수

buffer: 파일에 쓸 데이터가 저장되어 있는 버퍼 (nbyte보다 버퍼의 크기가 커야 한다.)

nbyte: 쓸 데이터 크기에 대한 바이트 수. read 시스템 콜에서와 동일한 이유로 실제로 쓰여진 데이터 크기는 리턴값을 확인해야 한다.

◎ close **시스템 콜에서 매개변수**

리턴값: close 시스템 콜의 성공 여부. 0일 경우 정상적으로 파일을 닫은 것이고 음수일 경우 실패한 것이다. close의 시스템 콜이 실패하는 이유는 유효하지 않은 파일 핸들을 닫으려고 시도할 경우 등에서 발생하며 자세한 실패 이유는 전역 변수 errno으로 확인할 수 있다.

간단한 예제를 통해 4개의 인터페이스를 살펴보자.

```
#include <stdio.h>
#include <fcntl.h>
#include <string.h>

int main(int argc, char *argv[])
{
    int fd, count;
    int buf[512];

    /* 명령 행에서 파일 이름과 문자열을 가져오기 때문에
    인자의 개수가 2보다 작으면 사용법을 출력하고 종료한다. */
    if(argc < 2){
        printf("usage : %s fileName [string]\n");
        return 1;
    }
    /*
     * 첫 번째 인자(argv[1])를 파일 이름으로 하여 파일을 "열고"
     * 핸들을 얻어온다. 파일에 읽기 쓰기 접근을 위해 O_RDWR 플래그를,
     * 만약 파일이 존재하지 않을 경우 새로 생성하라는 의미의 O_CREAT 플래그를 함께
     * 주었다. 여기서 퍼미션 매개변수는 생략하였다.
```

```
     * open의 리턴값이 음수일 경우 open 시스템 콜의 실패를 의미하므로 프로그램을
       종료한다.
     */
    if((fd = open(argv[1], O_RDWR | O_CREAT)) < 0){
        perror("open erro");
        return 1;
    }

    /* 파일 이름 뒤에 인자가 하나 더 있으면(argv[2]) 해당 인자를 문자열로 하여
    파일에 쓴다. 여기서 문자열의 크기를 구하기 위해 strlen() 함수를 사용하였다.*/
    if(argc >= 3){
        count = write(fd, argv[2], strlen(argv[2]));
        printf("write to file %d byte\n", count);

    /* 인자가 파일 이름 하나였다면 해당 파일에서 512 바이트 만큼을 읽어 온다.
    read() 시스템 콜은 읽어온 바이트 수만큼을 리턴한다. */
    }else{
        count = read(fd, buf, 512);
        printf("read from file %d byte\n", count);
        printf("%s\n", buf);
    }

    /* 열린 파일은 시스템의 자원(메모리)을 사용하므로 사용이 끝나면 닫아준다.
    물론 명시적으로 닫지 않아도 프로그램이 종료되는 시점에 리눅스 커널이 열린 파일
    들을 닫아준다. */
    close(fd);
}
```

위의 소스 코드를 a.c라는 이름으로 저장하고

```
% gcc -o a.out a.c
```

로 실행 파일 a.out을 만든다. 또는 다음과 같은 Makefile을 만든 뒤

```
<Makefile>
CC = gcc
SRCS = a.c
TARGET = a.out
```

```
$(TARGET):$(SRCS)
$(CC) -o $(TARGET) $(SRCS)
```

make라는 명령을 수행해서 실행 파일 a.out을 만들 수도 있다. 컴파일을 하고 명령행에서 다음과 같이 수행하면 파일에 어떤 내용이 기록되었는지 볼 수 있다.

```
> ./a.out test.txt "This is a test file"
write to file 19 byte
> ./a.out test.txt
read from file 19 byte
This is a test file
> vim test.txt
```

3.2.2 ioctl

유닉스 계열의 운영체제에서는 하드웨어 및 시스템 자원을 파일로 추상화하여 생각한다고 이야기를 하였다. 하지만 하드웨어 장치는 종류가 다양하기 때문에 일반 파일과 비교하여 접근하는 방법이 상이한 장치도 존재하기 마련이다. 즉 하드웨어 장치에는 읽기, 쓰기 연산 이외에도 하드웨어 제어를 위한 동작이 필요한 경우가 많다. 예를 들어 CDROM의 경우 읽기, 쓰기 이외에도 CDROM 트레이를 열거나 닫는 동작이 필요하고 시리얼 통신 장비의 경우에는 통신 속도를 설정해야 할 경우가 있다. ioctl 연산은 이와 같은 하드웨어 장치의 제어를 위한 인터페이스로서 파일이 하드웨어 장치를 의미할 경우에만 사용된다.

ioctl 시스템 콜의 프로토타입은 다음과 같다.

```
#include <sys/ioctl.h>
int ioctl(int fd, int request, ...);
```

ioctl 시스템 콜에서 매개변수의 의미는 다음과 같다.

리턴값 : ioctl 시스템 콜의 성공 여부를 나타낸다. 0이면 성공 음수면 실패를 의미한다. 실패한 이유는 전역변수 errno으로 확인할 수 있다.

fd : 열린 파일에 대한 핸들.

request : 열린 파일에 대해 수행할 연산의 종류. 이 값은 열린 파일의 종류에 따라 의미가 다르다. 특히 장치 파일의 경우 디바이스 드라이버에 따라 의미가 다르므로 디바이스 드라이버와 관련된 문서를 보고 올바른 연산 종류를 지정해야 한다.

가변 매개변수: ioctl은 매개변수 개수에 대해 제한이 없다. 하지만 관습적으로 추가적인 매개변수는 (void *) 형식 하나만을 넘긴다. 이 역시 열린 파일에 따라 다르므로 관련 문서를 참조해야 한다.

ioctl 시스템 콜을 사용해서 CDROM 트레이를 제어해 보자.

```
/* eject.c
** Copyright Paul Dwerryhouse, 1997-2004
*/
#include <sys/types.h>
#include <sys/ioctl.h>
#include <fcntl.h>
#include <linux/cdrom.h>

#define CDDEVICE "/dev/cdrom"            /* CDROM device */

int main(int argc,char **argv)
{
  int cdrom;                             /* CDROM device file descriptor */

  /* Open the CDROM device. The linux/cdrom.h header file specifies that
  ** it must be given the O_NONBLOCK flag when opening. My tests showed
  ** that if this isn't done, this program will not work.
  */
  if ((cdrom = open(CDDEVICE,O_RDONLY | O_NONBLOCK)) < 0) {
      perror("open");
      exit(1);
  }
```

```
    /* Use ioctl to send the CDROMEJECT command to the device
    */
    if (ioctl(cdrom,CDROMEJECT,0)<0) {
        perror("ioctl");
        exit(1);
    }

    close(cdrom);
}
```

ioctl의 request에 해당하는 매개변수는 하드웨어 장치 및 운영체제에 따라 다르기 때문에 하드웨어 장치마다 이와 관련된 문서를 찾아보아야 한다. 리눅스에서 CDROM과 관련된 ioctl 명령은 리눅스 소스 디렉토리의 include/linux/cdrom.h에 정의되어 있다.

3.2.3 mmap

리눅스에서는 유저 영역과 커널(운영체제 코드) 영역을 엄격히 분리하여 메모리 관리를 하고 있다. 기본적으로 모든 시스템의 자원(cpu 할당 시간, 메모리, 하드웨어 장치)은 커널 영역에서 보호되며 따라서 유저 영역의 프로그램은 시스템의 자원을 마음대로 접근하지 못한다. 유저 영역 응용 프로그램은 필요한 경우 커널이 제공하는 시스템 콜이라는 미리 잘 정의된 인터페이스에 의해서만 시스템의 자원을 접근할 수 있다. 이는 일반 유저 영역에서 동작하는 응용 프로그램의 오류가 시스템 전체로 퍼지지 못하도록 보호하는 역할을 한다. 반면 이런 메커니즘에는 단점도 있는데 우선 응용 프로그램이 커널의 서비스인 시스템 콜을 호출할 때 어떤 일이 발생되는 생각해 보자.

응용 프로그램이 커널의 시스템 콜을 호출하면 커널은 이에 상응하는 일을 응용 프로그램을 대신하여 수행하여 주고 그 결과를 다시 응용 프로그램에 전달해 준다. read() 시스템 콜을 예로 생각하면 응용 프로그램은 read() 시스템 콜을 호출할 때 결과를 전달받을 버퍼 주소를 인자로 하여 호출한다. 그러면 커널에서는 자신의 영역에 새로운 버퍼를 할당하고 이 버퍼에서 read()와 관련된 작업을 수행하게 된다. 커널이 필요한 작업을 모두 마치고 난 후 작업에 오류가 없을 경우에만 커널 영역의 버퍼에서 유저 영역이 넘겨준 버퍼로 작업 결과가 복사된다. 즉 리눅스는 유저 영역과 커널 영역을 엄격히 분리함으로써 응용 프로그램이 시스템 콜을 요청할 때마다 커널 영역에서 유저 영역으로 데이터가 복사된다. 이는 대용량의 데이터가 복사되어야 할 경우 심각한 성능 저하를 일으킬 수 있다.

이에 대한 해결 방법으로서 파일 연산에 mmap이라는 인터페이스가 도입되었는데 mmap이 수행하는 일은 파일의 특정 부분을 유저 영역의 메모리 공간에 매핑하는 것이다. 즉 파일의 내용에 접근할 때 시스템 콜로 인한 오버헤드를 피하고 응용 프로그램에서 메모리에 접근하듯이 파일의 데이터를 접근함으로써 보다 빠른 데이터 입출력을 수행할 수 있다.

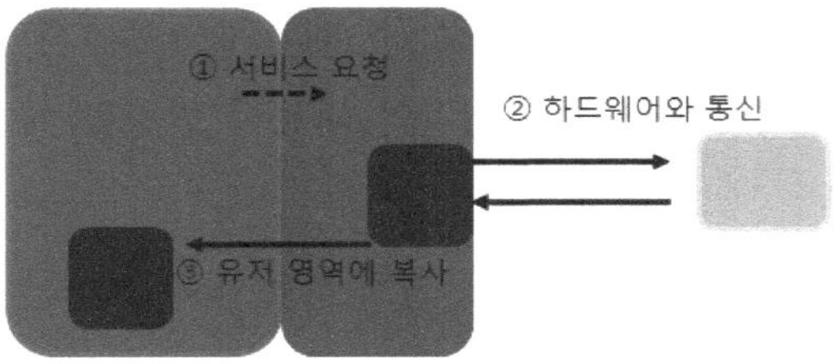

a) 시스템 콜을 사용하는 방법에서 데이터의 흐름

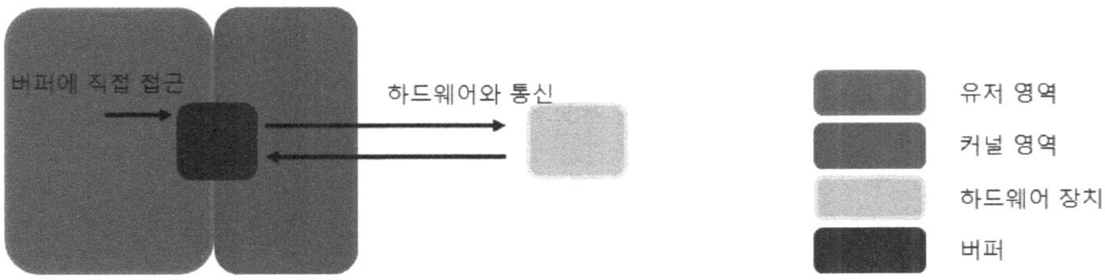

b) mmap을 사용하는 방법에서 데이터의 흐름

【그림 3.2.1】 시스템 콜을 사용하는 방법과 mmap을 사용하는 방법의 차이

a) 시스템 콜 방법에서 유저 프로그램은 자원을 사용하기 위해 커널에 요청하고 데이터를 복사 받는다.
b) mmap은 커널이 사용하는 버퍼를 유저 프로세스의 주소 공간에 매핑하므로 유저 프로세스가 커널이 사용하는 버퍼에 직접 접근할 수 있는 통로를 만들어 준다.

mmap 시스템 콜의 프로토 타입은 다음과 같다.

```
〈sys/mman.h〉

void*  mmap( void* addr,  size_t  size, int  prot, int  flags, int  fd,  long  offset );
```

mmap은 다른 파일 연산 인터페이스에 비해 매개변수가 많다. 각 매개변수의 의미는 다음과 같다.

- addr : 유저 영역에 맵핑될 주소. mmap이 맵핑할 유저 영역 주소의 힌트 정도의 의미이다. 반드시 이곳에 넘긴 값으로 맵핑이 이루어지지는 않는다. NULL을 넘기면 mmap이 적당한 주소를 찾아 맵핑한다.
- size : 맵핑할 파일의 크기.
- prot : 맵핑될 영역의 권한. 읽기, 쓰기용 권한을 줄 수 있다. (PROT_READ, PROT_WRITE)
- flags : 맵핑될 영역의 속성. 공유로 설정하면 맵핑된 영역의 내용이 변경될 때 실제 파일의 내용이 영향을 받는다.
- fd : 맵핑할 파일의 핸들
- offset : 맵핑할 파일의 오프셋으로 이 오프셋에서 size 만큼이 유저 영역의 메모리 공간에 맵핑되게 된다.

mmap을 통해서 파일을 읽는 예를 살펴보자.

```
#include <stdio.h>
#include <fcntl.h>
#include <sys/mman.h>

/* 터미널 문자 일 경우 참을 리턴 */
int isChar(char c)
{
    if(0 < c && c <= 127){
        return 1;
    }else{
        return 0;
    }
}
```

```
int main(int argc, char *argv[])
{
    int i;
    int fd;
    char *mapAddr;
    if(argc != 2){
        printf("usage : %s fileName\n");
        exit(1);
    }

    /* 파일을 열어 핸들을 얻어 온다. */
    if((fd = open(argv[1], O_RDONLY)) < 0){
        perror("opne");
        exit(1);
    }
    /* mmap으로 파일의 0 ~ 4096 영역을 메모리에 맵핑한다. */
    mapAddr = mmap(NULL, 4096, PROT_READ, MAP_SHARED, fd, 0);
    i = 0;
    /* 맵핑된 영역에서 한 바이트씩 읽어 터미널 문자이면 화면에 출력한다. */
    while(isChar(mapAddr[i])){
        printf("%c", mapAddr[i++]);
    }
    printf("\n");

}
```

명령 행에서 텍스트 파일을 위에서 작성한 프로그램으로 읽어 보자.

```
> ./a.out test.txt
This is a test file
```

3.3 프로세스, 쓰레드, IPC

리눅스는 여러 프로그램을 동시에 실행시킬 수 있는 멀티 태스크 운영체제이다. 여기서 태스크는 보통 하나의 프로그램을 의미하며 리눅스가 물리적인 CPU의 개수와 상관없이 여러 프로그램을 동시에 실행시킬 수 있는 것은 리눅스에서 각 프로그램을 시분할하여 실행시키기 때문이다. 즉 각각의 프로그램에 짧은 시간을 번갈아 할당하고 할당된 시간 동안 CPU에서 각각의 프로그램을 실행시킴으로써 사람에게는 마치 여러 개의 프로그램이 동시에 실행되는 것처럼 보여질 수 있다. 여기서 여러 프로그램을 시분할하여 CPU에서 실행시키는 것을 '스케줄링'한다고 부르며 스케줄링 단위가 되는 프로그램 각각을 '프로세스'라고 부른다. 다시 말하면 프로세스는 하나의 실행 흐름을 나타내는 단위이며 리눅스는 이 각각의 프로세스들에 CPU에서 실행될 수 있는 시간을 할당하고 그 시간 동안에만 CPU에서 실행될 수 있도록 관리한다.

리눅스에서 각각의 프로세스는 서로 독립적인 메모리 공간을 갖고 있으며, 이 메모리 공간은 리눅스에 의해 보호되기 때문에 각 프로세스는 다른 프로세스의 오류나 잘못된 동작에 의해 영향을 받지 않고 독립적으로 안전하게 실행될 수 있다. 하지만 프로그램을 작성하다 보면 하나의 프로그램을 여러 프로세스가 협력하도록 작성해야 할 필요가 있는 경우가 생기는데 이때는 오히려 각 프로세스가 독립된 메모리 공간을 갖는 제약 때문에 이런 협력 작업이 불가능하다.

이처럼 여러 프로세스가 협력적으로 동작하는 프로그램을 작성할 때 사용할 수 있는 몇 가지 리눅스 설비(시스템 콜로 제공)가 쓰레드와, IPC(Inter Process Communication)이다. 쓰레드는 각 프로세스가 독립적인 주소 공간을 갖지 않고 하나의 주소 공간을 공유하게 하는 것이며 IPC는 독립적인 주소 공간을 갖는 프로세스가 데이터를 주고받을 수 있게 하기 위해 리눅스 커널이 데이터를 공유할 수 있는 공간을 만들고 이 공간에 대한 사용을 중재하는 방식을 말한다. (사실 운영체제마다 태스크, 프로세스, 쓰레드의 의미가 조금씩 다른데, 리눅스에서 태스크는 프로세스, 쓰레드는 주소 공간을 공유하는 프로세스를 의미하는 것으로 봐도 무방하다.)

IPC 종류에는 pipe, named pipe, SYSTEM V IPC, 소켓 등이 존재하는데 SYSTEM V IPC의 공유 메모리 방식을 제외하고는 모두 커널을 통해 데이터를 주고받는다.

(!참고 pipe, named pipe는 전통적으로 UNIX에서 지원되던 방식이고 SYSTEM V IPC는 UNIX 운영체제 중 SYSTEM V에서 도입된 방식이며, 소켓은 UNIX 운영체제 중 BSD에서 선호되던 방식이다. 리눅스는 위에서 언급된 모든 방식을 지원한다.)

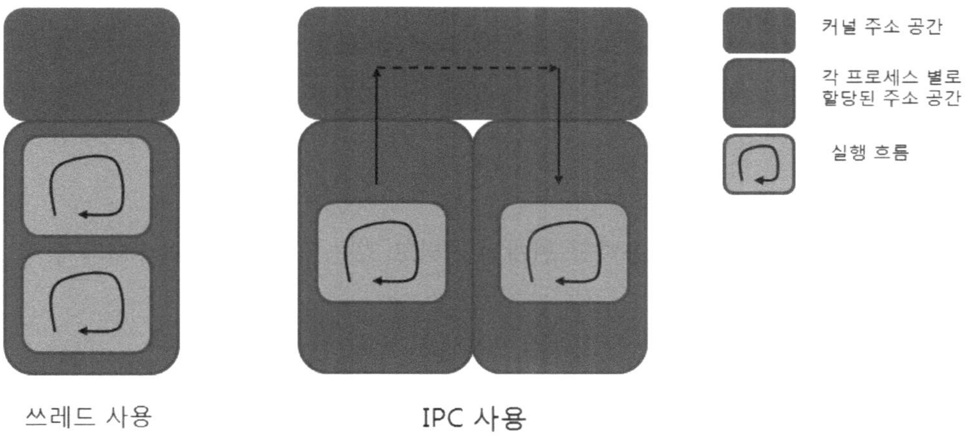

【그림 3.3.1】 쓰레드와 IPC를 사용한 메모리 사용

지금까지 프로세스, 쓰레드, IPC의 개념에 대해 알아보았다. 리눅스에서는 프로세스가 각각 보호된 메모리 공간을 갖고 있기 때문에 협력적인 프로세스 작성을 위해서 프로세스 공간 자체를 공유하는 쓰레드 및 리눅스 커널의 중재를 받아 통신하는 IPC에 대해 이야기했으며 예제를 통해 이를 사용하는 방법을 간단히 살펴보자.

3.3.1 프로세스

리눅스 시스템에서 각 프로세스는 고유의 프로세서 id, 즉 pid로 식별이 된다. 각 pid는 16비트 값으로서 프로세스가 새로이 만들어 질 때마다 순차적으로 할당이 된다. 특별한 프로세스인 init 프로세스 이외의 모든 프로세스는 부모 프로세스를 가진다. 따라서 리눅스 시스템에서 프로세스들은 init 프로세스를 루트로 하는 트리 구조로 구성이 된다. 부모 프로세스의 프로세스 id를 ppid로 표시한다. C나 C++ 프로그램에서 프로세스 id를 지칭하기 위해서는, 〈sys/types.h〉에 정의된 pid_t typedef를 사용한다. 다음 코드는 해당 프로세스와 부모 프로세스의 id를 표시해 준다.

```
#include <stdio.h>
#include <unistd.h>
int main ()
{
```

```
    printf (“The process ID is %d \n”, (int) getpid ());
    printf (“The parent process ID is %d \n”, (int) getppid ());
    return 0;
}
```

커맨드 창에서 ps 명령을 사용하면 현재 실행되고 있는 프로세스들을 pid와 함께 표시해 준다.

새로운 프로세스를 생성하는 두 가지 일반적인 방법을 살펴보면 다음과 같다.

◎ system 함수를 사용한 프로세스 생성

system 함수는 쉘 프로그램을 (/bin/sh) 실행시키고 명령어를 쉘 프로그램에 전달해 줌으로써 프로그램 내에서 마치 쉘 프로그램상에서 입력하는 것과 같이 명령어를 실행시키는 함수이다. 다음의 예에서는 쉘 프로그램상에서 ls -l을 입력한 것과 같이 루트 디렉토리의 내용들을 보여 준다.

```
#include <stdlib.h>
int main ()
{
    int return_value;
    return_value = system (“ls -l /”);
    return return_value;
}
```

◎ fork 함수를 사용함 프로세스 생성

fork 함수는 부모 프로세스와 똑같은 자식 프로세스를 만드는 함수이다. 프로그램상에서 fork 함수를 사용하면 원래의 프로그램이 복사되어 자식 프로세스가 만들어진다. 그후 부모 프로세스는 fork가 호출된 이후의 지점부터 실행을 계속해 나간다. 복사되어 만들어진 자식 프로세스도 또한 같은 지점으로부터 실행을 해 나가기 시작한다. 부모와 자식 프로세스 간의 차이는 fork 함수에서 리턴되는 값에서 나타나게 된다. 즉 fork에 진입하였던 부모 프로세스에는 fork 함수의 리턴값이 새로이 생성된 자식 프로세스의 pid가 되고 fork에서 빠져나오기만 하는 자식 프로세스에서의 fork 함수의 리턴값은 0이 된다. pid가 0인 프로세스는 없으므로 자식 프로세스는 자기가 자식 프로세스임을 인식할 수 있게 된다. 다음 예에서 첫 번째 if문은 부모 프로세스에서만 수행이 되며 자식 프로세스에서는 else구문이 수행된다.

```
#include <stdio.h>
#include <sys/types.h>
#include <unistd.h>
int main ()
{
    pid_t child_pid;
    printf ("the main program process ID is %d \n", (int) getpid ());
    child_pid = fork ();
    if (child_pid != 0) {
        printf ("this is the parent process, with id %d \n", (int) getpid ());
        printf ("the child's process ID is %d \n", (int) child_pid);
    }
    else
        printf ("this is the child process, with id %d \n", (int) getpid ());
    return 0;
}
```

3.3.2 쓰레드

응용 프로그램에서 쓰레드를 생성하기 위해서 pthread 라이브러리를 사용한다. pthread API는 이미 하나의 프로세스가 생성된 상태에서 이 프로세스와 주소 공간을 공유하는 프로세스를 또 하나 생성하며 이때 새로 생성될 프로세스의 진입점을 함수 형태의 매개변수로 받는다.

프로토 타입은 다음과 같다.

```
#include <pthread.h>

int  pthread_create(pthread_t  *  thread, pthread_attr_t *attr, void * (*start_
routine)(void *), void * arg);
void pthread_join(thread_t thread, void **status);
```

pthread_create 함수로 주소 공간을 공유하는 새 프로세스를 생성하고 pthread_join 함수로 새로 생성된 프로세스가 종료할 때까지 기다린다.

pthread_create 함수의 인자의 의미 다음과 같다.

thread : pthread_create함수가 호출되고 나면 새로 생성된 프로세스의 쓰레드 ID로 이 값을 수정한다.(pthread_create 함수 입장에서는 출력값이 되므로 포인터 타입이다) 생성된 쓰레드를 종료시키거나 종료될 때까지 기다릴 때 이 값을 사용한다.

attr : 새로 생성될 프로세스의 스케줄링 우선순위 및 시그널 마스크 등을 설정한다. 보통의 경우 그냥 NULL로 설정해도 무방하다.

start_routine : 새로 생성될 프로세스의 진입점을 함수 포인터 형태로 넘긴다. 여기에 넘겨진 함수를 새로 생성된 프로세스가 arg 값을 가지고 실행한다.

arg : start_routine에 넘겨질 매개변수

pthread_join 함수의 인자의 의미는 다음과 같다.

thread : pthread_create 함수에 의해 넘겨진 값을 사용한다. 해당 쓰레드 ID를 가진 프로세스가 종료할 때까지 기다리게 된다.

status : 위의 thread 매개변수 값을 쓰레드 ID를 가진 프로세스가 종료할 때 리턴하는 값을 저장할 포인터

예제를 통해 pthread API를 사용하는 방법을 익혀 보자.

```
#include <stdio.h>
#include <pthread.h>

/*
 * 새로 생성될 쓰레드 진입점
 * 함수의 프로토타입은 반드시 void*(*)(void*) 형태여야 한다.
 * 예제 함수는 단순히 매개변수 arg로 넘어온 값을 100 곱하여 리턴한다.
```

```
 * 동일한 주소 공간을 사용하므로 전역변수 및 arg로 넘어온 어떤 값도
 * 서로 공유할 수 있다.
 */
void* thread_entry(void *arg)
{
    int loop = 5;
    int *thread_arg = (int*)(arg);
    printf("thread : start\n");
    printf("thread : working");
    while(loop--){
        printf(".");
        fflush(stdout);
        sleep(1);
    }
    printf("\n");
    printf("thread : end\n");
    return (void*)((*thread_arg)*100);
}
/*
 * 메인 함수이며 쓰레드를 생성할 프로세스이기도 하다.
 */
int main(int argc, char *argv[])
{
    int thread_arg = 369;
    int thread_return = 0;
    pthread_t thread_id;
    printf("main : start\n");
    printf("main : pthread_create\n");

    /* 쓰레를 하나 생성한다. */
    pthread_create(&thread_id, NULL, thread_entry, &thread_arg);
    printf("main : thread_id %lu\n", thread_id);

    /* 쓰레드가 종료 될 때까지 기다리며 리턴값을 받아온다. */
    pthread_join(thread_id, (void**)(&thread_return));

    /* 쓰레드가 종료될 때의 리턴값을 출력 */
    printf("main : thread status %d\n", thread_return);
    return 0;
}
```

```
> ./a.out
main : start
main : pthread_create
main : thread_id 3079002992
thread : start
```

```
thread : working.....
thread : end
main : thread status 36900
```

위 프로그램을 실행시켜보고 실행 흐름이 어떻게 되는 생각해 보자.

3.3.3 IPC (pipe)

리눅스 커널이 제공하는 IPC 설비 중 가장 간단한 파이프에 대해서 살펴보자. 파이프는 두 개의 프로세스가 통신할 수 있도록 이어주는 역할을 한다. 단 이때 각 프로세스가 통신하기 위해서는 각각의 프로세스가 파이프에 대한 핸들러를 갖고 있어야 하는데 서로 독립된 프로세스가 별다른 IPC 설비 없이 동일한 핸들러를 갖도록 하기 어렵기 때문에 보통 파이프는 새로운 프로세스를 생성하는 fork() 시스템 콜과 함께 사용된다. 즉 우선 하나의 프로세스에서 파이프를 생성하고 초기화한 뒤 fork() 시스템 콜을 수행하면 fork()를 호출한 프로세스의 복사본이 생성되는데 이때 새로 생성된 프로세스는 기존의 프로세스와 독립된 메모리 공간을 갖지만 그 내용은 기존 프로세스의 복사본이므로 동일한 파이프에 대한 핸들러 갖게 된다.

fork()와 pipe() 함수의 프로토 타입은 다음과 같다.

```
#include <unistd.h>

int pipe(int filedes[2]);
pid_t fork(void);
```

각 함수의 매개변수의 의미는 다음과 같다.

◎ pipe() 함수의 매개변수

리턴값 : pipe() 함수의 성공 여부. 0이면 성공 음수면 실패를 의미한다. 실패의 이

유는 전역변수 errno으로 확인할 수 있다.

filedes : pipe() 함수가 성공했을 경우 생성된 pipe에 대한 각각 읽기, 쓰기 핸들이 쓰여질 배열.

◎ fork() 함수의 매개변수

리턴값 : 프로세스 복사가 일어난 후 부모와 자식을 구별할 수 있도록 부모의 경우 자식 프로세스의 프로세스 번호를, 자식의 경우 0을 리턴한다.

pipe()는 파일 디스크립터 배열을 매개변수로 받는데 pipe() 함수가 호출되고 나면 생성된 파이프에 대한 읽기, 쓰기 핸들러로 채워진다. fork()는 호출한 프로세스의 복사본을 생성한다. fork()가 종료되는 시점에는 동일한 프로세스 두 개가 존재하게 되는데 각 프로세스는 fork()의 리턴값을 제외하고는 완전히 동일한 프로세스이다. 따라서 fork()를 호출한 부모 프로세스와 fork()에 의해 복사된 자식 프로세스는 fork()의 리턴값을 보고 자신이 부모인지 자식인지 구별하게 된다.

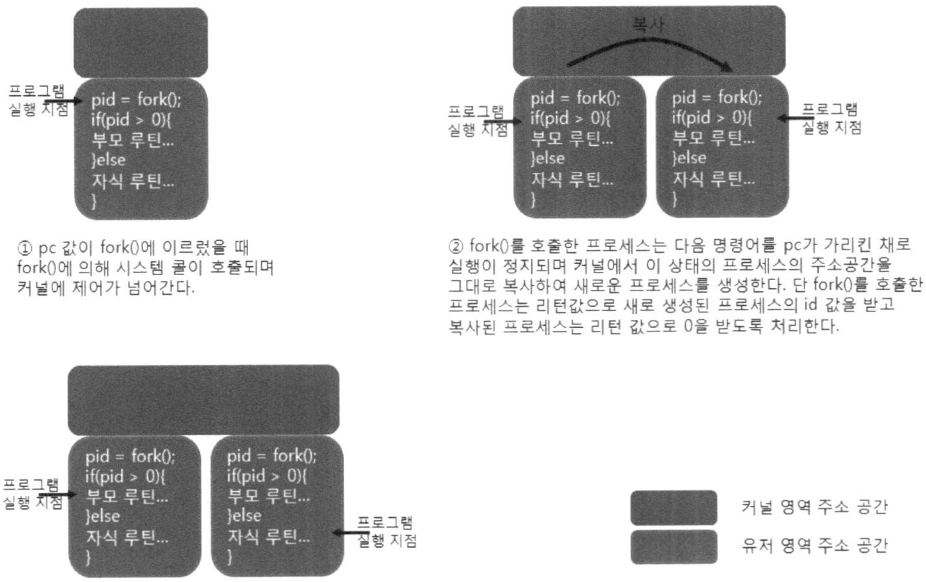

【그림 3.3.2】 fork()에 의한 프로세스 복사 개념

(!참고. 쉘에 의해 프로그램을 실행될 때 쉘은 fork()로 자기 자신을 복제한 후 복사된 자식 프로세스가 exec() 계열의 시스템 콜로 새로운 프로그램을 실행하도록 한다. 프로세스가 복사될 때는 환경변수도 같이 복사되기 때문에 쉘에 의해 실행된 모든 프로세스는 쉘의 환경변수를 물려받게 되는 것이다.)

간단한 예제 프로그램으로 파이프의 사용법을 익혀 보자.

```
#include <stdio.h>
#include <stdlib.h>
#include <unistd.h>

int main()
{
    int pid, tmp;
    int fd[2];
    char buff[4];
    /*
     * fork() 함수를 호출하기 전에 파이프를 생성하자.
     * 이때 생성된 파이프의 핸들러가 fork()에 의해
     * 각 프로세스에 복사되므로 부모, 자식 프로세스 간
     * 통신을 할 수 있다.
     */
    if(pipe(fd) < 0){
        perror("pipe error : ");
        return -1;
    }

    /*
     * 예제에서 부모는 자신의 PID를 파이프에 쓰고 자식은
     * 파이프에서 부모의 PID를 읽어 올 것이다.
     * fork() 함수로 프로세스를 복사한다.
     */
    pid = fork();
    /*
     * 이 시점에서 fork()의 리턴값을 제외하고 완전 동일한 프로세스가
     * 생성된다.
     */
    /* 부모 프로세스의 경우 자식 프로세스의 PID를 받는다 */
    if(pid > 0){
        /* 읽기용 파이프 핸들러를 닫고 자신의 PID를 파이프에 쓴다. */
        close(fd[0]);
        tmp = getpid();
        printf("parent : my pid num is %d, child pid num is %d\n", tmp, pid);
        write(fd[1], &tmp, 4);
```

```
        wait();
    }
    /* 자식 프로세스의 경우 fork()의 리턴값이 0이다 */
    else if(pid == 0){
        /* 쓰기용 파이프 핸들러를 닫고 파이프에서 데이터를 읽는다. */
        close(fd[1]);
        read(fd[0], &tmp, 4);
        printf("child : my pid num is %d, parent pid num is %d\n", getpid(), tmp);
    }
    else if(pid < 0){
        perror("fork error : ");
        return -1;
    }
    return 0;
}
```

컴파일하고 실행해 보자.

```
> ./a.out
parent : my pid num is 2945, child pid num is 2946
child : my pid num is 2946, parent pid num is 2945
```

파이프는 프로세스 사이에서 간단한 통신을 할 때 사용되며 프로세스가 파이프의 핸들러를 공유하기 위해 번거롭지만 fork()를 사용한다. fork()를 사용하지 않고 파이프를 사용할 수 있도록 파이프를 파일로 생성해 놓은 것이 이름이 있는 파이프(named pipe)이며 파이프의 핸들러를 얻어오는 것을 제외한 나머지 사용법은 파이프와 동일하다. 이 밖에 IPC는 대부분 공유 데이터에 접근하는데 리눅스 커널 설비를 사용하므로 각 IPC마다 고유한 API를 사용하여야 한다.

Pipe를 사용한 좀 더 복잡한 예제를 살펴보자. 여기에서는 자식 프로세스가 또 fork를 사용하여 자식의 자식 프로세스를 만든다.

```
#include <stdlib.h>
#include <stdio.h>
void runpipe();
int main(int argc, char **argv) {
```

```
    int pid, status;
    int fd[2];
    pipe(fd);
    switch (pid = fork()) {
    case 0: /* child */
        runpipe(fd);
        exit(0);
    default: /* parent */
    while ((pid = wait(&status)) != -1)
    fprintf(stderr, "process %d exits with %d \n", pid, 00);
    break;
    case -1:
        perror("fork");
        exit(1);
    }
    exit(0); }
char *cmd1[] = { "/bin/ls", "-al", "/", 0 };
char *cmd2[] = { "/usr/bin/tr", "a-z", "A-Z", 0 };

void runpipe(int pfd[])
{
    int pid;
    switch (pid = fork()) {
        case 0: /* child */
            dup2(pfd[0], 0);
            close(pfd[1]); /* the child does not need this end of the pipe */
        execvp(cmd2[0], cmd2);
        perror(cmd2[0]);
        default: /* parent */
            dup2(pfd[1], 1);
            close(pfd[0]); /* the parent does not need this end of the pipe */
            execvp(cmd1[0], cmd1);
            perror(cmd1[0]);
        case -1:
            perror("fork"); exit(1);
    }
}
```

최초의 부모 프로세스가 만든 pipe 핸들러는 두 번째 자식 프로세스에게까지 전달된다. runpipe함수에서는 커널함수인 dup2를 사용해서 첫 번째 자식 프로세스에서 정수값 0이 pipe의 읽기 핸들러를 가르키도록 만들고 두 번째 자식 프로세스에서는 역시 dup2를 통해서 정수값 1이 pipe의 쓰기 핸들러를 가르키도록 한다. 이 때문에 두 번째 자식 프로세스에서 execvp 함수를 통해서 수행되는 /bin/ls -al / 명령의 결과가 pipe

에 써지고 첫 번째 자식 프로세스에서 execvp 함수를 통해 수행되는 /usr/bin/tr a-z A-Z 명령어로 전달되어 그 결과가 화면에 나타나게 된다. 같은 결과를 다음과 같은 쉘 명령어로 얻을 수 있을 것이다.

```
$/bin/ls -al / ¦ /usr/bin/tr a-z A-Z
```

3.4 하드웨어 장치 사용

리눅스에서는 시스템에 장착된 하드웨어 장치들을 모듈화된 소프트웨어 요소인 디바이스 드라이버(device driver)를 통해서 사용한다. 디바이스 드라이버는 운영체제가, 각 하드웨어가 가진 특정한 사용 방법과 무관하게 표준화된 인터페이스 방법을 통해서 이들을 사용할 수 있도록 해준다. 디바이스드라이버는 파일 시스템에 포함되어 있으며 파일을 사용할 때처럼 각 장치로부터 데이터를 읽고, 장치에 데이터를 쓸 수 있게 한다.

3.4.1 장치(Device) 사용 개요

◎ Device Type

리눅스에서는 Character Type과 Block Type의 두 가지 Type의 장치를 제공한다. Character Type 장치는 데이터 바이트를 직렬로 읽거나 읽어 들일 수 있는 하드웨어 장치로서 직렬 및 병렬 포트, 테이프 드라이버, 단말 장치 등등이 여기에 포함된다. Block Type의 장치는 정해진 블록 크기의 데이터를 읽거나 쓸 수 있는 하드웨어 장치이다. Character Type의 장치와 달리 장치에 저장된 데이터에 임의로 접근할 수 있다. 디스크 드라이브 같은 장치가 여기에 속한다.

◎ Device Number

리눅스에서 장치를 구분하기 위해서 사용하는 번호로서 주번호와 부번호 두 가지 번호가 있다. 주번호는 해당 장치의 관리자에 할당된 번호로서 리눅스 커널 소스의 일부로 장치 관리자별로 고정된 값을 가진다. 부번호는 각 장치관리자의 제어를 받는 개개의 장치를 구분하기 위해서 사용된다.

◎ Device Entry

Device Entry는 응용 프로그램에서 해당 디바이스 드라이브에 접근하는 통로의 역할을 하며 많은 면에서 일반적인 파일과 비슷하다. 즉 mv 명령을 사용해서 옮기거나 rm 명령을 사용해서 지울 수 있다. copy 명령을 통해서 device entry를 옮기려고 하면 장치로부터 데이터를 읽어서 목적지 파일에 써넣게 된다. 또한, device entry에 데이터를 쓰려고 하면 해당하는 장치에 데이터가 전달된다. device entry는 mknod 명령어를 사용해서 다음과 같이 만들 수 있다.

```
% mknod ./lp0 c 6 0
```

이는 character type인 주번호 6번 장치관리자의 부번호 0번 장치에 대한 device entry를 현재 디렉토리에 lp0라는 이름으로 만들데 된다. 관행적으로 GNU/리눅스 시스템에서는 모든 장치의 device entry들을 /dev 디렉토리 아래에 저장한다. Shell 명령어를

```
% cat document.txt > /dev/lp0
```

라고 수행하면 document.txt 파일의 내용을 device entry lp0로 특정된 (주번호 6번 부번호 0번)에 보내게 된다. 응용 프로그램상에서는 다음과 같이 코딩이 된다.

```
int fd = open("/dev/lp0", O_WRONLY);
write(fd, buffer, buffer_length);
close(fd);
```

즉 lp0로 특정되는 장치에 buffer에 저장된 buffer_length 만큼의 데이터를 쓴다.

3.4.2 직렬통신 장치 사용[8]

리눅스에서 제공되는 직렬 통신 장치용 장치관리자 device ernty는 /dev/ttyS*이며 여기서 *는 해당하는 시리얼 통신장치의 번호를 나타낸다. 직렬통신 장치관리자를 사용해서 문자를 통신장치에 보내면 이를 되받아 오도록(Echo) 하는 것을 기본으로 하고 있다. 따라서 데이터를 보낼 때는 적절히 수정할 필요가 있다. 시리얼 통신장치 관리자의 설정은 〈asm/termbits.h〉에 포함되어 있는 struc termios를 통해서 이루어진다.

```
#define NCCS 19

struct termios {
    tcflag_t c_iflag; /* input mode flags */
    tcflag_t c_oflag; /* output mode flags */
    tcflag_t c_cflag; /* control mode flags */
    tcflag_t c_lflag; /* local mode flags */
    cc_t c_line; /* line discipline */
    cc_t c_cc[NCCS]; /* control characters */
};
```

c_iflag : 입력 처리를 담당한다. 장치에서 보내 온 데이터를 read 함수로 읽어가기 전에 처리할 수 있도록 한다.

c_oflag : 출력 처리를 담당한다.

c_cflag : 보드레이트, 문자당 비트 수, 스톱 비트 등 포트 설정 내용을 포함한다.

c_lflag : 프로그램으로 보낸 문자를 에코할 것이지 결정한다.

c_cc : end of file, stop 등의 제어문자를 정의한다.

위의 c_iflag의 설정에 따라서 직렬장치로부터 들어오는 데이터를 읽어가는 방법을 다음과 같이 달리할 수 있다.

◎ Cannonical Input Processing

read 동작을 할 때마다 온전한 한 줄을 받아들인다. 각 줄의 끝은 아스키 코드 LF, end of file 등으로 표시된다. 아스키 코드의 CR은 디폴트 세팅에서는 줄의 끝을 의미하지 않는다. Cannonical input processing을 사용한 예제 프로그램은 다음과 같다.

```
#include <sys/types.h>
#include <sys/stat.h>
#include <fcntl.h>
#include <termios.h>
#include <stdio.h>
/* baudrate settings are defined in <asm/termbits.h>, which is included by <termios.h> */
#define BAUDRATE B38400
/* change this definition for the correct port */
#define MODEMDEVICE "/dev/ttyS1"
#define _POSIX_SOURCE 1 /* POSIX compliant source */
#define FALSE 0 #define TRUE 1

volatile int STOP=FALSE;

main()
{
int fd,c, res;
struct termios oldtio,newtio;
char buf[255];

/* Open modem device for reading and writing and not as controlling tty because we
don't want to get killed if linenoise sends CTRL-C. */
fd = open(MODEMDEVICE, O_RDWR ¦ O_NOCTTY );
if (fd <0)
{
    perror(MODEMDEVICE);
    exit(-1);
}

tcgetattr(fd,&oldtio); /* save current serial port settings */
bzero(&newtio, sizeof(newtio)); /* clear struct for new port settings */
/* BAUDRATE: Set bps rate. You could also use cfsetispeed and cfsetospeed.
```

```
CRTSCTS : output hardware flow control (only used if the cable has all necessary
lines. See sect. 7 of Serial-HOWTO)
CS8 : 8n1 (8bit,no parity,1 stopbit)
CLOCAL : local connection, no modem contol
CREAD : enable receiving characters */

newtio.c_cflag = BAUDRATE | CRTSCTS | CS8 | CLOCAL | CREAD;

/* IGNPAR : ignore bytes with parity errors
ICRNL : map CR to NL (otherwise a CR input on the other computer will not
terminate input) otherwise make device raw (no other input processing) */
newtio.c_iflag = IGNPAR | ICRNL;
/* Raw output. */

newtio.c_oflag = 0;

/* ICANON : enable canonical input disable all echo functionality, and don't send
signals to calling program */
newtio.c_lflag = ICANON;

/* initialize all control characters default values can be found in /usr/include/
termios.h, and are given in the comments, but we don't need them here */

newtio.c_cc[VINTR] = 0; /* Ctrl-c */
newtio.c_cc[VQUIT] = 0; /* Ctrl- \ */
newtio.c_cc[VERASE] = 0; /* del */
newtio.c_cc[VKILL] = 0; /* @ */
newtio.c_cc[VEOF] = 4; /* Ctrl-d */
newtio.c_cc[VTIME] = 0; /* inter-character timer unused */ newtio.c_cc[VMIN] = 1;
/* blocking read until 1 character arrives */
newtio.c_cc[VSWTC] = 0; /* ' \0' */
newtio.c_cc[VSTART] = 0; /* Ctrl-q */
newtio.c_cc[VSTOP] = 0; /* Ctrl-s */
newtio.c_cc[VSUSP] = 0; /* Ctrl-z */
newtio.c_cc[VEOL] = 0; /* ' \0' */
newtio.c_cc[VREPRINT] = 0; /* Ctrl-r */
newtio.c_cc[VDISCARD] = 0; /* Ctrl-u */
newtio.c_cc[VWERASE] = 0; /* Ctrl-w */
newtio.c_cc[VLNEXT] = 0; /* Ctrl-v */
newtio.c_cc[VEOL2] = 0; /* ' \0' */

/* now clean the modem line and activate the settings for the port */

tcflush(fd, TCIFLUSH);
tcsetattr(fd,TCSANOW,&newtio);
```

```
/* terminal settings done, now handle input In this example, inputting a 'z' at
the beginning of a line will exit the program. */
while (STOP==FALSE)
{
/* loop until we have a terminating condition */
/* read blocks program execution until a line terminating character is input, even
if more than 255 chars are input. If the number of characters read is smaller than
the number of chars available, subsequent reads will return the remaining chars.
res will be set to the actual number of characters actually read */

        res = read(fd,buf,255);
        buf[res]=0; /* set end of string, so we can printf */
        printf(":%s:%d \n", buf, res);
        if (buf[0]=='z') STOP=TRUE;
}
/* restore the old port settings */
        tcsetattr(fd,TCSANOW,&oldtio);
}
```

◎ Non-Canonical Input Processing

read 동작을 할 때 정해진 개수의 문자를 받아들인다. 이를 위해서 두 개의 파라메터 설정이 필요하다.

- c_cc[VTIME]을 통해 read 작업을 할 최대 시간을 설정한다.
- c_cc[VMIN]을 통해 read 작업을 통해서 입력받을 문자의 최소 개수를 설정한다.

MIN 〉 0이고 TIME = 0이면 MIN 개수만큼의 문자를 입력받으면 read 작업을 끝내며 타이머는 사용되지 않는다. MIN = 0이고 TIME 〉 0이면 TIME으로 정의된 시간 동안 문자 입력을 기다리고 문자가 하나 들어오면 read 작업을 끝낸다. 이 시간(t=TIME *0.1초) 동안 문자가 들어오지 않으면 문자 리턴 없이 read 작업을 끝낸다. MIN 〉 0이고 TIME 〉 0이면 MIN으로 지정된 개수의 문자가 들어 오거나 TIME에 지정된 시간 동안 문자 입력이 없으면 오면 read 작업을 끝낸다. MIN = 0이고 TIME = 0이면 현재 들어와 있는 문자를 리턴 하면서 read 작업을 즉시 끝낸다. 아래는 Non-Canonical Input processing을 사용하는 예제 프로그램이다.

```
#include <sys/types.h>
#include <sys/stat.h>
#include <fcntl.h>
#include <termios.h>
#include <stdio.h>
#define BAUDRATE B38400
#define MODEMDEVICE "/dev/ttyS1"
#define _POSIX_SOURCE 1 /* POSIX compliant source */
#define FALSE 0
#define TRUE 1
volatile int STOP=FALSE;

main() {
    int fd,c, res;
    struct termios oldtio,newtio;
    char buf[255];
    fd = open(MODEMDEVICE, O_RDWR | O_NOCTTY );
    if (fd <0) {
        perror(MODEMDEVICE); exit(-1);
    }
    tcgetattr(fd,&oldtio); /* save current port settings */
    bzero(&newtio, sizeof(newtio));
    newtio.c_cflag = BAUDRATE | CRTSCTS | CS8 | CLOCAL | CREAD;
    newtio.c_iflag = IGNPAR;
    newtio.c_oflag = 0;
/* set input mode (non-canonical, no echo,...) */
  newtio.c_lflag = 0;
  newtio.c_cc[VTIME] = 0; /* inter-character timer unused */
  newtio.c_cc[VMIN] = 5; /* blocking read until 5 chars received */
  tcflush(fd, TCIFLUSH);
  tcsetattr(fd,TCSANOW,&newtio);
  while (STOP==FALSE) {
  /* loop for input */
    res = read(fd,buf,255); /* returns after 5 chars have been input */
          buf[res]=0; /* so we can printf... */
    printf(":%s:%d \n", buf, res);
    if (buf[0]=='z') STOP=TRUE;
}
  tcsetattr(fd,TCSANOW,&oldtio);
 }
```

◎ Asynchronous Input

Asynchronous mode에서는 read 작업이 문자 입력을 기다림 없이 바로 끝을 내되 호출 프로그램에 신호를 보내어서 문자 입력이 끝났을 때 signal handler를 통해 받을 수 있도록 한다. Canonical Input Processing과 Non-canonical Input Processing 두 가지 경우 다 사용 가능하다. 디폴트 세팅은 Synchronous mode이다. 다음은 Asynchronous mode를 사용한 예이다.

```
#include <termios.h>
#include <stdio.h>
#include <unistd.h>
#include <fcntl.h>
#include <sys/signal.h>
#include <sys/types.h>
#define BAUDRATE B38400
#define MODEMDEVICE "/dev/ttyS1"
#define _POSIX_SOURCE 1 /* POSIX compliant source */ #define FALSE 0
#define TRUE 1 volatile int STOP=FALSE;

void signal_handler_IO (int status);
/* definition of signal handler */

int wait_flag=TRUE;

/* TRUE while no signal received */

main()
    {
      int fd,c, res;
      struct termios oldtio,newtio;
      struct sigaction saio;
/* definition of signal action */
      char buf[255];

/* open the device to be non-blocking (read will return immediatly) */
      fd = open(MODEMDEVICE, O_RDWR | O_NOCTTY | O_NONBLOCK);
      if (fd <0) {
      perror(MODEMDEVICE);
      exit(-1);
   }
/* install the signal handler before making the device asynchronous */
      saio.sa_handler = signal_handler_IO;
    //saio.sa_mask = 0;
     sigemptyset(&saio.sa_mask);
```

```
        saio.sa_flags = 0;
        saio.sa_restorer = NULL;
        sigaction(SIGIO,&saio,NULL);

        /* allow the process to receive SIGIO */
        fcntl(fd, F_SETOWN, getpid());

        /* Make the file descriptor asynchronous (the manual page says only
           O_APPEND and O_NONBLOCK, will work with F_SETFL...) */

        fcntl(fd, F_SETFL, FASYNC);
tcgetattr(fd,&oldtio); /* save current port settings */
        /* set new port settings for canonical input processing */
        newtio.c_cflag = BAUDRATE | CRTSCTS | CS8 | CLOCAL | CREAD;
         // newtio.c_iflag = IGNPAR | ICRNL;
        newtio.c_iflag = IGNPAR;
        //newtio.c_lflag = ICANON|ISIG;
        newtio.c_cc[VMIN]=1;
        newtio.c_cc[VTIME]=0;
        tcflush(fd, TCIFLUSH);
        tcsetattr(fd,TCSANOW,&newtio);
/* loop while waiting for input. normally we would do something
          useful here */
        while (STOP==FALSE)
       {
             //printf(". \n");usleep(100000);
        /* after receiving SIGIO, wait_flag = FALSE, input is available
           and can be read */
          if (wait_flag==FALSE) {
            res = read(fd,buf,255);
            buf[res]=0;
            printf(":%s:%d \n", buf, res);
            if (res==1) STOP=TRUE; /* stop loop if only a CR was input */
            wait_flag = TRUE;      /* wait for new input */
          }
        }
        /* restore old port settings */
        tcsetattr(fd,TCSANOW,&oldtio);
      }
/***************************************************************************
* signal handler. sets wait_flag to FALSE, to indicate above loop that     *
* characters have been received.                                           *
***************************************************************************/


void signal_handler_IO (int status)
```

```
{
        printf( "received SIGIO signal. \n" );
        wait_flag = FALSE;
}
```

3.5 연습문제

다음 물음에 답하시오.

① ls -l을 이용해서 볼 수 있는 present working directory의 내용을 pwdstatus.txt 라는 파일로 저장하려고 한다. ./lsa pwdstatus.txt를 terminal 상에서 사용했을 때 이 작업이 이루어지도록 필요한 절차와 프로그램을 제시하시오.

② ttyS0 시리얼 포트를 Baudrate 19200bps, 8비트 no parity, 1 stop bit, local connection, no model control, 수신 활성화 하도록 설정하는 C-코드를 제시하시오.

③ Canonical mode로 설정하는 경우와 non-canonical mode로 설정하는 경우의 프로그램상의 차이점을 설명하시오.

④ 수신 완료 조건이 만족되면 자동적으로 'handle_signal' 루틴이 수행되도록 설정하는 C 코드를 제시하시오.

정답: ① - 에디터를 사용해서 c 코드(lsa.c)를 작성한다.

- 작성된 c 코드를 다음과 같이 컴파일한다.

```
gcc -o lsa lsa.c
```

- 작성할 c 코드의 내용은 다음과 같다.

```
#include <stdlib.h>
#include <stdio.h>
int main(int argc, char **argv)
{
```

```
    int fd, pfd[2], bread;
    char *cmd1[] = { "ls", "-l", 0 };
    unsigned char buffer[100];

    pipe(pfd);

    dup2(pfd[1], 1);
    execvp(cmd1[0], cmd1);
    perror(cmd1[0]);

    bread = read(pfd[0], buffer, 100);

     fd = open(argv[1], O_WRONLY | O_CREAT | O_APPEND, 0666);

    write(fd, buffer, bread);

    close(pfd[0]);
    close(pfd[1]);
    close(fd);
    return 0;
}
```

②

```
#define BAUDRATE B19200
#define MODEMDEVICE "/dev/ttyS0"

struct termios newtio;

fd = open(MODEMDEVICE, O_RDWR | O_NOCTTY | O_NONBLOCK);

if (fd <0) {
    perror(MODEMDEVICE);
    exit(-1);
}
newtio.c_cflag = BAUDRATE | CRTSCTS | CS8 | CLOCAL | CREAD;
tcflush(fd, TCIFLUSH);
tcsetattr(fd,TCSANOW,&newtio);
```

③ Canonical mode : CR이 입력을 끝내도록 설정, canonical mode로 설정

newtio.c_iflag = IGNPAR | ICRNL;

newtio.c_lflag = ICANON;

Non-canonical mode : non-canonical mode로 설정, 입력을 완수하는 시간과 입력 개수를 지정

newtio.c_iflag = IGNPAR;

newtio.c_lflag = 0;

newtio.c_cc[VTIME] = 0; /* inter-character timer unused */

newtio.c_cc[VMIN] = 5; /* blocking read until 5 chars received */

④

```
struct sigaction saio;
  fd = open(MODEMDEVICE, O_RDWR | O_NOCTTY | O_NONBLOCK);
        if (fd <0) {
        perror(MODEMDEVICE);
        exit(-1);
    }
        saio.sa_handler = handle_signal;
        sigaction(SIGIO,&saio,NULL);

        /* allow the process to receive SIGIO */
        fcntl(fd, F_SETOWN, getpid());

        fcntl(fd, F_SETFL, FASYNC);
```

04

라즈베리파이 3를 활용한 임베디드 리눅스 개발 환경

4.1 개발 환경 개요

임베디드 시스템의 경우, 모니터와 키보드 등의 사용자 인터페이스와 하드디스크 등의 저장 공간을 갖추지 못한 경우가 많다. 이 경우 타겟인 임베디드 시스템에서 수행되어야 하는 프로그램을 타겟보드의 리눅스 OS상에서 직접 작성하고 컴파일 해내기가 불편하고 어렵다. 이 때문에 Ubuntu 등의 리눅스 OS가 설치된 호스트 PC를 사용하여 타겟보드에서 수행될 응용 프로그램과 모듈 프로그램들을 크로스 컴파일하고, 타겟보드의 리눅스를 위한 터미널 창을 제공하며 하드디스크의 일부 공간을 이더넷을 통하여 타겟보드와 공유하기도 한다. 임베디드 시스템의 특징으로 이와 같은 개발 환경과 수행 환경의 분리를 들 수 있는 데 이때 개발 환경에 사용되는 소프트웨어 도구들을 개발용 Framework 혹은 Toolchain이라 표현한다. Toolchain은 임베디드 리눅스 시스템 개발을 돕는 크로스 컴파일러, 디버거, 프로젝트 관리 소프트웨어 등이 패키지 형태로 구성되어 있는 것을 지칭하며 주로 호스트 PC에 구축한다. 다음 그림에 일반적인 임베디드 리눅스 개발 시의 시스템 구성을 나타내고 있다.

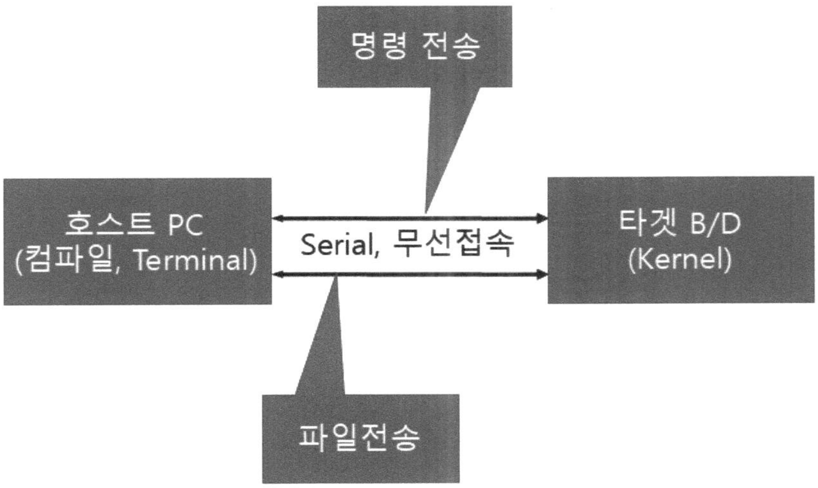

【그림 4.1.1】 임베디드 시스템 개발 환경 구성(크로스컴파일 사용)

리눅스 시스템에서는 이런 Toolchain을 만들 수 있는 유틸리티들(Crosstool-NG, OpenEmbedded 등)이 존재하고 있으며, 이들 또한 리눅스와 마찬가지로 오픈소스로 운영되어 누구나 다운로드 받아 Toolchain을 구성할 수 있는 환경이 조성되어 있다. 이후의 실험에서, 크로스 컴파일을 사용하는 호스트 PC와 타겟보드를 연결하는 방법은 다음과 같다.

명령 전송 연결: 타겟보드의 명령어 입력을 위한 터미널 창을 호스트 PC상에 띄움
- SSH를 사용하여 무선으로 연결, 상세한 연결 방법은 4.3.2의 내용 참조

파일 전송 연결: 호스트 PC의 파일을 타겟보드에서 사용할 수 있도록 함
- 호스트 PC의 하드디스크 공간을 타겟 B/D가 공유하는 NFS(Network File System) 연결은 이더넷 사용
- 호스트 PC의 파일을 SCP 명령어를 사용해서 타겟 B/D로 복사. SSH에서 설정된 무선 연결 사용. 상세한 내용은 5.2.2 참조

최근에는 개발 환경과 수행 환경이 동일한 임베디드 시스템을 위한 Toolchain도 존재하고 있다. 이 경우 개발 대상인 임베디드 보드는 운영체제와 더불어 SD 카드와 같은 저장 장치와 모니터와 키 입력 등을 갖춘 일종의 Single Board 컴퓨터로서 응용 프로그램을 컴파일하고 저장할 수 있는 능력이 있어야 한다. 개발 시의 편의를 위해서 보다 편리한 모니터를 갖춘 PC를 임베디드 보드의 터미널로 사용할 수 있다.

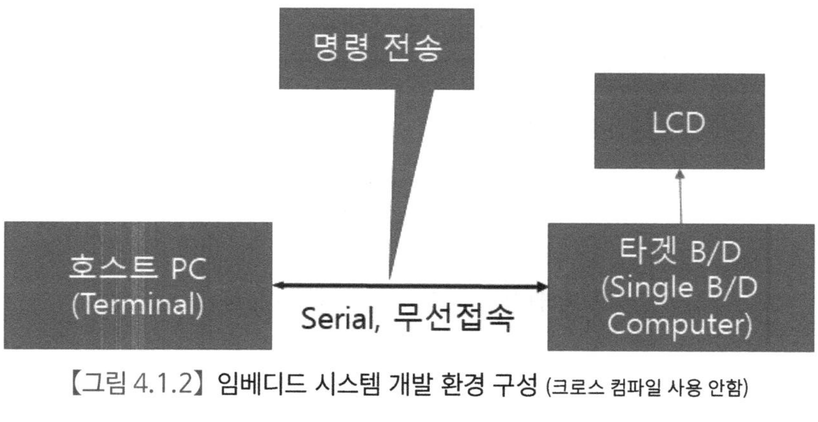

【그림 4.1.2】 임베디드 시스템 개발 환경 구성 (크로스 컴파일 사용 안함)

응용 프로그램 개발을 위해서 타겟보드에 설치하여야 하는 프로그램들은 다음과 같다.

- BootLoader: ARM 아키텍처에서 구동되는 리눅스 시스템은 "U-boot"라고 하는 부트로더가 주로 사용되는데, U-boot는 오픈 소스 기반으로 연구 개발되어 지고 있는 소프트웨어로 리눅스 운영체제를 위한 시스템 초기화 및 운영체제 실행 관련 설정 부분 등 매우 강력한 기능들을 지원하는 소프트웨어이다.

- Kernel: 운영체제의 핵심적인 부분(스케줄링, 메모리 관리, 인터럽트 처리 등)을 담당하는 부분을 커널이라 부르는 데, 앞서 리눅스 운영체제는 GPLv2 라이센스에 기반한 오픈소스 소프트웨어라 언급했으며, 이는 운영체제의 커널에 해당하는 부분 또한 그 소스 코드에 해당하는 부분을 자유롭게 사용할 수 있다는 의미이다. 임베디드 시스템에서 운용되는 리눅스 환경을 고려하여 각 시스템 주변 장치 및 기능들에 대한 소프트웨어적인 구성들이 어떻게 이루어져야 할 것인지와 커널 버전의 결정 등, 우리가 이식 및 운용하려는 타깃 시스템에 최적화된 커널이 필요할 것이며, 리눅스 커널을 직접 수정하고 설정하기 위해서는 필연적으로 스스로의 관심과 경험이 요구된다.

- Root File system: 하드디스크와 같은 물리적인 저장 매체를 운영체제상에서 접근하고자 할 때, 물리적인 저장 매체로의 접근을 위한 논리적인 기법이 요구된다. 저장 매체에 있는 파일과 같은 자료를 구성하는 기법은 물론 특정 파일이나 데이터에 접근하는 방법 등을 조직 및 제어하는 구조를 파일 시스템이라 부르며, 파일 시스템이 표현되는 것을 간단히 표현하자면 Windows 계열 운영체제의 "C: 드라이브" 와 같은 드라이브의 형태로 파일 시스템이 표현된다. 루트 파일 시스템이란 리눅스 파일 시스템의 시작점인 "/"(루트라 칭함) 로부터 시작하여 구성되어 계층적인 구조로 구성된 파일 시스템을 지칭하며, 리눅스 운영체제를 운용하는 데 있어 반드시 필요한 파일 시스템 구조라 할 수 있으며, 파일 시스템의 타입은 물론 파일 시스템의 구조 또한 루트 파일 시스템의 구조를 깨트리지 않는 범위 내에서 자유롭게 구성할 수 있다.

4.2 개발 환경 시스템 패키지 설치

호스트 PC에 리눅스가 설치가 완료되면, 개발 환경에 필요한 몇몇 애플리케이션과 라이브러리 등을 다운로드 받아야 한다. 일반적인 Ubuntu CD는 Live CD이므로 OS 구동에 필요한 기본 라이브러리와 시스템 애플리케이션 등을 제외한 나머지 패키지는 apt-get 혹은 yum을 통해서 다운로드하여 설치하고 환경 파일을 설정한 다음에 정상적으로 이용할 수 있다.

4.2.1 패키지 다운로드를 위한 네트워크 설정

제공되는 Live CD 등은 기본 설치를 제외하고 모두 인터넷에서 관련 패키지를 다운로드 받는다. VMware에서 진행을 하건, 아니면 호스트에 바로 설치를 하건, 설치 과정에서 인터넷 연결을 요구한다. 그러므로 먼저 ping으로 인터넷 연결이 가능한지 확인한다. 정상적인 연결 반응 없다면 자신의 운용 환경에 맞게 IP 설정을 해주어야 한다. 핑 테스트 정지를 하려면 Ctrl+C를 누르면 된다.

```
<Host PC>
root@ubuntu:/# ping 168.126.63.1
```

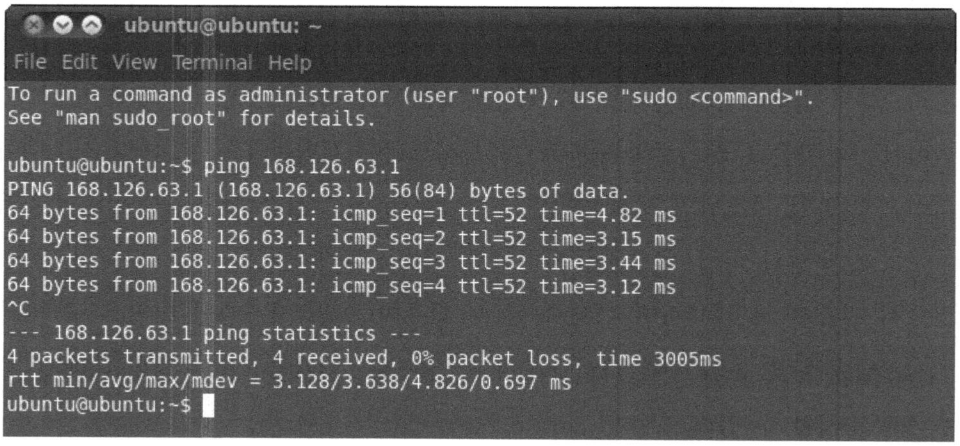

Mware 설정에서 NAT로 설정했다면 네트워크 관련 설정을 별도로 해줄 필요가 없다. Bridge로 설정한 경우라면 ping 테스트 실패 시에 네트워크 설정을 변경하여야 한다. 다만 VMWare를 이용하여 안드로이드와 관련된 개발할 경우라면 NAT로 선택해도 되지만 리눅스 관련된 개발을 하려면 Bridge로 VMware의 네트워크 장치를 설정해야 한다.

VMware에서 이더넷 장치에게 IP가 적절히 부여되었는지를 확인한다. ifconfig를 입력했을 때 다음과 같이 출력이 된다면 이더넷 장치가 활성화되지 않은 경우이다. 정상적으로 이더넷 장치를 사용하려면 아래의 출력에서 eth0 부분과 설정된 IP 부분이 있어야 한다. 아래의 결과에서 보면 eth0가 설정되어 있지 않은 경우이다. 이 경우에는 VMware가 이더넷 장치를 활성화하지 못한 경우이다.

```
<Host PC>
root@ubuntu:/# ifconfig
lo        Link encap:Local Loopback
          inet addr:127.0.0.1  Mask:255.0.0.0
          inet6 addr: ::1/128 Scope:Host
          UP LOOPBACK RUNNING  MTU:16436  Metric:1
          RX packets:521 errors:0 dropped:0 overruns:0 frame:0
          TX packets:521 errors:0 dropped:0 overruns:0 carrier:0
          collisions:0 txqueuelen:0
          RX bytes:34140 (34.1 KB)  TX bytes:34140 (34.1 KB)
```

이더넷 장치가 확인되지 않았으므로 VMware에서 이더넷 장치를 활성화했는지 확인하자.

```
<Host PC>
root@ubuntu:/# ifconfig eth0 up
```

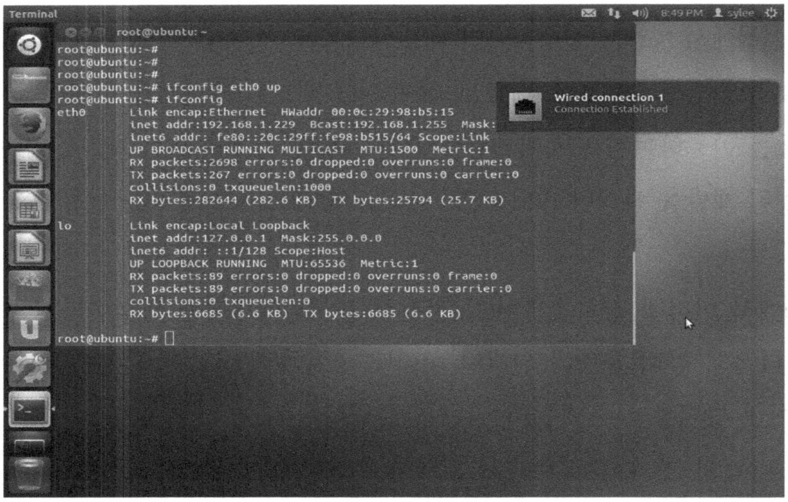

만약, 활성화되어 있는 경우인데도 ping 테스트에서 실패하면 IP가 자동으로 할당되지 않은 경우가 될 것이다. 이때는 수동으로 IP를 설정해 주면 된다. 설치된 Ubuntu eth0(첫 번째 네트워크 장치)의 IP를 192.168.1.77로 설정할 경우에는 아래와 같이 진행한다.

◎ **네트워크 커넥션 메뉴 선택**

- system setting에서 Network 항목을 선택한다.

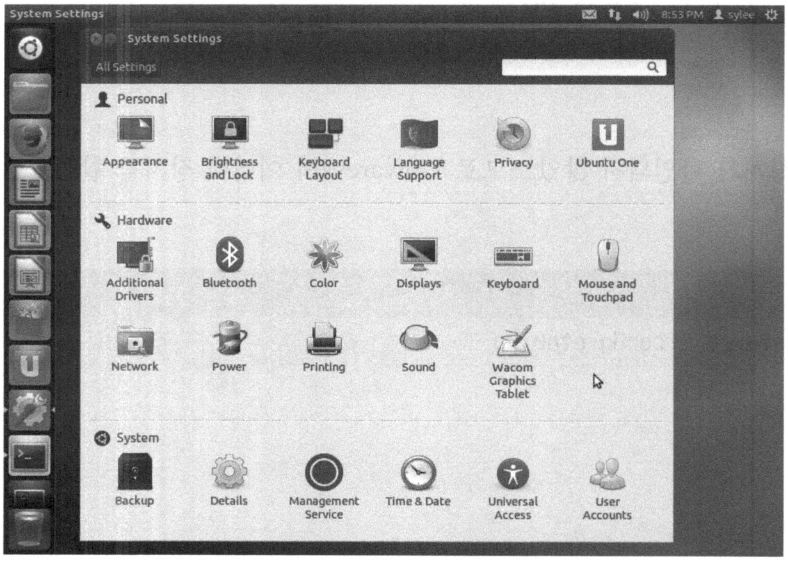

■ 이더넷을 선택하고 옵션을 눌러 옵션으로 이동한다.

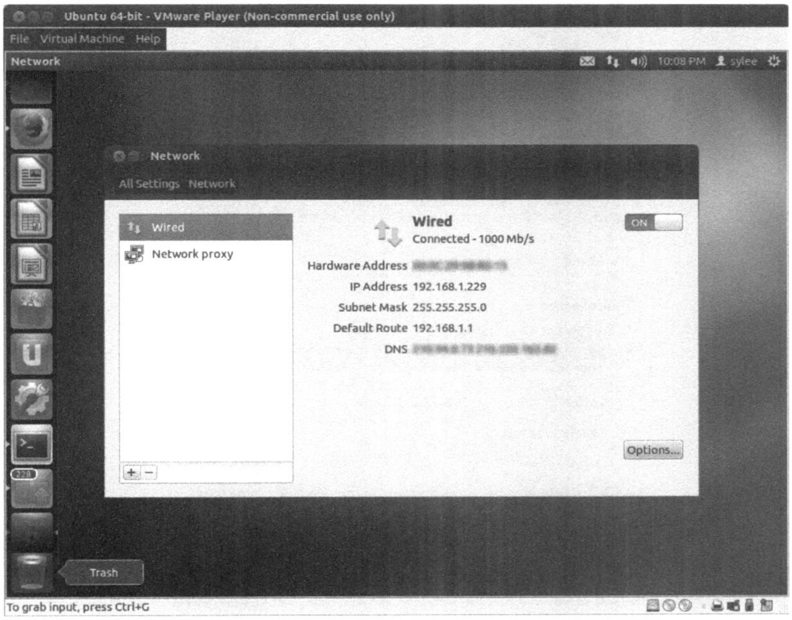

■ 네트워크 커넥션에서 이더넷 장치를 선택한 다음 Edit를 눌러서 IP 설정 Editing Auto eth0창이 표시되면 IPv4 Settings 탭을 선택하고 네트워크 설정 방법에는 매뉴얼을 선택한다. 그리고 Addresses 항목을 선택하고 IP를 넣어주도록 하자.

- **설정이 완료되면, Apply 버튼을 눌러서 적용한다. 위와 같이 설정한 것은 필자의 네트워크가 그렇게 설정되어 있기 때문이며 독자들은 자신에게 맞는 환경으로 설정한다.**

4.2.2 네트워크 기반의 개발 관련툴

◎ NFS 설치(Network File System)

네트워크에 있는 파일 시스템을 연결하거나 제어할 때 사용할 수 있으며, 원격지에 있는 호스트 파일 시스템 연결에 이용된다. 임베디드 시스템처럼 내장 메모리가 작은 경우 이 기능을 이용하여 호스트 파일 시스템과 연결한다. 소프트웨어 개발 시에는 중간 테스트처럼 번잡하게 테스트를 많이 하는 경우 주로 이용된다.

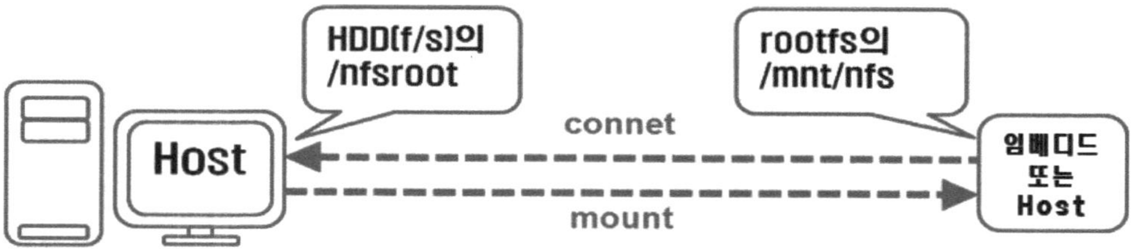

■ NFS 다운로드

```
<Host PC>
root@ubuntu:/# apt-get install nfs-kernel-server
```

```
root@ubuntu: ~
File Edit View Terminal Help
root@ubuntu:~# apt-get install nfs-kernel-server
Reading package lists... Done
Building dependency tree
Reading state information... Done
The following extra packages will be installed:
  initscripts libgssglue1 libnfsidmap2 librpcsecgss3 nfs-common portmap
The following NEW packages will be installed:
  libgssglue1 libnfsidmap2 librpcsecgss3 nfs-common nfs-kernel-server portmap
The following packages will be upgraded:
  initscripts
1 upgraded, 6 newly installed, 0 to remove and 153 not upgraded.
Need to get 569kB of archives.
After this operation, 1,532kB of additional disk space will be used.
Do you want to continue [Y/n]? Y
```

■ nfs-kernel-server 설정

```
<Host PC>
root@ubuntu:/# vim /etc/exports
```

수정할 내용은 다음과 같다. 처음 환경 설정 파일인 /etc/exports 파일을 열면, 일반적으로 아무런 내용이 없다. 아래의 내용을 추가하고 저장한다. vi 에디터를 이용할 경우 내용을 추가하기 위해서 'i'키를 누른다. 내용를 입력한다. 저장을 위해서 ESC키를 누르고, ": wq"를 입력한 다음, 엔터를 치면 파일 내용이 저장되고 에디터가 종료된다.

```
/nfsroot     *(rw,sync,no_root_squash,no_subtree_check)
```

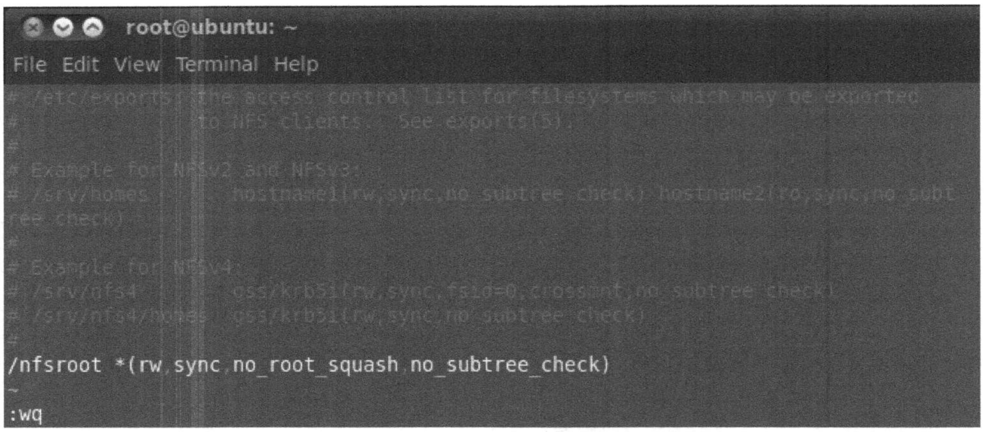

■ nfs-kernel-server 서비스 디렉터리 생성

nfs-kernel-server를 이용하여 외부에서 연결될 디렉터리를 생성한다.

```
<Host PC>
root@ubuntu:/# mkdir /nfsroot
```

■ nfs-kernel-server 서비스 재시작

```
<Host PC>
root@ubuntu:/# service nfs-kernel-server start
root@ubuntu:/# service rpcbind restart
```

4.2.3 커널 빌드 및 빌드 옵션 관련 툴 설치

커널이나 파일 시스템 등을 빌드할 경우 ncurses 라이브러리를 이용하게 된다. ncurses 라이브러리는 텍스트 기반에서 좌표 등을 이용한 형태로 도형이나 글자를 출력할 수 있도록 하는 라이브러리다. 이 라이브러리를 이용하여 텍스트 기반에서 그래픽을 표시하고, 키 버튼 등의 이벤트를 처리하며, 메뉴를 표시 또는 선택하는 등의 작업을 할 수 있다. 리눅스 커널이나 파일 시스템 툴을 사용하는 경우, 화면에서 텍스트 기반의 그래픽을 이용하여 모든 옵션을 선택한다. 이 때문에 커널 등의 옵션 등을 변경해 줄 필요가 있다면 ncurse 라이브러리를 다운로드 받아 설치해야 한다.

```
<Host PC>
root@ubuntu:/# apt-get install libncurses5-dev
```

◎ VMware 공유 폴더 설정

VMware를 이용하는 경우, 윈도우 시스템과 버추얼 리눅스의 파일 시스템을 함께 사용할 수 있는 방법이 있다. VMware의 공유 폴더 설정으로 윈도우 시스템의 파일을 손쉽게 버추얼 리눅스의 파일 시스템 영역으로 복사할 수 있다. 특히, Achro 시리즈와 같이 메모리 카드를 이용하여 윈도우에서 부팅에 필요한 요소를 구성하는 경우에 이 기능은 아주 편리하다. VMware 버전에 따라서 설정이 달라질 수 있기 때문에 버전에 맞는 VMware Tools를 설치해야 사용할 수 있는 경우도 있다.

■ 실행 순서

- VMware메뉴 〉 Virtial Machine Setting 〉 options 〉 Shared Folders
- Always Enabled 〉 Add... 〉 Browse... 〉 공유 디렉터리 설정 〉 확인

필자는 Windows의 C:\에 vmshare라는 디렉터리를 만들어 vmware에서 사용할 수 있게 했다.

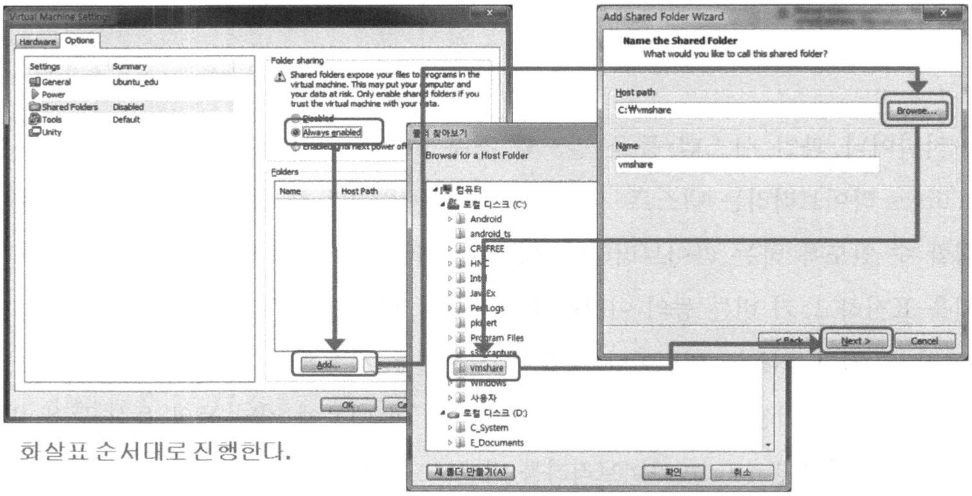

화살표 순서대로 진행한다.

■ **우분투 리눅스에서 Windows와 연결되는 디렉터리**

위와 같이 설정되면 우분투에서 /mnt/hgfs/vmshare라는 디렉터리를 볼 수 있다. 이 상태에서 리눅스 시스템에 있는 파일을 이 디렉터리로 복사하면 윈도우즈에서도 파일을 볼 수 있고, 복사나 수정, 삭제 등을 할 수 있다.

```
root@ubuntu: ~
File Edit View Terminal Help
root@ubuntu:~# ls /mnt/hgfs/
vmshare
root@ubuntu:~#
```

◎ 크로스 컴파일러 설치

apt-get 명령어를 이용해 Cross Compiler를 다운로드받으면, 설치 및 적용이 한 번에 진행된다.

① toolchain 설치

apt-get install 명령어를 통해 Arm Cross Compiler를 다운로드받는다. GCC의 경우 gnueabihf 버전 or gnueabi 버전 중 한 가지를 다운로드하면 된다.

```
<Host PC>
root@ubuntu:~# apt-get install gcc-arm-linux-gnueabihf
```

② 크로스 컴파일러 패스 설정

어느 위치에서도 크로스 컴파일러를 사용할 수 있게 툴체인 경로를 시스템 패스(PATH)에 추가해야 한다. 사용자의 홈 디렉터리에 있는 .bashrc에 패스를 추가하도록 한다. 이후 bootloader 등 시스템 관련 일부 소스를 빌드할 때, 크로스 컴파일러 설정에 대한 환경 변수를 확인하고 컴파일이 진행된다. 그러므로 CROSS_COMPILE 환경 변수도 아래와 같이 등록해 주자.

```
<Host PC>
root@ubuntu:/# vim /root/.bashrc
```

```
# ~/.bash_aliases, instead of adding them here directly.
# See /usr/share/doc/bash-doc/examples in the bash-doc package.

if [ -f ~/.bash_aliases ]; then
    . ~/.bash_aliases
fi

# Cross Compiler - achro-em
export CROSS_COMPILE=arm-linux-gnueabihf-
export ARCH=arm
```

③ 크로스 컴파일러 적용 테스트

크로스 컴파일러의 패스를 갱신하려면 리눅스를 재부팅하거나 아래의 명령을 통해서 가능하다. 아래 명령은 현재 사용하고 있는 터미널에서만 환경이 갱신되므로 가급적 리부팅을 해 줄 것을 권한다. 하지만 패스를 잘못 설정해서 시스템 명령어까지 사용하지 못하는 경우가 발생할 수 있기 때문에 아래 명령을 이용해서 크로스 컴파일러와 일반적인 리눅스 명령이 잘 동작하는지 확인한 다음 리부팅해주자. 만약 일반적인 리눅스 명령이 동작되지 않는다면 리눅스를 재부팅하지 말고, 별도의 터미널을 하나 더 실행하여 .bashrc를 다시 확인하고 수정한다. 이어서 source 명령으로 .bashrc 파일을 갱신하고 테스트를 진행하여 정상 동작이 확인되면 리부팅 한다.

■ .bashrc 스크립트 갱신

```
<Host PC>
root@ubuntu:/# source /root/.bashrc
```

■ 크로스 컴파일러 버전 출력

아래 명령을 입력했을 때, gcc 버전이 출력되면 툴체인의 경로가 정상적으로 설정된 것이다.

```
<Host PC>
root@ubuntu:/# arm-linux-gnueabi-gcc --version
```

```
root@ubuntu: ~
File Edit View Terminal Help
root@ubuntu:/opt/toolchains# arm-linux-gnueabihf-gcc --version
arm-linux-gnueabihf-gcc (Ubuntu/Linaro 4.8.4-2ubuntu1~14.04.1) 4.8.4
Copyright (C) 2013 Free Software Foundation, Inc.
This is free software; see the source for copying conditions.  There is NO
warranty; not even for MERCHANTABILITY or FITNESS FOR A PARTICULAR PURPOSE.
```

④ 컴파일 테스트

vim 에디터를 이용하여 helloworld.c 파일을 작성하여 크로스 컴파일을 한 결과를 확인한다.

■ helloworld.c 소스 작성

```
<Host PC>
root@ubuntu:/# vim helloworld.c
```

'i'키를 이용하여 작성inclu하고 작성이 완료되면, ESC키와 ": wq!"를 입력하여 저장하고 vim을 종료한다. 수정할 내용은 다음과 같다.

```
#include <stdio.h>
int main(int argc, char** argv)
{
    printf("Hello World!\n");
    return 0;
}
```

■ 컴파일

```
<Host PC>
root@ubuntu:/# arm-linux-gnueabihf-gcc –o helloworld helloworld.c
```

```
root@ubuntu:~/temp# ls
helloworld.c
root@ubuntu:~/temp# cat helloworld.c
#include<stdio.h>

int main(int argc, char** argv)
{
        printf("Hello World");
        return 0;
}
root@ubuntu:~/temp# arm-linux-gnueabihf-gcc -o helloworld helloworld.c
root@ubuntu:~/temp# ls
helloworld  helloworld.c
```

■ 컴파일 된 바이너리 확인

```
<Host PC>
root@ubuntu:/# file ./helloworld
```

```
root@ubuntu:~/temp# file helloworld
helloworld: ELF 32-bit LSB  executable, ARM, EABI5 version 1 (SYSV), dynamically
 linked (uses shared libs), for GNU/Linux 2.6.32, BuildID[sha1]=c2f46be3706f6e0f
839a8dc1ab6619516f8d7dda, not stripped
```

4.2.4 명령 전송을 위한 무선 네트워크 연결 설정

타켓보드인 Raspberry Pi에 포팅된 Raspbian OS의 Terminal 창을 호스트 컴퓨터상에 띄워주기 위해서 호스트 PC와 타겟보드를 무선통신을 통해서 연결한다. 이를 위한 호스트 PC상에서의 연결은 Ubuntu 14.04 OS상이나 나 Window OS상에서 각각 만들어 질 수 있다.

① Ubuntu 14.04 OS상에서의 연결

- 호스트 PC에서 Ubuntu 14.04 부팅, 무선 동글을 이용하여 무선 네트워크 (Huins_Embedded) 연결

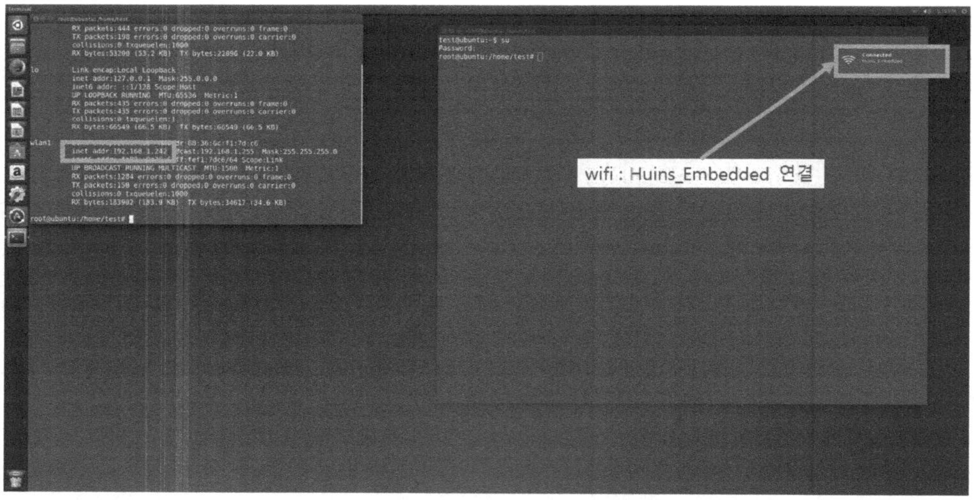

- Raspberry Pi에 Raspbian OS가 설치된 CD와 Wi-fi 동글이 꽂혀 있는 상태에서 Raspberry Pi의 ip주소 확인(Raspbian OS상에서 ifconfig 명령 사용, LCD 사용)
- 호스트 PC 터미널 창에서 ssh 명령어로 라즈베리파이와 연결

```
ssh pi@(Raspberry Pi ip 주소)
password : raspberry
```

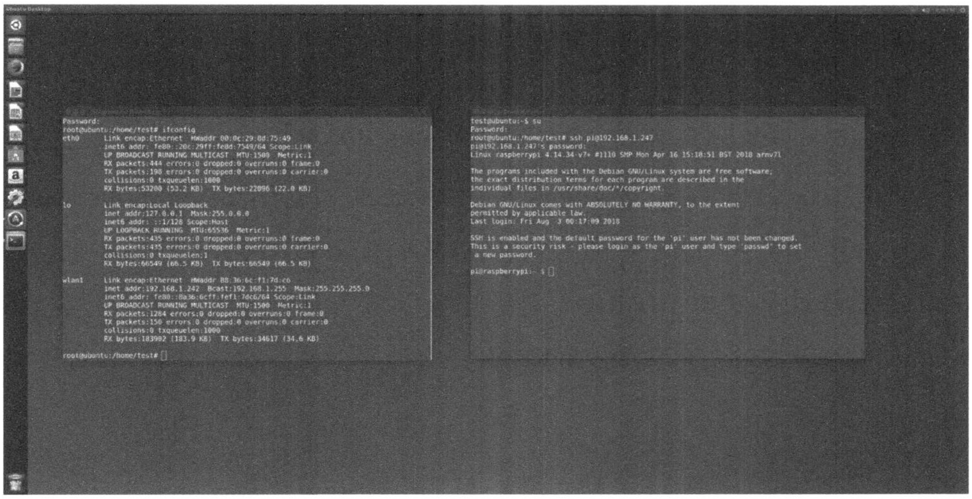

② Windows: Putty/Terra term 등 터미널을 이용한 network 통신

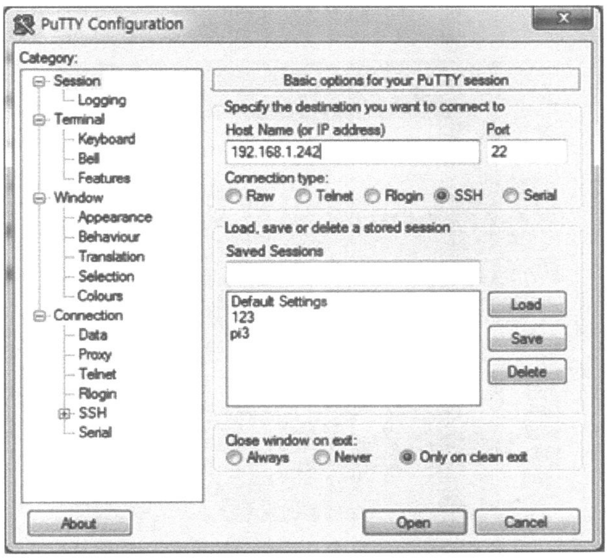

Putty에서 Raspberry pi ip 입력(ssh)

ID : pi PASSWD : raspberry 입력하면 접속이 가능

4.3 임베디드 리눅스 실습 키트

본 교재에서는 Raspberry Pi 3를 채용한 휴인스 사의 Achro-EM Kit를 타겟보드를 사용한다. Achro-EM Kit은 Raspberry Pi를 기반으로 개발된 보드로서, Raspberry Pi에서 제공하는 대부분의 기능을 활용할 수 있도록 제작되었다. 정전식 터치패널과 7인치 LCD를 탑재하고 있으며 HDMI를 통하여 영상을 외부 출력 장치로 출력할 수 있고,Wi-fi, bluetooth 및 USB 2.0 기능이 탑재되어 있다.

4.3.1 Achro-EM Kit 개요

아래는 Achro-i.EM Kit의 전체 모습이다.

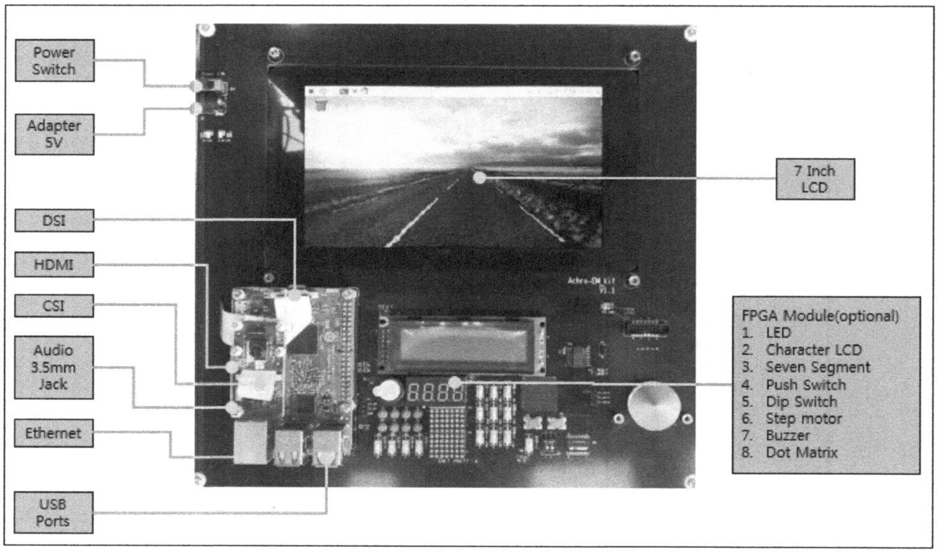

【그림 4.3.1】 Achro-i.EM Kit 외관

[그림 4.3.1]의 좌측 아래에 Raspberry Pi 3 보드가 설치되어 있는 것을 볼 수 있다. Raspberry Pi는 영국의 라즈베리파이 재단(Raspberry Pi Foundation)에서 어린이들의 컴퓨터

및 과학 교육을 증진시키기 위해 만든 싱글 보드 컴퓨터이다. 여러 세대의 Rapberry Pi가 출시가 되어 왔는데 모두가 ARM core를 갖춘 시스템 온칩(SoC)와 그래픽 처리 유닛(GPU)를 갖추고 있다. Achro-i.EM Kit에 사용된 Raspberry Pi 3 Model B는 2016년 2월에 출시되었으며 64비트 quad core processor를 갖추고 있다. Raspberry Pi 3 Model B의 보다 상세한 하드웨어 사양은 다음 표와 같다.

제품 사양(Raspberry Pi3 Model B+)	
Processor	BCM2837 64bit Quad Core ARM Cortex-A53 CPU at 1.2GHz
GPU	Dual Core VideoCore IV®Multimedia Co-Processor - OpenGL ES 2.0, hardware-accelerated OpenVG, 1080p30 H.264 high-profile decode - Capable of 1Gpixel/s, 1.5Gtexel/s or 24GFLOPs with texture filtering and DMA infrastructure
Memory	1GB SDRAM @ 400 MHz
Audio	3.5 mm audio jack
Network	10/100 LAN, Wi-Fi, bluetooth 4.1
GPIO	40-pin Extended GIP
USB	4x USB 2 Connector
Video Output	1080p HDMI
Display	Display Serial Interface (DSI) 15 way flat flex cable
Memory Card	Micro SD
Camera	15-pin MIPI Camera Serial Interface (CSI - 2)
Power	Micro USB socket 5V, 2.5A
Dimensions	85 x 56 x 17mm

① Cortex-A53 Quad core 사용

Raspberry Pi 3 Model B+ 보드에는 Cortex-A53 Quad core를 사용한 BCM2837를 사용하고 있다. 이는 최고 1.2GHz 클럭에서 동작한다.

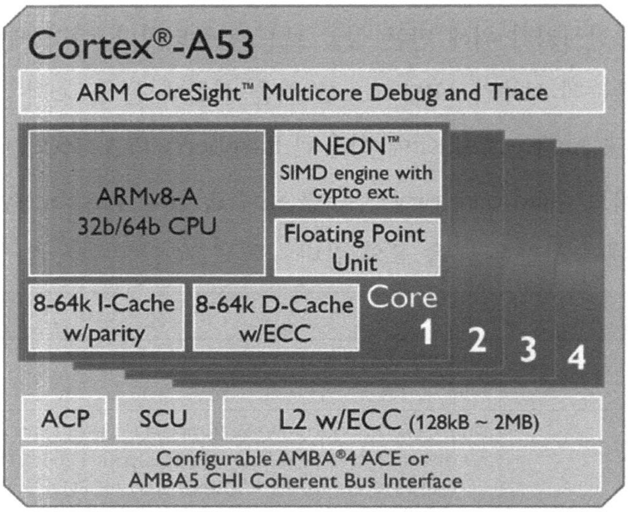

【그림 4.3.2】 Cortex-A53 구조

② Raspberry Pi에 최적화된 Raspbian OS 탑재

Achro-EM Kit에 사용된 Raspberry Pi 3보드는 Debian Linux를 기반으로 만든 Raspberry Pi용 OS인 Pi Stretch 버전을 사용하고 있으며, 커널은 Linux 4.9.76-v7+ 버전을 사용한다.

③ USB 2.0, Interface를 지원

Achro-EM Kit는 4개의 USB2.0 포트를 지원한다.

④ Wifi / Bluetooth

보드 내부에 802.11n 와이파이(Wi-Fi®), 블루투스(Bluetooth®) 기능이 탑재되어 있어, dongle 없이 Wi-Fi 및 Bluetooth의 이용이 가능하다.

⑤ Ethernet 10/100M bps 지원

유선 Ethernet 10/100M을 지원한다.

⑥ HDMI 미러 스크린 제공

DSI나 HDMI 중 하나의 출력을 골라서 사용할 수 있다.

⑦ 최대 10점 멀티 정전 터치 스크린 제공

Achro-EM Kit는 7인치 LCD와 7인치 터치 스크린 패널을 채택하고 있다. 이 터치 패널은 최대 10포인트를 감지할 수 있어서 관련된 애플리케이션 프로젝트에 적용할 수 있다.

⑧ I/O Board

Achro-EM Kit는 Raspberry Pi 3 보드 외에 CPU Chip의 GPIO핀을 Address, Data, 제어선으로 사용하여 Spartan 6 FPGA 모듈을 연결했다. 이를 통해서 리눅스와 안드로이드에서 적절한 디바이스 드라이버를 작성하여 LED 8, DOT-MATRIX, FND, PIEZO BUZZER, DIP S/W, PUSH S/W, STEPPING MOTOR를 제어할 수 있다. 별도의 전원으로 구동이 가능하며, Achro-i.EM Kit 보드와 별개로 VHDL, Verilog HDL 코드를 작성하여 디지털 논리 실험이 가능하다. 5장에서는 이들을 활용한 디바이스 드라이버 작성을 실습한다.

4.3.2 Raspbian OS 설치

Raspberry Pi 3 보드에 설치할 수 있는 OS는 여러 종류가 있으나 본 교재에서는 리눅스 기반의 Raspbian OS를 설치하여 사용한다. Raspbian OS는 Raspberry Pi에 맞춰 제작된 공식 OS로, Debian 리눅스를 기반으로 만들어진 배포판이다. 이 OS를 이용해 Raspberry Pi를 Booting 시켜보고, 개발에 필요한 개발 환경을 구성해본다. 이어지는 뒷장에서는 Device Driver 개발을 위해서 Kernel compile 및 build하여 적용시키는 작업을 할 것이다. Raspbian OS의 경우 대표적인 두 가지 방법이 있다. NOOBS를 통한 설치법과 Raspbian OS를 직접 올리는 방법이다. 본 과정에서는 Raspbian OS를 직접 올리는 방식을 사용한다.

Raspbian의 경우 Wheezy, JESSIE 그리고 가장 최신 버전의 STRETCH가 있다.

Raspbian OS의 경우 최신 버전을 Raspberry Pi 공식 홈페이지에서 배포하고 있다. Raspbian Image를 CD에도 배포하고 있으므로, CD에 있는 Image를 이용해 아래의 방법으로 Write해 보도록 한다.

① Micro SD Card

Micro SD card에 이미지가 다른 파일이 있는 경우, Image wirte 작업이 제대로 실행되지 않을 수 있기 때문에 개발하기에 앞서 Micro SD card 의 포맷 작업을 실시한다.

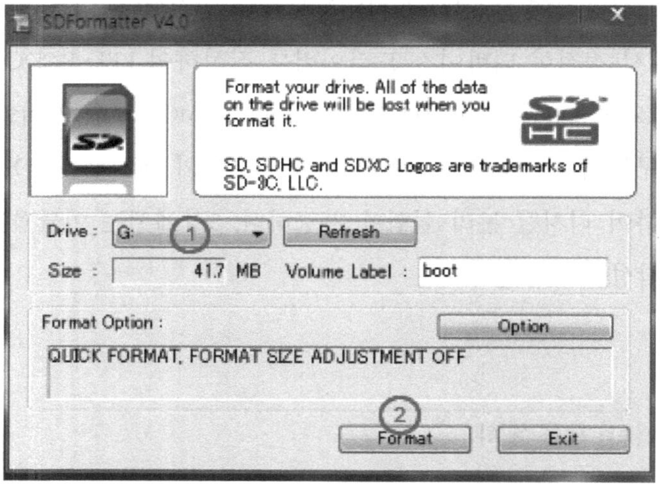

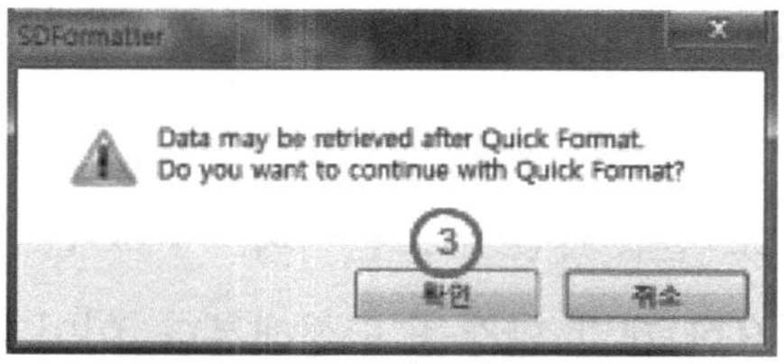

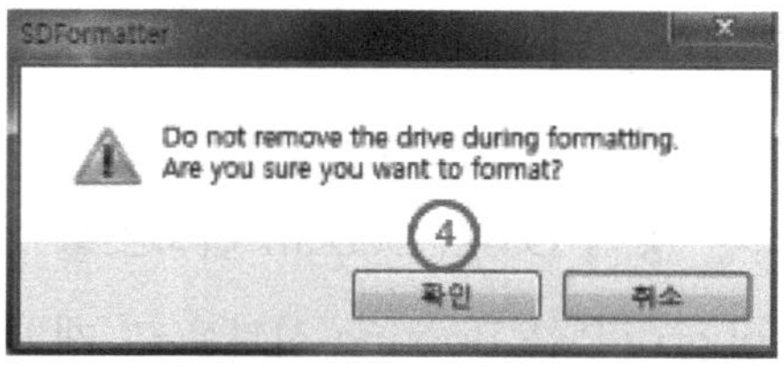

■ Image 기록

CD에 있는 Raspbian Stretch Image를 이용해 Write 작업을 진행하도록 한다.

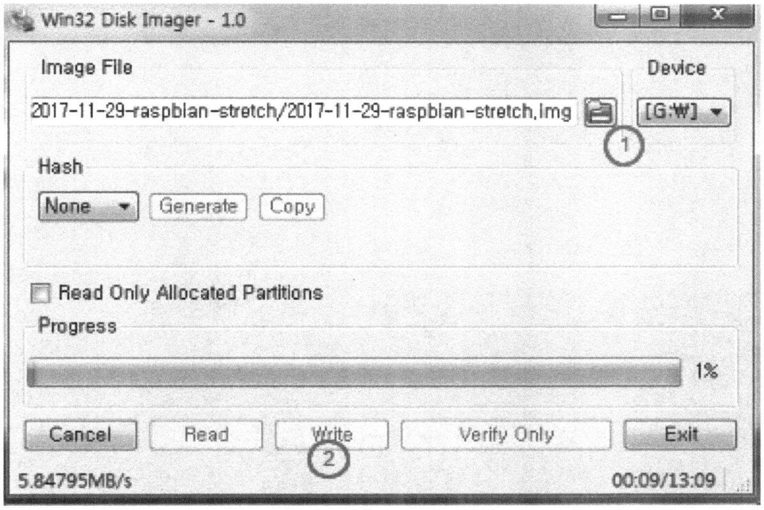

■ Image의 경로와 Image를 Write할 SD card의 경로를 지정한다.

■ 지정한 경로의 Image를 Write한다.

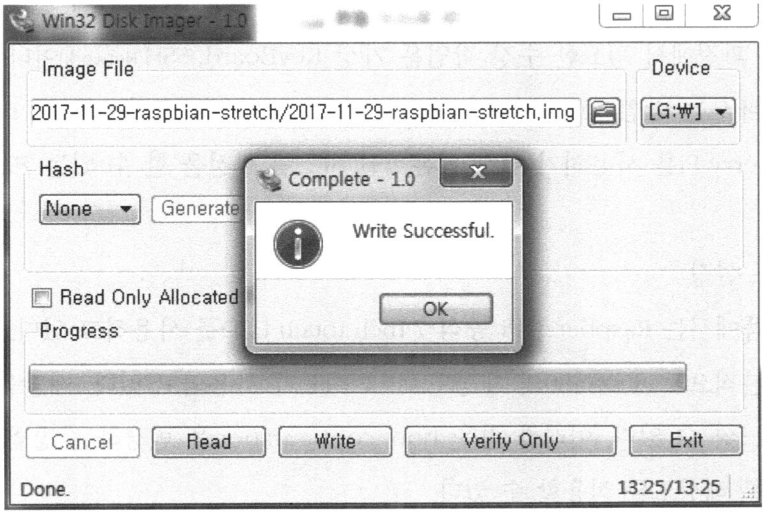

위의 작업이 끝나고, SD card 를 Raspberry Pi에 삽입 후 전원 인가하면 다음과 같이 기본 X-Window가 실행된다.

② Raspberry Pi 설정 변경

기존의 Raspberry Pi는 한글 혹은 특수 기호 입력이 제대로 되지 않거나 설정된 지역, 시간대가 맞지 않아 개발 환경에 생기는 문제 등, 여러 가지 설정을 해줘야 한다. 본 과정에서 필요한 수정 작업은 가상 KeyBoard, SSH(Network)이다. 이러한 설정들을 바꾸는 방법으로 raspi-config라는 프로그램을 제공하고 있다. raspi-config는 Raspberry Pi를 사용하기 위한 기본적인 시스템 설정을 할 수 있는 프로그램이다.

■ **해상도 설정**

본 제품에서는 Raspberry Pi 공식 7 Inch touch LCD를 사용하고 있다. 이 LCD의 경우 기본적으로 800×480의 해상도(5:3의 화면 비율)가 사용되고 있다. 개발을 할 때, 불편함을 느낄 수 있다. 이러한 경우, boot configuration을 변경하는 방법을 통해 화면에 다른 해상도를 적용할 수 있다.

```
<Target board>
pi@raspberry:~$ sudo vim /boot/config.txt
```

위의 명령어로 Text Editor를 연 뒤, 다음 두 줄을 추가시킨다.

```
framebuffer_width=1020
framebuffer_height=612
```

위의 두 줄은 Target board가 booting 될 때, LCD에 나타나는 framebuffer의 width 및 height를 조절하는 명령어로, 본인이 원하는 값을 넣으면 된다. 하지만 5:3의 화면 비율을 맞추지 않으면 화면에 검은 부분이 나타난다는 것과 touch screen이 올바르게 작동하지 못하게 된다.

■ SSH 설정

SSH란 Secure Shell Server Demon으로 보안이 있는 원격 서버이다. Raspberry Pi 같은 경우 아래의 사진처럼 8번 및 10번 Pin을 통해 UART(Serial) 통신을 할 수 있다.

Pin number	Fucntion	Function	Pin number
1	3.3V	5V	2
3	GPIO2	5V	4
5	GPIO3	Ground	6
7	GPIO4	TXD0	8
9	Ground	RXD0	10
11	GPIO17	GPIO18	12
13	GPIO27	Ground	14
15	GPIO22	GPIO23	16
17	3.3V	GPIO24	18
19	GPIO10	Ground	20
21	GPIO9	GPIO25	22
23	GPIO11	GPIO8	24
25	Ground	GPIO7	26
27	ID_SD	ID_SC	28
29	GPIO5	Ground	30
31	GPIO6	GPIO12	32
33	GPIO13	Ground	34
35	GPIO19	GPIO16	36
37	GPIO26	GPIO20	38
39	Ground	GPIO21	40

하지만 Achro-EM Kit의 경우, GPIO Pin을 I/O Board와 연결시켰기 때문에 UART 통신을 하는데 어려움이 있다. 그렇기 때문에 UART 통신 대신에 putty 같은 통신 프로그램에서 ssh를 통해 접근할 것이다. 또한, 호스트 컴퓨터에서 만들어진 Device driver를 Raspberry Pi로 옮길 때 SCP와 NFS 두 가지 방법을 사용하게 되는데, SCP를 사용할 때에도 이 과정이 필요하다. 현재 연결되어 있는 Keyboard가 없어 Terminal 작업을 할 수 없다. Terminal 작업을 진행하기 위해서는 키보드를 연결하거나 Touch LCD를 이용해 SSH 환경을 만들어 Host PC에서 SSH를 이용해야 한다.

화면 우측 상단의 메뉴 버튼 -> Preferences -> Raspberry Pi Configuration으로 진입한다.

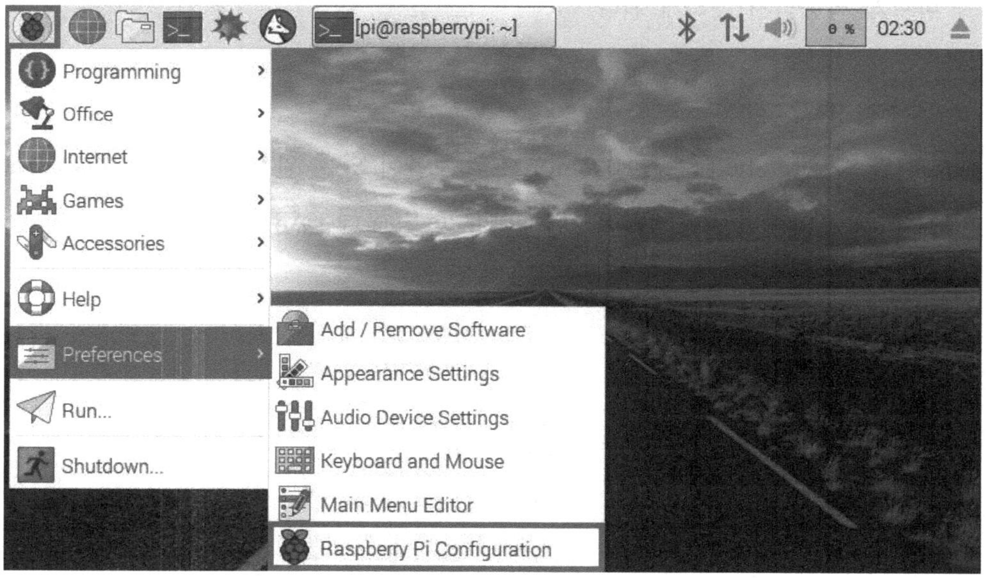

진입한 뒤, Interfaces 탭의 SSH를 Enable 체크 후 OK를 누르면 설정이 완료된다.

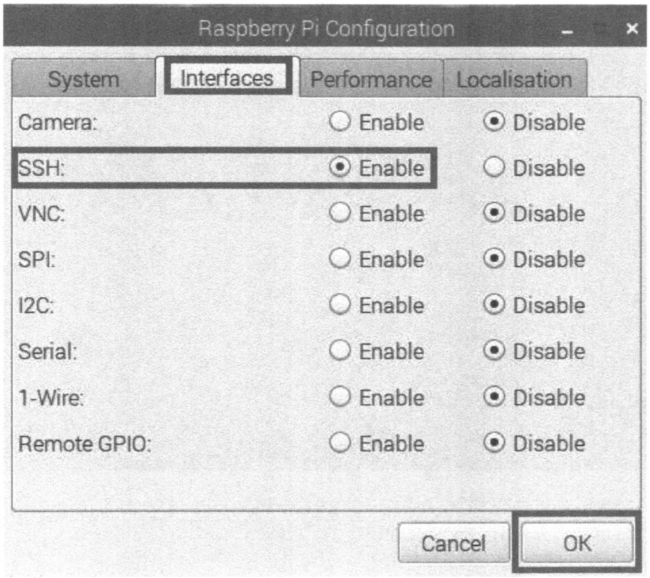

설정을 완료한 뒤, Host PC에서 Putty (혹은 Tera term 등의 통신 프로그램)을 실행시켜 Target Board의 IP를 입력시키고 SSH 통신을 시작한다.

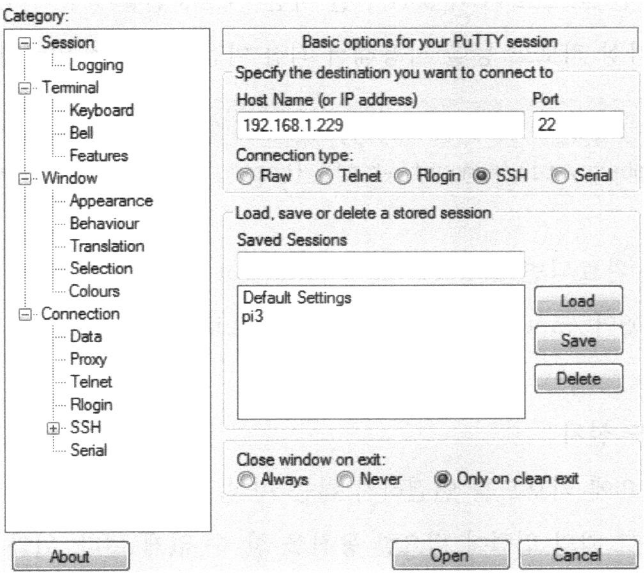

Raspberry Pi의 초기 아이디 및 비밀번호는 pi, raspberry이다. 아이디 및 비밀번호를 입력하고 로그인을 하면 다음과 같은 터미널을 볼 수 있다.

```
login as: pi
pi@192.168.1.229's password:
Linux raspberrypi 4.9.80-v7+ #1098 SMP Fri Mar 9 19:11:42 GMT 2018 armv7l

The programs included with the Debian GNU/Linux system are free software;
the exact distribution terms for each program are described in the
individual files in /usr/share/doc/*/copyright.

Debian GNU/Linux comes with ABSOLUTELY NO WARRANTY, to the extent
permitted by applicable law.
Last login: Wed Apr 18 05:36:05 2018 from 192.168.1.243

SSH is enabled and the default password for the 'pi' user has not been changed.
This is a security risk - please login as the 'pi' user and type 'passwd' to set
 a new password.

pi@raspberrypi:~ $
```

■ NFS 설정

호스트 PC의 /nfsroot 디렉토리가 Raspberry Pi상에서 Raspbian OS의 /mnt/nfs 디렉토리라는 이름으로 공유되도록 하기 위해서는 4.2.4과 앞 절에서 설명한 바와 같이 호스트 PC에 NFS 서버를 설치하고 Raspberry Pi 보드에서도 nfs를 마운트해 주어야 한다. 단 호스트 PC와 SSH 연결 사용 시 nfs 연결이 불가하므로 Raspberry Pi 보드에서 가상 키보드 등을 사용해서 직접 마운트 명령을 입력해 주어야 한다.

<Raspberry Pi>

```
root@raspberry pi:/# mount -t nfs {host  ip 주소}:/nfsroot {mount 폴더}
```

이 연결이 완료되면 호스트 PC의 /nfsroot 디렉토리가 Raspberry Pi상에서 Raspbian OS의 /mnt/nfs 디렉토리라는 이름으로 공유된다.

■ 가상 키보드 설치

Raspberry Pi에 키보드를 연결하지 않는 이상, 터미널상에서 Ctrl + C를 통한 동작의 정지나 그 외의 입력이 필요한 동작을 할 수 없게 된다. 위와 같은 문제점을 해결하기 위해 가상 키보드를 설치하고 실행해 보도록 한다.

<Target board>

```
pi@raspberry:~$ apt-get install florence
```

Jessie 이상 버전부터는 아래의 library를 설치해야 키보드가 사라지지 않는다.

```
pi@raspberry:~$ apt-get install at-spi2-core
```

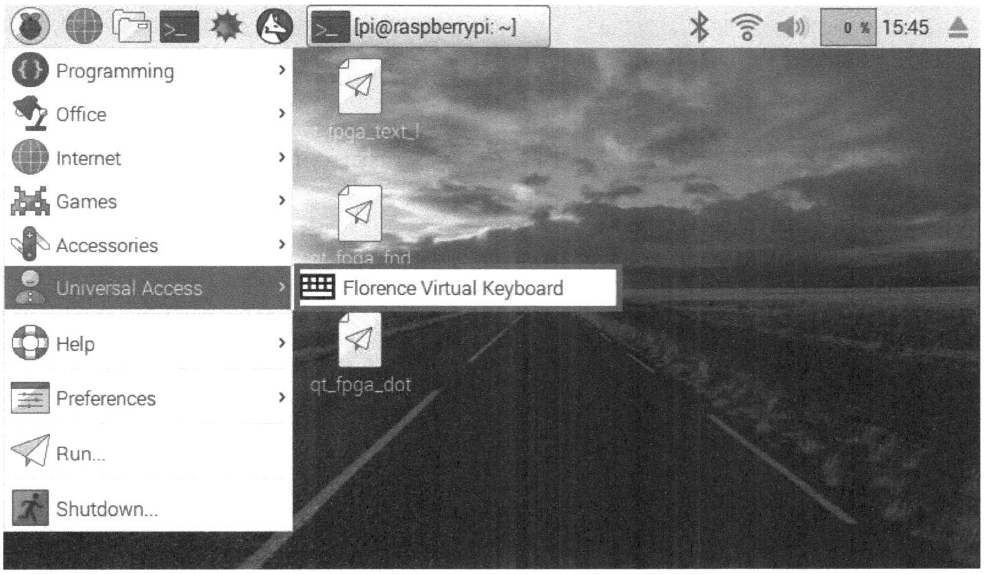

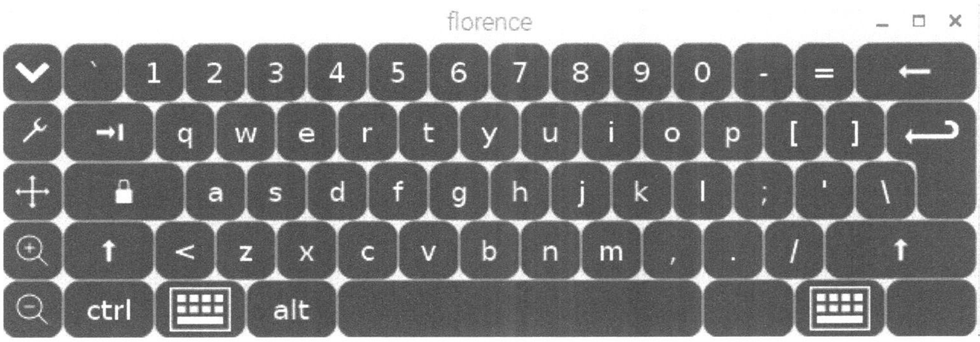

■ Memory 설정

위에서 언급하지는 않았지만, Raspbian Image는 약 4GB의 Micro SD 카드에서 실행될 수 있게 배포되었다. OS 크기만큼의 공간을 제외하고, 나머지 영역만큼 디스크 공간을 할당받지 못하는 경우가 있다. 아래와 같은 방법으로 파일 시스템을 확장하여 할당되지 못한 디스크 공간을 사용할 수 있도록 바꿔준다.

```
<Host PC>
pi@raspberrypi :~ $ sudo raspi-config
```

i) Raspberry Pi의 사용 설정을 바꿀수 있는 raspi-config 프로그램을 실행시키고, [7-Advanced Options]로 진입한다.

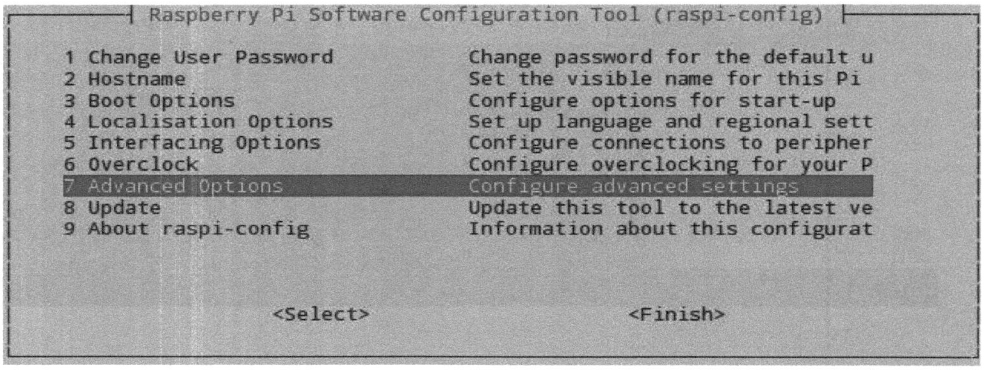

ii) [A1 Expand Filesystem]을 선택해 Filesystem을 확장시킨다.

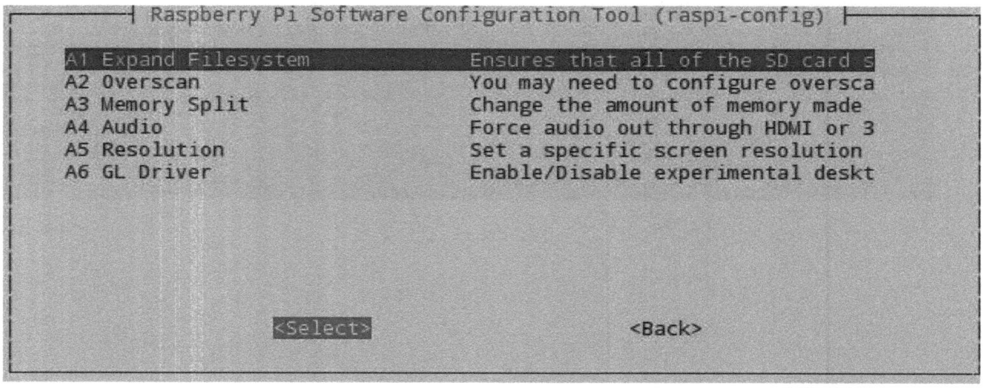

■ Local 설정(Keyboard, Locale, Time ...)

Raspberry Pi의 기본 설정을 보면 Locale이나 Keyboard Layout 등 모두 영국으로 설정이 되어 있다. 그렇기 때문에 키보드에서 한글을 입력할 수 없고, 특수문자(~, @, $ 등)를 입력하는 경우 원치 않은 글자가 나오게 된다. 이 또한 raspi-config를 이용해 바꿔보도록 한다.

아래의 작업은 모두 raspi-config의 [4-Localisation Options]에서 수정한다. 이전에 했던 방식으로 raspi-config의 [4-Localisation Options]으로 진입한다.

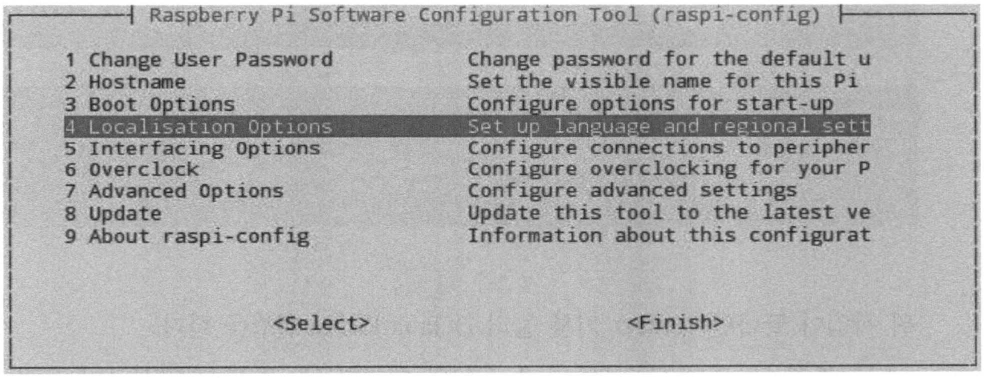

i) Local

Local 설정을 바꾸기 위해 [I1 - Change Locale]로 진입한다.

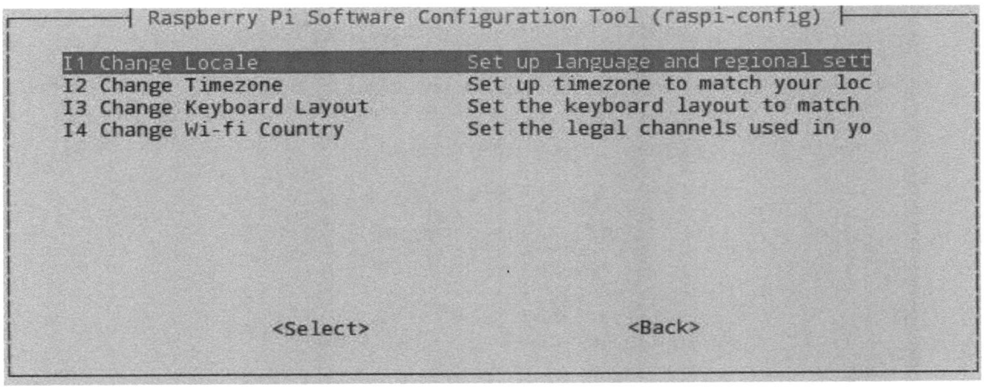

기본 설정인 영국 언어를 해제하고, 미국 영어 및 한국어를 선택한다. 선택 및 해제는 ⟨Space bar⟩ 키를 사용한다.

```
[ ] en_GB ISO-8859-1
[ ] en_GB.ISO-8859-15 ISO-8859-15
[*] en_GB.UTF-8 UTF-8
[ ] en_HK ISO-8859-1
[ ] en_HK.UTF-8 UTF-8
```

```
[ ] en_GB ISO-8859-1
[ ] en_GB.ISO-8859-15 ISO-8859-15
[ ] en_GB.UTF-8 UTF-8
[ ] en_HK ISO-8859-1
[ ] en_HK.UTF-8 UTF-8
```

```
[ ] en_US ISO-8859-1
[ ] en_US.ISO-8859-15 ISO-8859-15
[ ] en_US.UTF-8 UTF-8
[ ] en_ZA ISO-8859-1
[ ] en_ZA.UTF-8 UTF-8
```

```
[ ] en_US ISO-8859-1
[ ] en_US.ISO-8859-15 ISO-8859-15
[*] en_US.UTF-8 UTF-8
[ ] en_ZA ISO-8859-1
[ ] en_ZA.UTF-8 UTF-8
```

```
[ ] kn_IN UTF-8
[ ] ko_KR.EUC-KR EUC-KR
[ ] ko_KR.UTF-8 UTF-8
[ ] kok_IN UTF-8
[ ] ks_IN UTF-8
```

```
[ ] kn_IN UTF-8
[ ] ko_KR.EUC-KR EUC-KR
[*] ko_KR.UTF-8 UTF-8
[ ] kok_IN UTF-8
[ ] ks_IN UTF-8
```

위 작업이 끝나면 ⟨Enter⟩ 키를 눌러 Default locale 설정을 한다.

ssh를 통해 Host PC에서 Target board와 연결할 때, 한글을 인식하지 못하므로 기본 표기 언어를 en_US.UTF-8로 사용한다.

```
Package configuration

                    ┤ Configuring locales ├
Many packages in Debian use locales to display text in the correct
language for the user. You can choose a default locale for the system
from the generated locales.

This will select the default language for the entire system. If this
system is a multi-user system where not all users are able to speak the
default language, they will experience difficulties.

Default locale for the system environment:

                         None
                         C.UTF-8
                         en_US.UTF-8
                         ko_KR.UTF-8


            <Ok>                              <Cancel>
```

ii) Time

〈I2 Change Timezone〉을 선택

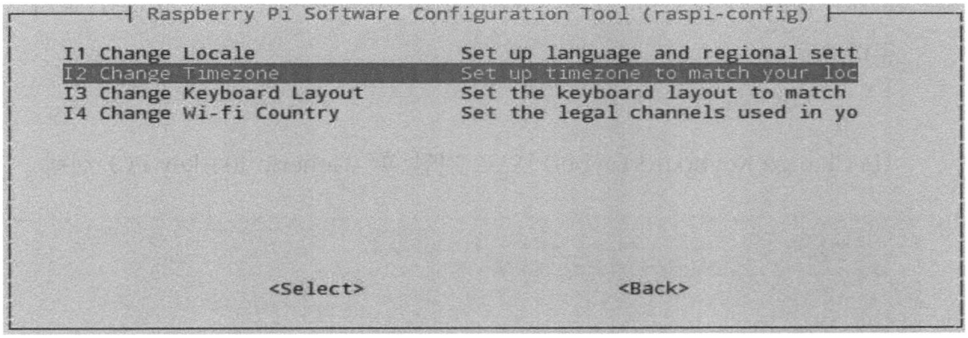

Asia의 서울로 위치를 변경 후 적용

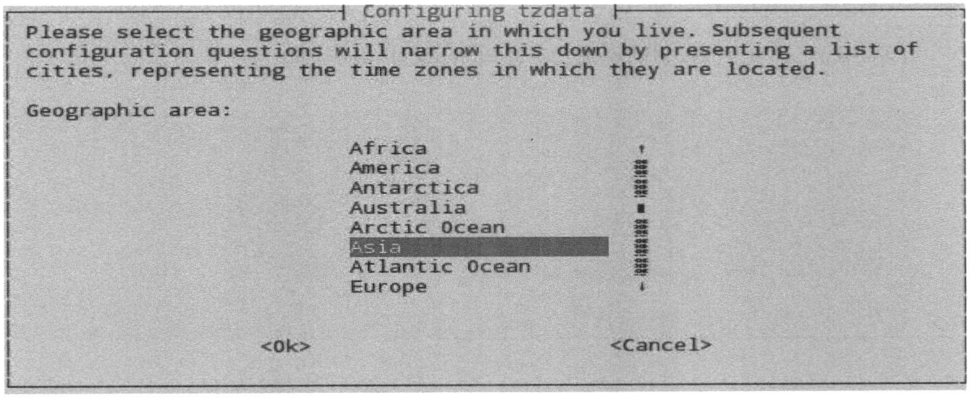

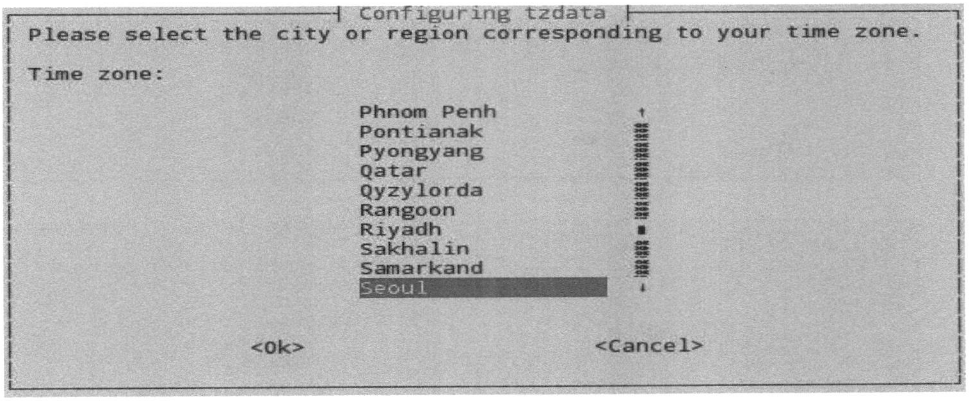

iii) Keyboard

기본 Keyboard Layout은 English(UK)로 되어 있다. ~ 이나 " 등의 특수 문자를 쓰는데 어려움이 생긴다. 그렇기 때문에 Keyboard의 설정을 다음과 같이 변경해 준다.

〈I3 Change Keyboard Layout〉 으로 진입 후 〈Generic 104-key PC〉 선택

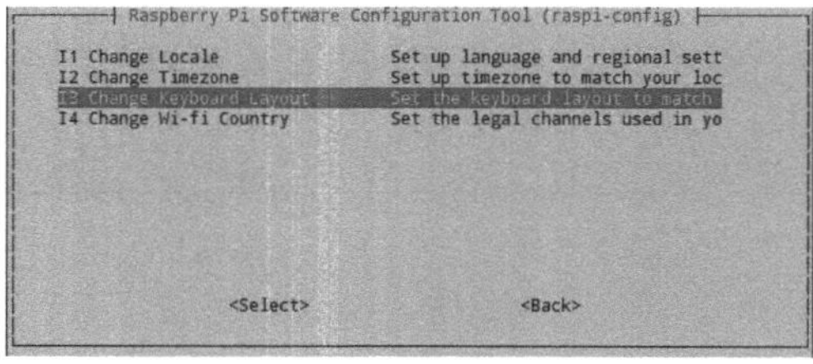

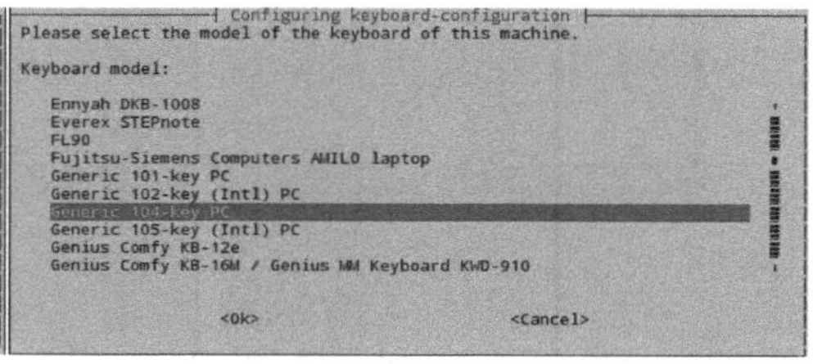

기본의 English(UK)에서 한국식 키보드 자판으로 변형시키기 위해 Other를 선택 후 Korean 언어를 선택하고, 다음의 과정을 따른다.

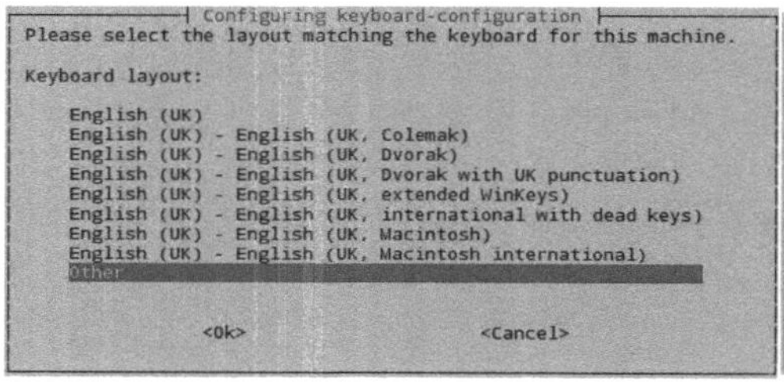

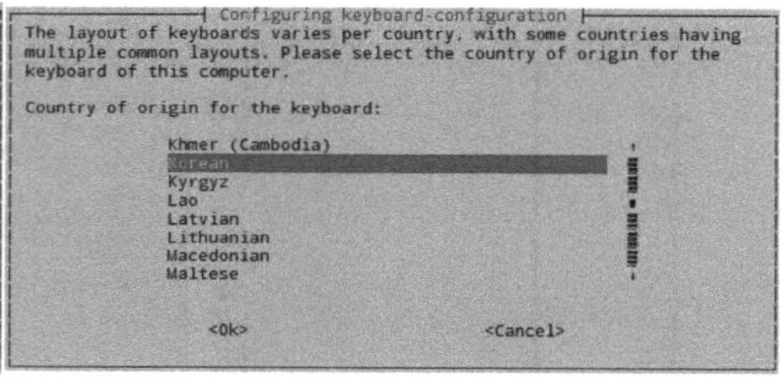

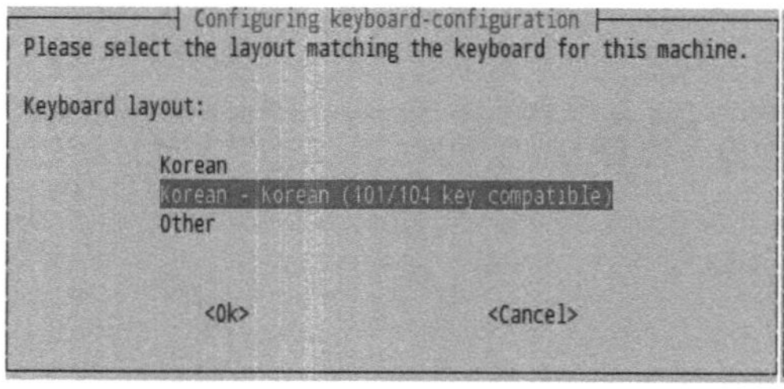

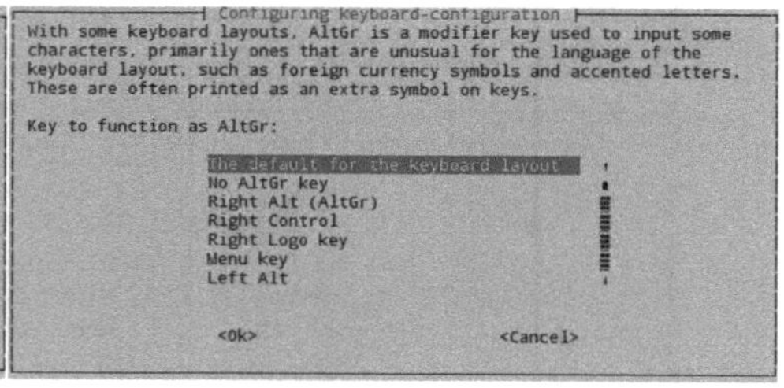

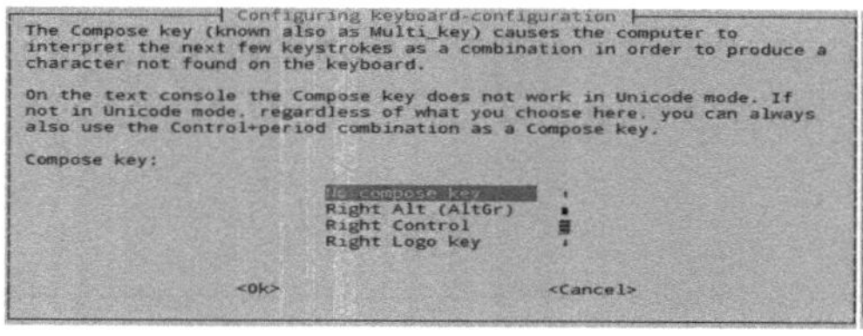

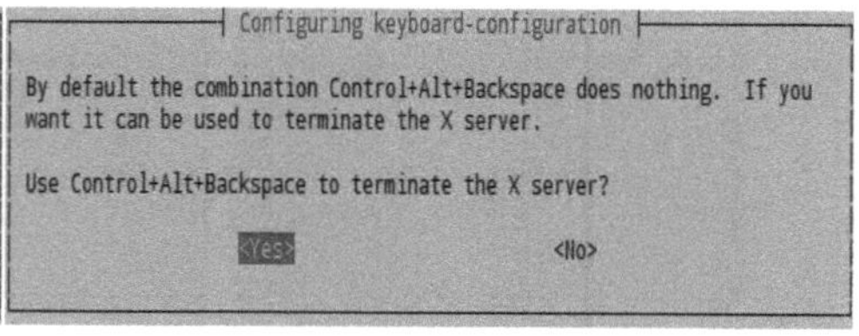

A. 〈I3 Change Keyboard Layout〉

B. 〈Generic 104 - key PC〉

C. 〈Other〉

D. 〈Korean〉

E. 〈Korean - Korean (101/ 104 key compatible)〉

F. 〈The default for the keyboard layout〉

G. 〈No compose key〉

H. 〈Yes〉

위의 과정을 거친 후 재부팅하면 한국 키보드 자판의 설정이 적용된다.

4.4 커널 빌드 및 Toolchain 설치

4.4.1 커널 빌드

앞 절의 과정을 통해서 임베디드 보드에 리눅스 기반의 Raspbian OS가 설치되었다 하더라도 디바이스 드라이버 코드를 컴파일하기 위해서는 디바이스 드라이버 코드를 컴파일하는 환경에서 리눅스 커널을 직접 빌드할 필요가 있다. 즉 [그림 4.1.1]과 같이 크로스 컴파일을 하는 경우에는 호스트 PC에서 커널 빌드를 수행해야 두어야 하고 [그림 4.1.2]와 같은 경우에는 Raspberry Pi 3 보드의 Raspbian OS에서 커널 빌드를 해두어야 한다. 다음은 이 두 가지 경우에 커널을 빌드하는 과정을 보여 준다.

① Host PC 에서 커널 컴파일

■ **커널 소스 소스 준비**

i) 작업 디렉터리로 이동한다.

```
<Host PC>
root@ubuntu:/# mkdir /work
root@ubuntu:/# mkdir /work/achro-emroot@ubuntu:/# cd /work/achro-em
```

ii) 작업 디렉터리에 kernel 소스를 복사한다.

제공된 DVD의 Kernel을 커널 작업 디렉터리로 복사한다. 커널 버전은 제품 출시 일에 따라 바뀔 수 있으므로, 제공된 CD에서 내용을 확인하여 진행한다.

```
<Host PC>
root@ubuntu:/work/achro-em/# cp -a /media/Achro-EM/DVD-1_SRC/kernel/
kernel.tar.bz2 /root/temp
root@ubuntu:/work/achro-em/# cd /root/temp
```

iii) 복사한 소스의 압축을 푼다.

```
<Host PC>
root@ubuntu:~/temp# tar xvf kernel.tar.bz2 -C /work/achro-em
```

iv) 압축을 풀어 놓은 소스 디렉터리로 이동

```
<Host PC>
root@ubuntu:~/temp# cd /work/achro-em/kernel/
```

v) 기존의 compile 설정을 지운다.

```
<Host PC>
root@ubuntu:/work/achro-em/kernel# make clean
```

vi) Target Board에 맞는 설정을 지정한다. 설정 파일은 arch/arm/configs에 위치한다. 아래 명령 실행 시, 오류가 발생하면 터미널에서 CROSS_COMPILE 환경 변수가 선언되어 있는지 확인한 다음 아래와 같이 ARCH를 환경 변수로 등록한다.

```
<Host PC>
root@ubuntu:/work/achro-em/kernel# KERNEL=kernel7
root@ubuntu:/work/achro-em/kernel# make bcm2709_defconfig
  HOSTCC  scripts/basic/fixdep
  HOSTCC  scripts/kconfig/conf.o
  SHIPPED scripts/kconfig/zconf.tab.c
  SHIPPED scripts/kconfig/zconf.lex.c
  SHIPPED scripts/kconfig/zconf.hash.c
  HOSTCC  scripts/kconfig/zconf.tab.o
  HOSTLD  scripts/kconfig/conf
#
# configuration written to .config
#
```

vii) 컴파일하기

아래와 같이 make 명령어로 컴파일을 시작한다. 컴파일이 끝나면 arch/arm/boot 디렉터리에 zImage라는 커널 이미지가 생성이 된다.

```
<Host PC>
<호스트 PC가 싱글코어인 경우>
root@ubuntu:/work/achro-em/kernel# make zImage modules dtbs

<호스트 PC가 듀얼코어 이상인 경우>
root@ubuntu:/work/achro-em/kernel# make zImage modules dtbs -j[프로세서
개수]
```

■ 커널 기록

i) SD card 삽입

Kernel을 기록하기 위해서 SD card를 삽입한다. 앞서, Raspberry Pi 개발 환경 구성 단계에서 Raspbian OS를 기록해둔 SD card이기 때문에 파티션이 Boot 부분

과 File system 부분으로 나눠져 있을 것이다. 다음 명령어를 통해 나누어진 파티션을 확인해 본다.

<Host PC>

```
root@ubuntu:/work/achro-em/kernel# lsblk
```

```
root@ubuntu:/work/kernel# lsblk
NAME   MAJ:MIN RM   SIZE RO TYPE MOUNTPOINT
sda      8:0    0    80G  0 disk
├─sda1   8:1    0    72G  0 part /
├─sda2   8:2    0     1K  0 part
└─sda5   8:5    0     8G  0 part [SWAP]
sdb      8:16   1   7.4G  0 disk
├─sdb1   8:17   1  41.7M  0 part /media/rpi/boot
└─sdb2   8:18   1   7.4G  0 part /media/rpi/62ca0b6d-6291-4c40-b1fd-11bc291e4a38
```

sda는 현재 작업 중인 Host PC의 Linux이다. Raspberry Pi에 관한 정보는 sdb로 boot 파티션인 sdb1, file system 파티션인 sdb2로 나뉘어 있는 것을 볼 수 있다.

ii) SD card Mount

SD card의 파티션을 각각 Kernel 안의 폴더에 Mount 시켜 작업을 한다.

mount하지 않고 기본 연결 주소인 /media/[username]/를 이용해 작업을 진행할 수 있다. 하지만 계속 주소를 입력해 주기 번거롭고, 오류가 발생할 확률도 증가하기 때문에 mount 하는 방법을 택했다. 과정은 다음과 같다.

<Host PC>

```
root@ubuntu:/work/achro-em/kernel# mkdir /mnt
root@ubuntu:/work/achro-em/kernel# mkdir /mnt/fat32
root@ubuntu:/work/achro-em/kernel# mkdir /mnt/ext4
root@ubuntu:/work/achro-em/kernel# mount /dev/sdb1 /mnt/fat32
root@ubuntu:/work/achro-em/kernel# mount /dev/sdb2 /mnt/ext4
```

이제 mnt 폴더 안에 있는 fat32는 boot 파티션, ext4는 file system 파티션이 mount되었다.

iii) kernel 기록

Mount된 파티션에 kernel image와 dtb를 기록한다.

```
<Host PC>
root@ubuntu:/work/achro-em/kernel# cp arch/arm/boot/zImage
                                  /mnt/fat32/$KERNEL.img
root@ubuntu:/work/achro-em/kernel# cp arch/arm/boot/dts/*.dtb mnt/fat32/
root@ubuntu:/work/achro-em/kernel# cp arch/arm/boot/dts/overlays/*.dtb*
                                  /mnt/fat32/overlays/
root@ubuntu:/work/achro-em/kernel# cp arch/arm/boot/dts/overlays/README
                                  /mnt/fat32/overlays/
```

iv) mount 해제

umount 명령어를 통해 mount를 해제하기 전에 sync 명령어를 통해 데이터 동기화 작업을 진행해 준다.

```
<Target board>
root@ubuntu:/work/achro-em/kernel# sync
root@ubuntu:/work/achro-em/kernel# umount /mnt/fat32
root@ubuntu:/work/achro-em/kernel# umount /mnt/ext4
```

② Target Board에서 커널 컴파일

■ 커널 소스 소스 준비

i) 작업 디렉터리로 이동한다.

```
<Target board>
pi@raspberrypi:~$ mkdir work
pi@raspberrypi:~$ cd work
```

ii) kernel 소스를 복사한다.

제공된 DVD의 Kernel을 USB 혹은 네트워크를 통해 Raspberry Pi로 옮긴다. 커널 버전은 제품 출시 일에 따라 바뀔 수 있으므로, 제공된 CD에서 내용을 확인하여 진행한다.

```
<Target board>
pi@raspberrypi:~/work $ cp –a /media/[user name]/[usb name]/kernel/
kernel.tar.bz2 / ~/work
```

iii) 복사한 소스의 압축을 푼다.

```
<Target board>
pi@raspberrypi:~/work $ tar xvf kernel.tar.bz2
```

iv) 압축을 풀어 놓은 소스 디렉터리로 이동

```
<Target board>
pi@raspberrypi:~/work $ cd kernel
```

v) 기존의 compile 설정을 지운다.

```
<Target board>
pi@raspberrypi:~/work/kernel $ make clean
```

vi) Target Board에 맞는 설정을 지정한다. 설정 파일은 arch/arm/configs에 위치한다. make 명령어를 이용하여 config 파일을 생성한다. 아래 명령 실행 시, 오류가 발생하면 터미널에서 CROSS_COMPILE 환경 변수가 선언되어 있는지 확인한 다음 아래와 같이 ARCH를 환경 변수로 등록한다.

```
<Target board>
pi@raspberrypi:~/work/kernel $ KERNEL=kernel7
pi@raspberrypi:~/work/kernel $ make bcm2709_defconfig
  HOSTCC  scripts/basic/fixdep
  HOSTCC  scripts/kconfig/conf.o
  SHIPPED scripts/kconfig/zconf.tab.c
  SHIPPED scripts/kconfig/zconf.lex.c
  SHIPPED scripts/kconfig/zconf.hash.c
  HOSTCC  scripts/kconfig/zconf.tab.o
  HOSTLD  scripts/kconfig/conf
#
# configuration written to .config
#
```

vii) 컴파일하기

아래와 같이 make 명령어로 컴파일을 시작한다. 컴파일이 끝나면 arch/arm/boot 디렉터리에 zImage라는 커널 이미지가 생성이 된다. 이 작업은 꽤 많은 시간이 소요되고, CPU 사용량이 많은 상태로 유지되기 때문에 발열이 많이 나는 편이다. 따라서 쿨링펜이나 다른 냉각 방법이 없다면 추천하지 않는다.

```
<Target board>
pi@raspberrypi:~/work/kernel $ make zImage modules dtbs -j4
```

■ 커널 기록

i) kernel 기록

Raspberry Pi의 /root/dev 경로를 보면 kernel image(kernel7.img)와 overlay 파일이 있는 것을 볼 수 있다. 두 파일에 대한 정보를 위에서 컴파일한 커널의 정보로 수정하는 작업을 진행한다.

```
<Target board>
pi@raspberrypi:~/work/kernel $ make modules_install
pi@raspberrypi:~/work/kernel $ cp arch/arm/boot/zImage /mnt/fat32/$KERNEL.img
pi@raspberrypi:~/work/kernel $ cp arch/arm/boot/dts/*.dtb /mnt/fat32/
pi@raspberrypi:~/work/kernel $ cp arch/arm/boot/dts/overlays/*.dtb*
                                                    /mnt/fat32/overlays/
pi@raspberrypi:~/work/kernel $ cp arch/arm/boot/dts/overlays/README
                                                    /mnt/fat32/overlays/
```

ii) Reboot

Kernel 및 dtb의 기록이 끝났으면 이를 적용시켜 주기 위해 보드의 전원을 껐다가 다시 켠다. 다시 켜면 Raspberry Pi 는 kernel을 읽어올 때, 컴파일한 kernel을 읽어오게 된다.

05 디바이스 드라이버

5.1 타겟보드를 위한 응용 프로그램 작성

5.1.1 소스코드 작성 및 크로스 컴파일

디바이스 드라이버에 대해서 알아보기 전에 먼저 크로스컴파일러를 이용해서 타겟보드에서 동작할 수 있는 응용 프로그램을 작성하는 방법을 알아보자. 다음에 다룰 디바이스 드라이버도 응용 프로그램을 통해서 활용된다. 여기서 설명하는 작업들이 원활하기 이루어지기 위해서는 4장에서 설명한 대로 호스트 PC와 타겟보드가 설정되어 있어야 한다. 이를 간단히 정리해 보면 다음과 같다.

- 호스트 PC: 크로스 컴파일을 위한 Toolchain, 시리얼 통신과 네트워크 파일 시스템 구현을 위한 프로그램들이 설치되어 있다. 또한 타겟보드에 설치한 리눅스 이미지를 빌드한 디렉토리를 가지고 있다.
- 타겟보드: 부트로더와 리눅스 커널 및 루트 파일 시스템이 설치되어 있고, SSH 설정이나 NFS 사용을 위한 설정이 잘 되어 있다.

먼저 적당한 에디터를 사용해서 다음과 같은 코드를 호스트 PC의 워킹 디렉토리에 만들어 보자.

```
#include <stdio.h>

int main(int argc, char *argv[])
{
    int i=0;
    printf("Hello World \n");
    printf("Number of arguments to the main function : %d \n",argc);
    for (i=0;i<argc;i++)
    {
     printf("argument number %d is %s \n", i, argv[i]);
    }
return 0;
}
```

이 코드를 다음과 같이 크로스 컴파일하고 그 결과를 /nfsroot 디렉토리로 복사한다.

```
$arm-none-linuxgnueabi-gcc -o test test.c
$cp test /nfsroot
```

첫 번째 명령어에 사용된 크로스 컴파일러의 이름이 길어서 직접 입력하기가 불편하므로 tab 키를 이용한 자동완성 기능을 사용하는 것이 좋다. 즉 arm-none 정도까지 입력한 후 tab 키를 누르면 리눅스 시스템이 이렇게 시작하는 실행파일들을 보여주는데 그것을 선택하면 긴 이름의 크로스 컴파일러 이름 입력이 자동 완성된다. 크로스 컴파일러가 잘 설치되고 패스가 잘 설정되어 있다면 이 방법을 사용할 수 있다. 크로스 컴파일을 통해서 만들어진 실행파일인 test를 /nfsroot 디렉토리로 옮기는 이유는 타겟보드에서 Network File System(NFS)를 통해서 이 파일을 사용할 수 있도록 하기 위해서이다. SSH 연결을 통해서 타겟보드에 로그인한 후 /mnt/nfs로 디렉토리를 옮긴다. 미리 크로스 컴파일해서 옮겨 놓은 실행파일인 test 파일이 저장되어 있는지 ls 명령을 통해서 확인하고 다음과 같이 실행한다.

```
#./test
```

NFS 설정이 되어 있지 않은 경우는 SSH 연결이 된 상태에서 Ubuntu OS의 터미널 창에서 SCP 명령으로 실행파일을 Rasberry Pi 의 적절한 디렉토리로 복사한 다음에 실행을 시킬 수 있다.

```
$scp test pi@(Raspberry Pi의 ip주소):/home/pi
```

5.2 리눅스 모듈 작성법

5.2.1 모듈 프로그래밍 개요

모듈이란 동적으로 커널에 링크될 수 있는 목적 코드(object code)이다. (이 역시 시스템 콜을 통해서 커널 영역으로 로딩 그리고 링킹된다.) 리눅스는 커널이 하나의 덩어리로 이루어진 모놀리딕 커널로서 커널이 동작되고 있는 도중에는 커널 코드를 커널에 적재하거나 내릴 수 없다. 하지만 리눅스에서 정의하는 "모듈" 형식으로 코드를 작성하면 작성한 코드를 커널 동작중에 커널에 적재할 수 있으며 주로 커널 영역에서 동작해야하는 디바이스 드라이버를 동적으로 적재하고 내리는데 사용한다. 다만 실제 모듈 코드는 커널 영역이 아닌 사용자 영역에 적재되어 커널 영역의 API를 링크하여 사용하도록 되어 있다.

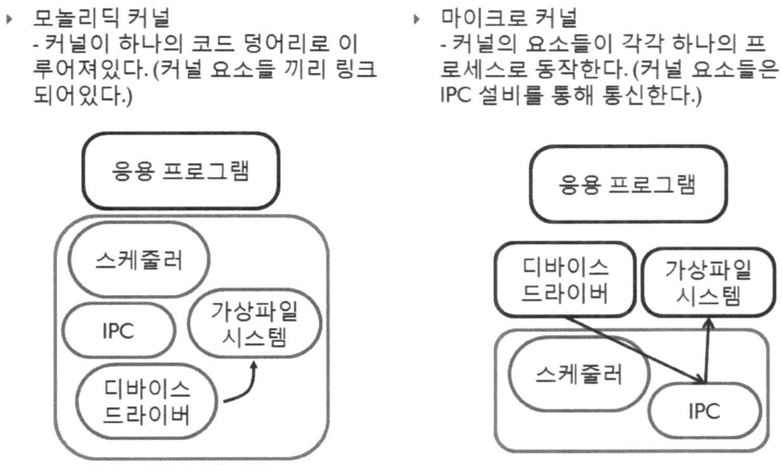

【그림 5.2.1】 모놀리딕 커널과 마이크로 커널의 차이점(IPC, Inter Process Communication)

- **모듈의 형식**

리눅스에서 모듈을 작성하는 방법은 리눅스 커널 버전 2.6 이후로 약간 변경이 되었다. 커널 버전 2.6 이전에는 모듈을 몇 가지 형식을 지킨 목적 코드(object code)로만 작성하면 되었지만 2.6 버전 이후로는 모듈 컴파일을 리눅스 커널 빌드 시스템에서 처리하도록 변경되었다. (자세한 내용은 리눅스 소스 디렉토리의 Document/kbuild 디렉토리 아래 문서들을 참조하자.)

우선 기본 리눅스 모듈 코드의 틀은 다음과 같다.

5.2.2 모듈 프로그래밍 실습

① module_test.c (hello.c)

이 모듈은 함수 두 개를 정의한다. 하나는 커널이 모듈을 로드할 때(hello_init), 다른 하나는 모듈을 제거할 때(hello_exit) 호출한다. module_init과 module_exit는 각 함수의 임무를 나타내는 커널 매크로이다. MODULE_LICENSE() 매크로는 모듈에 대한 라이선스를 명시하고, MODULE_AUTHOR() 매크로는 모듈의 저작자를 명시한다.

printk 함수는 리눅스 커널에 들어 있으며, 모듈에서 사용할 수 있다. 이 함수는 표준 C 함수인 printf와 유사한 동작한다. 커널은 C 라이브러리 없이 독자적으로 구동하기 때문에 이 같은 함수가 별도로 필요하다. 모듈에서는 printk를 항상 호출할 수 있다. 이는 insmod로 모듈을 로드한 후, 모듈이 커널에 링크되고 나면 커널의 심벌 테이블을 참조할 수 있기 때문이다. KERN_ALERT라는 문자열은 메시지의 우선순위이다. 이 모듈에서는 높은 우선순위를 지정했다. 기본 우선순위를 지정하면 실행 중인 커널 버전의 klogd 데몬 시스템 구성 등에 따라 메시지가 적재적소에 나타나지 않을지도 모르기 때문이다.

```
/* Module example
   FILE : hello_module.c */

#include <linux/kernel.h>
#include <linux/module.h>
#include <linux/init.h>


MODULE_LICENSE("GPL");
MODULE_AUTHOR("Huins");
```

```
static int module_begin(void) {
    printk(KERN_ALERT "Hello, Wellcome to module!!\n");
    return 0;
}

static void module_end(void) {
    printk(KERN_ALERT "Goodbye, Exit module!!\n");
}

module_init(module_begin);
module_exit(module_end);
```

아래와 같이 Makefile을 만들어 위에서 만든 소스를 컴파일한다.

② Makefile

아래와 같이 Makefile을 만들면 된다. 다만 'KDIR'은 커널 소스 디렉터리를 의미하기 때문에 사용자 환경에 맞추어서 수정하면 된다.

```
obj-m := hello_module.o

KDIR := /work/achro-em/kernel
PWD := $(shell pwd)

all: driver
driver:
    $(MAKE) -C $(KDIR) SUBDIRS=$(PWD) modules
clean:
    rm -rf *.ko
    rm -rf *.mod.*
    rm -rf *.o
```

③ 컴파일

모듈 소스 디렉터리에서 make를 입력하여 컴파일한다.

```
<Host PC>
root@ubuntu:/# cp -a /media/Achro-EM/DVD-1-SRC/examples/
                                         module/module.tar.gz /root/temp
root@ubuntu:/# cd /root/temp
root@ubuntu:~/temp# tar xvf module.tar.gz -C /work/achro-em/
root@ubuntu:/# cd /work/achro-em/module
root@ubuntu:/work/achro-em/module# make
```

④ 실행

Achro-EM Kit에서는 다음과 같은 두 가지 방법을 통해 모듈을 전송한다.

- Mount(nfs)를 통해 호스트와 연결하는 방법.
- SCP 명령어를 이용한 파일 전송 방법.

④-1 NFS

임베디드 보드를 부팅한 다음, NFS를 통하여 hello.ko 파일을 보드로 복사한다. 복사가 완료되면, insmod를 통해서 hello.ko를 커널에 적재한다.

호스트에서 컴파일된 모듈을 /nfsroot 디렉터리로 복사한다.

```
<Host PC>
root@ubuntu:/work/achro-em/examples/module# mkdir /nfsroot (해당 디렉터
리가 없다면 생성)
root@ubuntu:/work/achro-em/examples/module# cp hello_module.ko /nfsroot
```

```
<TargetBoard>
pi@raspberrypi:~$ mkdir /mnt/nfs (해당 디렉터리가 없다면 생성)
pi@raspberrypi:~$ mount -t {리눅스 호스트 ip}:/nfsroot /mnt/nfs –o
rw,rsize=1024,nolock
```

연결이 완료되면 마운트된 해당 경로로 이동하여 insmod를 실행하거나, Achro-EM Kit의 파일 시스템으로 해당 드라이버를 복사한 후에 insmod를 이용하여 커널에 적재한다.

모듈이 커널에 적재되면 커널 단에 "Hello, Wellcome to module!!" 이라는 문자열이 출력되고, 커널에서 내리게 되면 "GoodBye, Exit Module!!" 이라는 문자열이 출력된다. 문자열의 확인법은 dmesg 명령어를 통해 확인한다.

<TargetBoard>

```
pi@raspberry:~$ mkdir /home/pi/Modules
pi@raspberry:~$ cp /mnt/nfs/hello_module.ko /home/pi/Modules
pi@raspberry:~$ cd ~/Modules
pi@raspberry:~$ sudo insmod hello_module.ko
pi@raspberry:~$ sudo rmmod hello_module
pi@raspberry:~$ dmesg
```

```
[ 3058.505912] hello_module: loading out-of-tree module taints kernel.
[ 3058.508339] Hello, Wellcome to module!!
[ 3066.973605] Goodbye, Exit module!!
```

④-2 SCP

SCP는 Secure Copy로 리눅스 서버 간 파일 전송을 할 때 사용하는 명령어다. 명령어에 전송할 파일 및 수신할 리눅스 서버의 IP 정보를 통해 파일을 전송하게 된다.

SCP 명령어를 사용하려면 SSH 설정이 필요하다. SCP를 이용하려면 파일을 받는 Target board의 IP 주소를 알아야 한다. 다음의 명령어를 통해 Achro-EM Kit의 IP 주소를 알아낸다.

<TargetBoard>

```
pi@raspberry:~$ ifconfig
```

```
pi@raspberrypi:~ $ ifconfig
eth0: flags=4163<UP,BROADCAST,RUNNING,MULTICAST>  mtu 1500
        inet 192.168.1.229  netmask 255.255.255.0  broadcast 192.168.1.255
        inet6 fe80::b888:a32b:e129:f15d  prefixlen 64  scopeid 0x20<link>
        ether b8:27:eb:e9:c2:c1  txqueuelen 1000  (Ethernet)
        RX packets 4762  bytes 2519049 (2.4 MiB)
        RX errors 0  dropped 13  overruns 0  frame 0
        TX packets 86  bytes 13067 (12.7 KiB)
        TX errors 0  dropped 0 overruns 0  carrier 0  collisions 0

lo: flags=73<UP,LOOPBACK,RUNNING>  mtu 65536
        inet 127.0.0.1  netmask 255.0.0.0
        inet6 ::1  prefixlen 128  scopeid 0x10<host>
        loop  txqueuelen 1  (Local Loopback)
        RX packets 0  bytes 0 (0.0 B)
        RX errors 0  dropped 0  overruns 0  frame 0
        TX packets 0  bytes 0 (0.0 B)
        TX errors 0  dropped 0 overruns 0  carrier 0  collisions 0

wlan0: flags=4099<UP,BROADCAST,MULTICAST>  mtu 1500
        ether b8:27:eb:bc:97:94  txqueuelen 1000  (Ethernet)
        RX packets 0  bytes 0 (0.0 B)
        RX errors 0  dropped 0  overruns 0  frame 0
        TX packets 0  bytes 0 (0.0 B)
        TX errors 0  dropped 0 overruns 0  carrier 0  collisions 0
```

TargetBoard는 현재 Ethernet으로 연결되어 있기 때문에 eth0의 IP를 사용한다. 위 사진의 경우는 192.168.1.229를 사용한다.

IP 주소를 알아냈으면 SCP 명령어를 사용해 본다.

<Host PC>

```
root@ubuntu:/work/achro-em/examples/module# scp hello_module.ko
 pi@192.168.1.229:/home/pi/Modules
```

명령어를 사용하면 연결할 것인지를 물어보고 Target board의 비밀번호를 입력하라고 나온다. Target board의 비밀번호는 변경하지 않은 이상 기본 비밀번호인 raspberry 이다. 비밀번호를 입력해도 터미널 상에는 표시되지 않는다.

첫 응답에 yes, 다음 응답에 raspberry를 입력하면 아래 사진처럼 파일이 전송된다.

```
The authenticity of host '192.168.1.229 (192.168.1.229)' can't be established.
ECDSA key fingerprint is 62:1d:81:c7:ff:da:9d:85:1a:93:bf:9c:67:6a:98:ff.
Are you sure you want to continue connecting (yes/no)? yes
Warning: Permanently added '192.168.1.229' (ECDSA) to the list of known hosts.
pi@192.168.1.229's password:
hello_module.ko                               100% 3727     3.6KB/s   00:00
```

모듈이 커널에 적재되면 커널 단에 "Hello, Wellcome to module!!" 이라는 문자열이 출력되고, 커널에서 내리게 되면 "GoodBye, Exit Module!!" 이라는 문자열이 출력된다. 문자열의 확인법은 dmesg 명령어를 통해 확인한다.

```
[  831.744228] hello_module
[  831.744692] Hello, Wellcome to module!!
[  984.831634] Goodbye, Exit module!!
```

5.2.3 Usage Count

리눅스 시스템은 각 모듈들이 안전하게 제거될 수 있도록 usage count를 유지한다. 마운트된 파일 시스템을 사용 중에는 제거할 수 없는 것처럼, 시스템은 usage count 정보를 가지고 대상 모듈이 현재 사용 중인지 판단하고, 사용 중이라면 제거하지 못하도록 한다. 이런 usage count는 〈linux/module.h〉에 정의되어 있는 아래 세 가지 매크로를 이용하여 조작할 수 있다.

① MOD_INC_USE_COUNT
- 현재 모듈의 usage count를 1만큼 증가시킨다.

② MOD_DEC_USE_COUNT
- 현재 모듈의 usage count를 1만큼 감소시킨다.

③ MOD_IN_USE
- 현재 usage count 값이 0인지를 판별한다.

만약 usage count를 제대로 관리하지 못하면 더 이상 필요하지 않은 모듈도 제거할 수 없게 된다. 개발 과정에서는 필요하지 않은 모듈을 제거 못하는 경우를 자주 경험하게 된다. 예를 들어, 모듈의 NULL pointer 참조로 인해서 실행되던 프로세스가 갑자기 죽어버리게 되면 usage count를 감소시키지 못하는 경우가 발생하게 된다. 이런 경우 실행 중인 프로세스가 없음에도 불구하고 usage count 값이 0이 되지 않을 수 있다. 개발 중에는 MOD_INC_USE_COUNT와 MOD_DEC_USE_COUNT를 의미 없는 연산으로 재정의하여 아예 usage count를 사용하지 않거나, ioctl() 함수를 사용하여 usage count를 강제로 0으로 만드는 (실제 완성된 모듈에서는 이런 방법들을 쓰지 않지만) 등의 방법들을 써서 시간을 절약하기도 한다. 현재 모듈의 usage count는 /proc/modules를 읽어보면 알 수 있다. 이 파일은 현재 시스템에 적재되어 있는 모듈들을 보여주며, 다음과 같은 형태를 가지고 있다.

아래는 모듈 관련 리눅스 명령어이다.

명령어	용 도
insmod	module을 설치(install)
rmmod	실행 중인 modules을 제거(unload)
lsmod	Load된 module들의 정보를 표시
depmod	커널 내부에 적재된 모듈 간의 의존성을 검사한다.
modprobe	모듈 간 의존성을 검사하여 그 결과 누락된 다른 모듈을 찾아서 적재한다.
modinfo	목적 파일을 검사해서 관련된 정보를 표시

5.3 디바이스 드라이버 인터페이스

디바이스 드라이버란 하드웨어를 조작하는 코드로 보통 몇 가지 인터페이스를 정의하여 API로 제공되는 경우가 많다. 앞서 모듈 작성에서 살펴 본 바와 같이 리눅스에서는 대부분의 디바이스 드라이버가 커널 영역에서 동작하며 이를 동적으로 적재하기 위해 모듈로 작성한다.

■ **디바이스 드라이버 개념도**

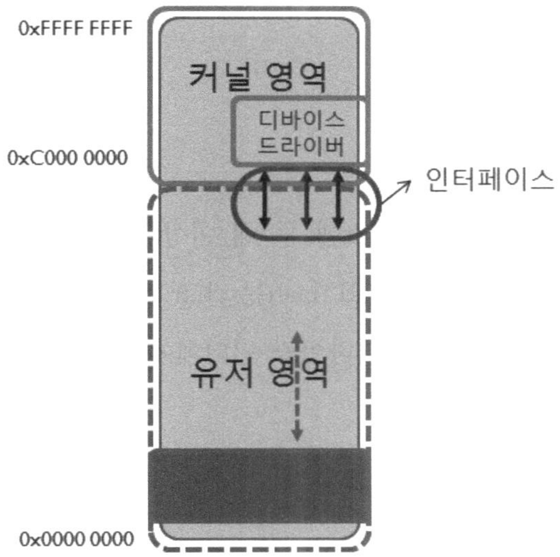

【그림 5.3.1】 디바이스 드라이버의 역할

디바이스 드라이버는 결국 커널 영역과 유저 영역 사이의 인터페이스를 구현하는 것이다. 인터페이스란 두 요소 사이에 상호 작용하는 방법을 정의하는 것이므로 유저 영역에서 호출할 수 있는 디바이스 드라이버 함수와 이때 사용되는 매개변수에 대한 정의가 먼저 이루어져야 한다. 이런 함수들을 정의하는 것은 결국 관점 문제로 디바이스를 어떻게 볼 것인지, 즉 디바이스가 어떤 일을 수행할 수 있는지에 따라 달라질 수 있다.

■ **디바이스를 어떤 관점에서 볼 것인가?**

리눅스에서는 키보드, 마우스, 디스플레이 장치, 프린터, 시리얼, 하드 디스크 드라이브 등등…. 다양한 디바이스들을 아래와 같은 3가지의 관점에서 보고 이들에 공통적으로 적용할 수 있는 인터페이스를 미리 정의해 놓았다.

character - 연속적으로 데이터를 읽고 쓰는 장치를 추상화

　　ex) 키보드, 마우스, 프린터, 시리얼 … 대부분의 디바이스

block - 저장 장치를 추상화 (캐시 사용)

ex) 하드디스크, Nand flash…

network - 네트워크

ex) 이더넷 컨트롤러..

보는 관점에 따라 같은 디바이스에 두 개 이상의 다른 디바이스 인터페이스로 구현 할 수도 있다. 예를 들어 nand flash는 character 디바이스 인터페이스로 순차적으로 접근할 수도 있고 block 디바이스 인터페이스에 의해 파일 시스템이 마운트된 상태로 접근될 수도 있다.

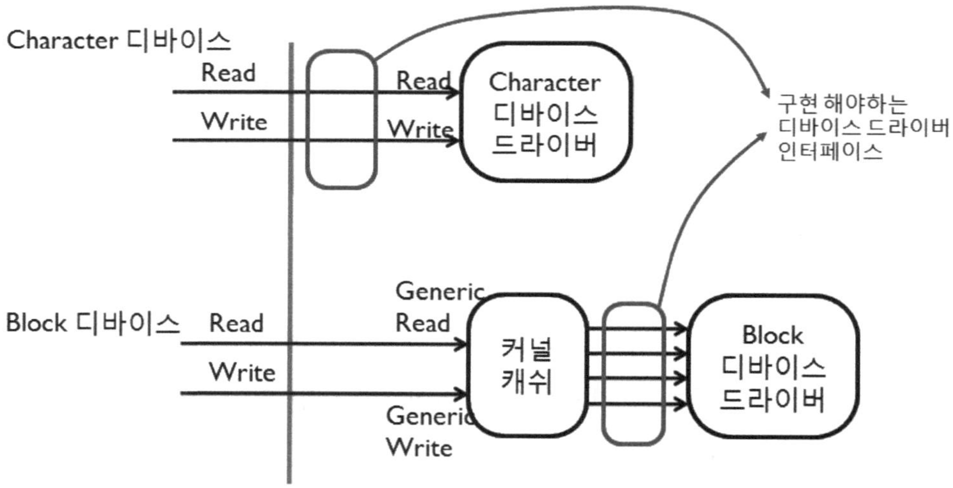

【그림 5.3.2】 Character 디바이스와 Block 디바이스와의 차이

유저 영역에서는 리눅스에서 제공하는 자원(디바이스, 파일, 소켓 등)을 파일에 접근하는 인터페이스와 동일한 인터페이스로 접근할 수 있지만 디바이스 드라이버를 구현하는 입장에서 구현해야 하는 인터페이스는 디바이스 드라이버 class에 따라(character, block, network) 다르다.

■ Character **디바이스 드라이버를 위한 인터페이스**

보통은 open(), close(), read(), write(), ioctl()의 함수만으로도 character 디바이스를 위한 인터페이스를 구현할 수 있다.

character 디바이스 인터페이스는 응용프로그램에서 파일을 읽고 쓸 때 사용하는 인터페이스와 바로 대응된다.

• 파일 연산 인터페이스의 사용 예제

```
int    fd;
char  buf[10];
fd  =  open("/dev/serial");     // 파일을 열고 핸들을 받는다.
read(fd,  buf,  10);            // 핸들을 통해서 파일을 읽는다.
……..
close(fd);                      // 열린 핸들을 닫는다.
```

다음은 디바이스 드라이버를 위한 인터페이스(가상 파일 시스템의 파일 연산 인터페이스) 중 몇 가지 인터페이스를 보여준다. 디바이스 드라이버 작성자는 해당 인터페이스 중 필요한 것만 선택적으로 구현하면 된다.

• 리눅스 커널 소스/include/linux/fs.h에서 struct file_operations 참고

```
loff_t (*llseek) (struct file *, loff_t, int);
ssize_t (*read) (struct file *, char *, size_t, loff_t *);
ssize_t (*write) (struct file *, const char *, size_t, loff_t *);
int (*readdir) (struct file *, void *, filldir_t);
int (*ioctl) (struct inode *, struct file *, unsigned int, unsigned long);
int (*mmap) (struct file *, struct vm_area_struct *);
int (*open) (struct inode *, struct file *);
int (*flush) (struct file *);int (*release) (struct inode *, struct file *);
int (*fsync) (struct file *, struct dentry *, int datasync);
int (*fasync) (int, struct file *, int);
..........................................
```

■ **사용자 요청과 디바이스 드라이버 함수의 매핑**(개념)

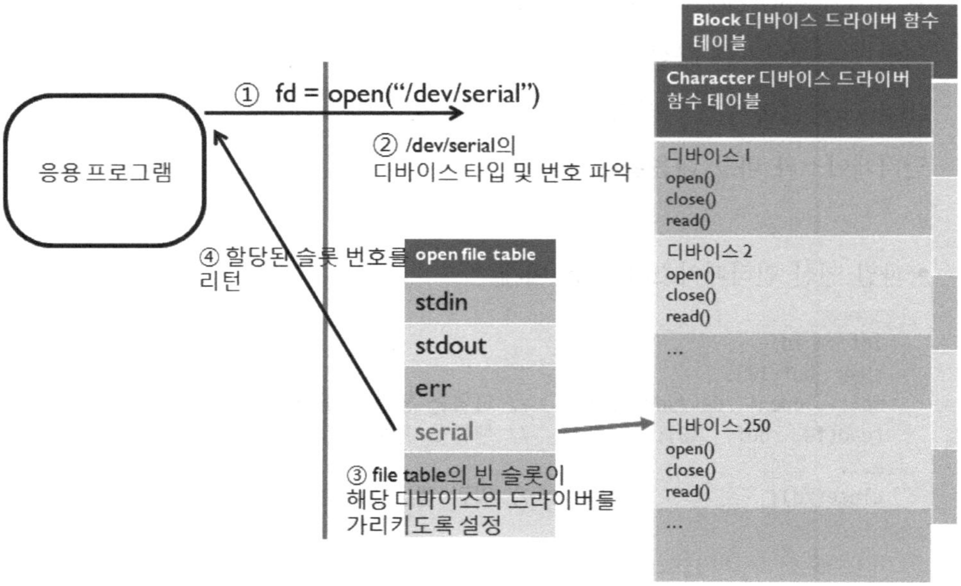

【그림 5.3.3】 open 시스템 콜의 흐름

① 사용자가 디바이스에 대해 open() 함수를 호출하면 커널은 open() 함수의 매개변수로 넘어온 디바이스 노드 파일에서("/dev/serial") 디바이스 번호를 읽고 디바이스 번호를 파악한다.

② 앞서 파악한 디바이스 번호로 character 디바이스 드라이버 함수 테이블을 검색한다. 해당 디바이스 번호에 대한 디바이스 드라이버가 존재한다면 open file table의 빈 슬롯에 새 파일 디스크립터를 할당하고 이를 디바이스 드라이버와 연결한다.

③ open() 시스템 콜은 앞서 디바이스 드라이버와 연결된 open file table의 슬롯의 인덱스 번호를 응용 프로그램에 넘겨주면서 종료한다.

여기까지 수행되면 응용 프로그램은 디바이스 드라이버에 연결된 파일 디스크립터 인덱스 번호를 하나 갖게 되며 이 파일 디스크립터 번호에 대해 read(), write()와 같은 디바이스 드라이버 인터페이스를 호출할 수 있다.

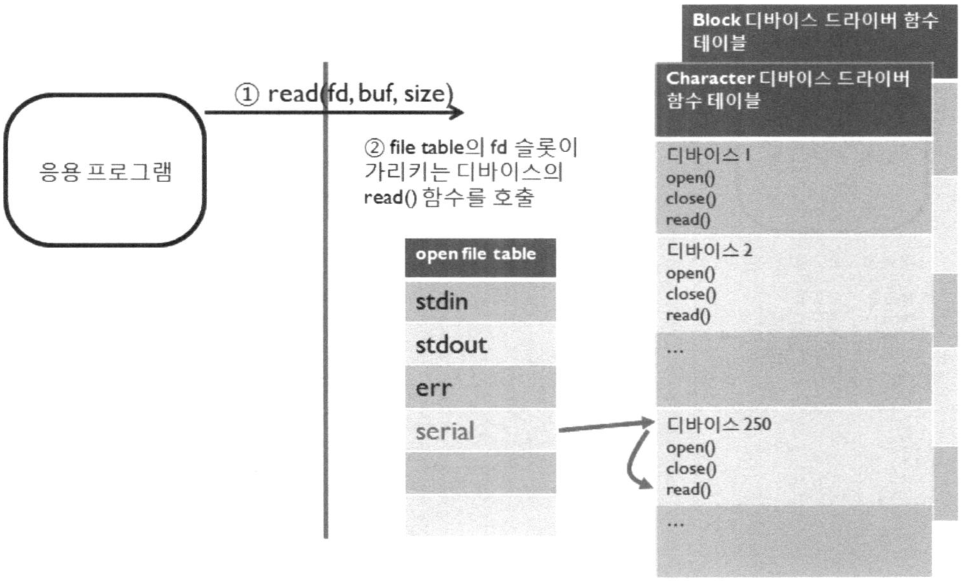

【그림 5.3.4】 read 시스템 콜의 흐름

① read() 함수가 호출되면, 함수가 호출될 때 넘겨진 파일 디스크립터 번호(fd)를 인덱스로 open file table에서 파일 디스크립터를 찾는다.

② 위에서 찾은 파일 디스크립터와 연결된 디바이스 드라이버 함수를 찾고 read()에 대응되는 함수를 호출한다.

결국 character 디바이스 드라이버를 구현하는 입장에서는 응용 프로그램의 파일 접근 인터페이스와 대응되는 함수(open(), close(), read())를 구현하고 이를 커널에 등록하기만하면 되고 나머지 매핑 작업은 커널이 수행한다. 다음 그림은 이 과정을 나타낸다.

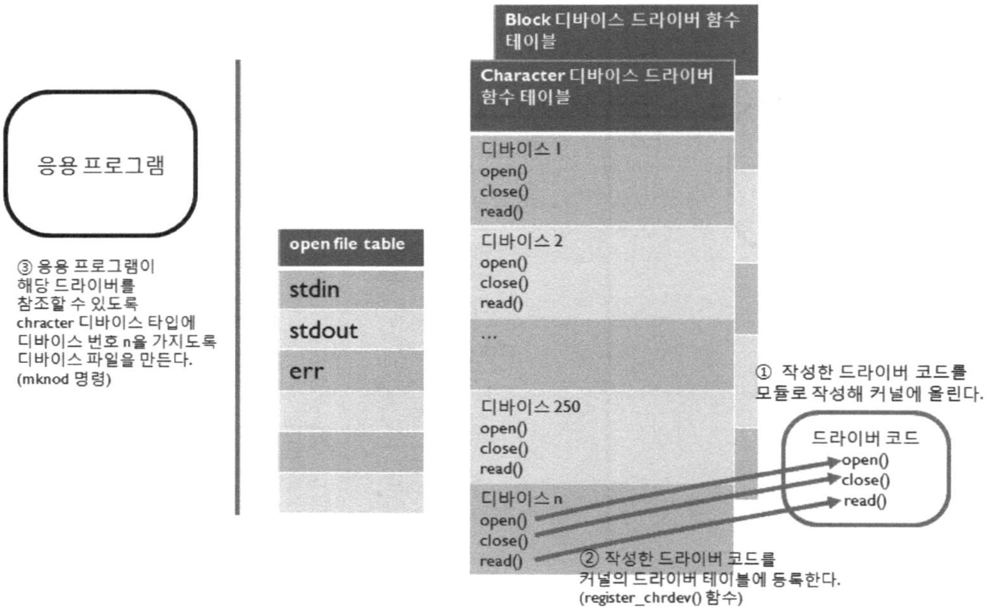

【그림 5.3.5】 디바이스 드라이버 등록

5.4 디바이스 드라이버 관련 커널 API

5.4.1 ioremap 함수

물리 주소에 대응하는 가상 주소를 얻기 위해 호출한다.

```
#include <asm/io.h>

void* ioremap(unsigned long offset, unsigned long size);
void iounmap(void *addr);
```

ioremap()으로 물리 주소에 대응하는 가상 주소를 얻고 iounmap()으로 사용이 끝난 가상 주소를 해제한다.

새로운 디바이스에 대한 드라이버를 작성할 경우 디바이스가 매핑된 가상 주소를 얻기 위해 주로 호출한다.

■ **간단한 ioremap 사용 예제**

GPIO 영역 중 GPJ2 4바이트 영역을 가상 메모리로 매핑시킨 후 접근한다.

gpio API를 사용하지 않고 ioremap에 의해 매핑된 주소에 대한 포인터로 gpio에 접근한다.

● led_dev_test.c

```
#include  <linux/kernel.h>
#include  <linux/init.h>
#include  <linux/module.h>
#include  <linux/fs.h>
#include  <asm/io.h>

#define  LED_DEV_MAJOR (250)
#define  DEVICE_NAME    ("led_dev")

/* gpj2 메모리 주소 */
#define GPJ2_BASE    (0xE0300240)
/* gpj2[0] 의 비트 위치 */
#define BIT_SHIFT    (0)
/* gpj2 관련 레지스터의 메모리 위치 */
struct gpio {
    unsigned int con;
    unsigned int dat;
    unsigned int up;
};

static struct gpio *gpj2;

/* gpj2[0]를 입력으로 설정 */
int  led_dev_open(struct inode*  inode,  struct file*  filp)
{
    gpj2->con  &=  ~(0xf << (BIT_SHIFT*4));
    gpj2->con  |=  (0x1 << (BIT_SHIFT*4));

    return 0;
}
```

```
int  led_dev_close(struct inode*  inode,  struct file*  filp)
{
    return 0;
}

/* led가 켜져 있으면 1, 꺼져 있으면 0을 *buff에 씀 */
ssize_t  led_dev_read(struct file*  filp,  char*  buff,  size_t  size,  loff_t*  offset)
{
    unsigned  int  data;
    /* gpj2의 값을 읽어 0번 비트만 남기고 마스크 시킴) */
    data  =  (gpj2->dat  &  ~(0x1  <<  BIT_SHIFT));
    data  =  data >> BIT_SHIFT;
    if(data){
        *buff  =  0
    }else{
        *buff  =  1;
    }
    return  1;
}

/* *buff의 값이 0보다 크면 led를 켜고, 작으면 led를 끔 */
ssize_t  led_dev_write(struct file*  filp,  const  char*  buff,  size_t  size,  loff_t*  offset)
{
    int  data;
    if(*buff  >  0){
        data  =  0;
    }else{
        data = 1;
    }
    /* gpj2 에서 0번 비트에만 값을 씀 */
    gpj2->dat  &=  ~(0x1  <<  BIT_SHIFT);
    gpj2->dat  |=  (data  <<  BIT_SHIFT);
    return  1;
}


struct  file_operations  led_dev_fop  =  {
    read  :  led_dev_read,
    write :  led_dev_write,
    open :  led_dev_open,
    release :  led_dev_close,
};

int  init_led_dev(void)
{
    int rval;

    /* GPJ2과 관련된 메모리 영역을 가상 메모리에 매핑시킴 */
```

```
    gpj2 = (struct gpio*)ioremap(GPJ2_BASE, sizeof(struct gpio));
    if(!gpj2){
        return -EBUSY;
    }
    if((rval = register_chrdev(LED_DEV_MAJOR,  DEVICE_NAME,  &led_dev_fop))  <  0){
        printk("error  at  register_chrdev()\n");
        iounmap(gpj2);
        return rval;
    }else{
        printk("loading  led_dev  succeeded\n");
    }

    return  0;
}

void cleanup_led_dev(void)
{
    iounmap(gpj2);
    unregister_chrdev(LED_DEV_MAJOR,  DEVICE_NAME);
    printk("unloading  led_dev  succeeded\n");
}

module_init(init_led_dev);
module_exit(cleanup_led_dev);
MODULE_LICENSE("GPL");
```

구현이 약간 다를 뿐 앞서 gpio API를 사용한 모듈과 동일하게 동작한다. 테스트용 응용 프로그램은 수정할 필요 없이 앞 led 예제를 그대로 사용하면 된다.

5.4.2 request_irq 함수

인터럽트 서비스 함수를 등록한다.

```
#include <linux/interrupt.h>

int request_irq(unsigned int irq, irqreturn_t (*handler)(int, void*), unsigned long
flags, const char *name, void *dev);
void free_irq(unsigned int irq, void *dev)
```

각 함수에서 매개변수의 의미는 다음과 같다.

request_irq 함수에서 매개변수

irq : 핸들러를 등록할 인터럽트 번호. 상세한 인터럽트 번호는 커널 소스의 arch/arm/plat-s5pc1xx/include/plat/irqs.h 참조

handler : 등록하고자 하는 핸들러의 함수 포인터. 핸들러의 형식은 irqreturn_t func(int irq, void *dev) 이다.

flags : 핸들러의 등록과 호출에 관한 플래그를 설정한다. 하나의 인터럽트 번호에 대해 핸들러의 중복 등록을 허용한다면 IRQF_SHARED를 지정한다. 자세한 플래그 및 의미는 커널 소스의 include/linux/interrupt.h를 참조한다.

name : 등록된 인터럽트 핸들러에 대한 이름 (사람이 읽기 편한 문자열)

dev : 등록된 인터럽트 핸들러에 넘겨질 매개변수 (IRQF_SHARED 플래그를 사용할 경우 이 dev 값이 NULL 이어서는 안된다.)

free_irq 함수에서 매개변수

irq : 해제할 인터럽트 번호

dev : 해제할 인터럽트 핸들러의 매개변수. (request_irq에 넘겼는 dev 값)

■ 간단한 timer irq 예제

타이머 인터럽트가 발생할 때마다 LED를 점등

- timer_irq.c

```
#include <linux/kernel.h>
#include <linux/init.h>
#include <linux/module.h>
#include <linux/fs.h>
#include <linux/errno.h>
#include <linux/interrupt.h>

#include <linux/gpio.h>
#include <linux/clk.h>
```

```
#include <plat/regs-timer.h>

#include <asm/io.h>

#define  IRQ_TEST_MAJOR (251)
#define  DEVICE_NAME    ("timer_irq")

#define PWM_TIMER_BASE (0xea000000)

/* regs-timer.h 헤더를 사용하기 위해 선언
   타이머 레지스터 영역은 ioremap으로 매핑하여 사용할 것이기 때문에
   S3C_VA_TIMER을 0으로 설정하여 타이머 레지스터의 상대적인 위치만을 사용한다. */
#define S3C_VA_TIMER    (0)

/* 프리스케일러 및 디바이더 값 */
#define TCFG0_PRESCALER0 (128)
#define TIMER0_DIVIDER (16)

#define TCFG1_MUX0_VAL(x) (S3C_TCFG1_MUX0_DIV##x)
#define TCFG1_MUX0 (TCFG1_MUX0_VAL(16))

/* 타이머 출력 주기 */
#define PWM_FREQUENCY (2)

#define UPDATE_TIMER0_BUFFER()\
{\
    unsigned int reg;\
    reg = readl(pwm_timer_base + S3C_TCON);\
    reg |= S3C_TCON_T0MANUALUPD;\
    writel(reg, pwm_timer_base + S3C_TCON);\
    reg &= ~S3C_TCON_T0MANUALUPD;\
    writel(reg, pwm_timer_base + S3C_TCON);\
}

void *pwm_timer_base;

enum timer0_mode {TTIMER_SETUP, TTIMER_STOP, TTIMER_START};

/* 타이머 설정함수 */
/* brought this function from driver/char/s3c2410_ts.c and did some modification
for timer0 */
static int timer0_operation(enum timer0_mode tt)
{
    int RetVal=0;
    unsigned int reg;
    unsigned long pclk_rate;
```

```
    struct clk *pclk;

    /* pclk 주파수를 읽어온다. */
    pclk = clk_get(NULL, "pclk");
    pclk_rate = clk_get_rate(pclk);
    clk_put(pclk);

    switch(tt) {
        case TTIMER_SETUP:
          /* 프리스케일러 설정 */
          reg = readl(pwm_timer_base + S3C_TCFG0);
          reg &= ~S3C_TCFG_PRESCALER0_MASK;
          reg |= TCFG0_PRESCALER0;
          writel(reg, pwm_timer_base + S3C_TCFG0);

          /* MUX 설정 */
          reg = readl(pwm_timer_base + S3C_TCFG1);
          reg &= ~S3C_TCFG1_MUX0_MASK;
          reg |= TCFG1_MUX0;
          writel(reg, pwm_timer_base + S3C_TCFG1);

          /* 타이머의 출력 주파수를 PWM_FREQUENCY으로 만들기 위해 필요한 카운트값 계산 */
          reg = (pclk_rate)/((TCFG0_PRESCALER0 +1)*(TIMER0_DIVIDER)*PWM_FREQUENCY);
          /* 카운트 버퍼에 계산값 쓰기 */
          writel(reg, pwm_timer_base + S3C_TCNTB(0));
          reg = 0;
          writel(reg, pwm_timer_base + S3C_TCMPB(0));

          /* 자동으로 리로드 되도록 설정 */
          reg = readl(pwm_timer_base + S3C_TCON);
          reg |= S3C_TCON_T0RELOAD;
          writel(reg, pwm_timer_base + S3C_TCON);

          /* 앞서 설정한 버퍼값이 적용되도록 MANUAL UPDATE bit를 1->0 으로 설정 */
          UPDATE_TIMER0_BUFFER();

        case TTIMER_START:
          /* 타이머 시작 */
          reg = readl(pwm_timer_base + S3C_TCON);
          reg |= S3C_TCON_T0START;
          writel(reg, pwm_timer_base + S3C_TCON);
          break;
        case TTIMER_STOP:
          /* 타이머 정지 */
          reg = readl(pwm_timer_base + S3C_TCON);
          reg &= ~S3C_TCON_T0START;
          writel(reg, pwm_timer_base + S3C_TCON);
```

```
            break;
        }
        return RetVal; /* success */
}

/* 인터럽트 핸들러 */
irqreturn_t on_off_led(int irq, void *dev_id)
{
    unsigned char val;
    /* LED를 켜고 끈다 */
    val = gpio_get_value(S5PC1XX_GPJ2(0));
    gpio_set_value(S5PC1XX_GPJ2(0), !val);
    return IRQ_HANDLED;
}

int  irq_test_open(struct inode*  inode,  struct file*  filp)
{
    /* 디바이스 파일을 열면 타이머를 세팅하고 시작시킨다. */
    timer0_operation(TTIMER_SETUP);
    timer0_operation(TTIMER_START);

    return 0;
}

int  irq_test_close(struct inode*  inode,  struct file*  filp)
{
    /* 디바이스 파일이 닫히면 타이머를 정지시킨다. */
    timer0_operation(TTIMER_STOP);
    return 0;
}

/* 디바이스 파일을 읽을 경우 타이머의 현재 카운트 값을 돌려준다. */
ssize_t irq_test_read(struct file *filp, char *buff, size_t size, loff_t *offset)
{
    if(size < 4){
        return 0;
    }else{
        *((unsigned int*)buff) = readl(pwm_timer_base + S3C_TCNTO(0));
    }
    return sizeof(unsigned int);
}

struct  file_operations  irq_test_fop  =  {
    open :  irq_test_open,
    release :  irq_test_close,
    read : irq_test_read,
};
```

```
int  init_irq_test(void)
{
    int rval = 0;
    int errno;
    /* 인터럽트 핸들러 등록 */
    if(request_irq(IRQ_TIMER0, on_off_led, IRQF_TRIGGER_RISING, "irq_test", NULL) < 0){
        return -EBUSY;
    }
    /* 타이머 레지스터에 접근하기 위해 타이머 레지스터 영역을 가상 주소로 맵핑 */
    if(!(pwm_timer_base = (void*)ioremap(PWM_TIMER_BASE, 0x48))){
        printk("error at ioremap\n");
        rval = -EBUSY;
        goto out;
    }
    /* LED를 제어하기 위해 GPJ2[0] 설정 */
    if((errno = gpio_direction_output(S5PC1XX_GPJ2(0), 0x1))){
        printk("error at gpio_direction_output\n");
        rval = errno;
        goto iounmap;
    }
    /* 디바이스 드라이버 등록 */
    if((errno = register_chrdev(IRQ_TEST_MAJOR,  DEVICE_NAME,  &irq_test_fop))  <  0){
        printk("error  at  register_chrdev()\n");
        rval = errno;
        goto iounmap;
    }else{
        printk("loading  irq_test  succeeded\n");
    }
    return rval;

iounmap:
    iounmap(pwm_timer_base);
out:
    return rval;
}


void cleanup_irq_test(void)
{
    free_irq(IRQ_TIMER0, NULL);
    iounmap(pwm_timer_base);
    unregister_chrdev(IRQ_TEST_MAJOR,  DEVICE_NAME);
    printk("unloading  irq_test  succeeded\n");
}

module_init(init_irq_test);
```

```
module_exit(cleanup_irq_test);
MODULE_LICENSE("GPL");
```

- timer_irq_test.c

```
#include  <stdio.h>
#include  <stdlib.h>
#include  <fcntl.h>

int  main(int  argc,  char  *argv[])
{
    int  dev;
       char  key;
    unsigned int buff;

    dev  =  open("/dev/timer_irq",  O_RDWR);
    if(dev  <  0){
        printf("device open fail\n");
        return 0;
    }
    printf("open dev  :  %d\n",  dev);

    printf("\n\nlook at led !!!\nthat is turned on and off by irq\n\n");
    while(1){
        printf("press q and return key to exit\n");
        printf("any other key will show you TCNTO register\n");
        key = getchar();
        if(key == 'q') break;
        read(dev, &buff, sizeof(unsigned int));
        printf("cnt : %d\n\n", buff);
    }

    close(dev);
    return 0;
}
```

- Makefile

```
MODULE_NAME = timer_irq
ifeq ($(KERNELRELEASE),)

CROSS_COMPILE = arm-s5pc1xx-linux-gnueabi-
```

```
CC = $(CROSS_COMPILE)gcc
PWD = $(shell pwd)
KDIR = ~/linux
CFLAGS = -I$(KDIR)/include

APP_NAME = timer_irq_test

output = $(MODULE_NAME).ko $(APP_NAME)

all: $(output)

$(MODULE_NAME).ko: $(MODULE_NAME).c
	$(MAKE) -C $(KDIR) M=$(PWD) modules

$(APP_NAME): $(APP_NAME).c
	$(CC) $< -o $@

clean:
	$(MAKE) -C $(KDIR) M=$(PWD) clean
	rm -rf $(APP_NAME)

install:
	cp ./$(MODULE_NAME).ko ./$(APP_NAME) /srv/nfs4

else
obj-m := $(MODULE_NAME).o
endif
```

- 파일을 작성하였으면 컴파일하고 실행하여 보자.

```
> mkdir /dev/timer_irq c 251 0
> insmod timer_irq.ko
> ./timer_irq_test
open dev : 3


look at led !!!
that is turned on and off by irq

press q and return key to exit
any other key will show you TCNTO register
```

5.5 연습 문제

1. PC의 working directory에 새로운 디바이스 드라이버 코드(device.c)를 c언어로 작성했다.
   ① 이를 컴파일하는 방법과 결과에 대해서 설명하시오
   ② 이 디바이스 드라이버를 응용프로그램에서 활용할 수 있기 위해서 ①에서 만들어진 결과를 가지고 수행해야 하는 절차를 설명하시오.

2. 디바이스 드라이버 파일에 대한 다음 물음에 답하시오.
   ① dev_open, dev_read, dev_write를 open, read, write 함수로 각각 등록하고, 주 번호를 260번, device file 이름을 dev_file로 지정하기 위한 c 코드를 써 보시오.
   ② device와 관련된 물리 주소가 각각 word 단위(32비트)로 0x0400_0000, 0x0400_0010, 0x0400_0020 세 군데이다. 이들에 적절히 접근할 수 있게 준비하는 코드를 써 보시오.
   ③ ②에서 주어진 세 주소에 각각 원하는 word 값을 써 넣는 것이 이 디바이스의 write 함수가 수행해야 하는 역할이다. dev_write code를 작성해 보시오.
   ④ 이 디바이스 드라이버를 활용하는 응용프로그램이 dev_app이다.
   ```
   ./dev_app num1, num2, num3
   ```
   로 입력했을 때 num1, num2, num3가 0x0400_0000, 0x0400_0010, 0x0400_0020에 각각 쓰여질 수 있도록 응용프로그램을 작성해 보시오.

3. 다음의 Makefile을 보고 물음에 답하시오.

```
ifeq ($(KERNELRELEASE),)
KDIR = /opt/s5pc1xx/kernel/s5pc100-android-2.6.29
PWD = $(shell pwd)

all:
```

```
make -C $(KDIR) M=$(PWD) modules
clean:
    make -C $(KDIR) M=$(PWD) clean
else
    obj-m := hello.o
endif
```

① 이 makefile에 대해서 설명해 보시오(수행 결과 만들어지는 파일 명시)

② command 창에서 'make install'을 치면 ①에서 만들어진 수행 결과 파일을 ~/work 옮길 수 있도록 makefile의 내용을 추가해 보시오.

4. 다음의 device driver file에 대해서 질문에 답하시오.

```
#define LED_EX_MAJOR      (250)

int init_led_ex(void)
{
    int rval = 0;
    int errno ;
    if(( errno = gpio_direction_output(S5PC1XX_GPG3(0), 0x1)))
        rval = errno;
        goto error;
    if((errno = register_chrdev(LED_EX_MAJOR, “LED_EX”, &led_ex_fop)) < 0)
        rval = errno;
        printk(“error at register_chrdev()\n”);
        goto error;
    else{
```

```
        printk("loading led_ex succeded\n");
    return rval;
error :
    return rval;
}
module_init(init_led_ex);
module_exit(cleanup_led_ex);
MODULE_LICENSE("GPL");
```

① module_init와 module_exit의 역할은?
② register_chrdev의 역할은?
③ LED_EX_MAJOR와 led_ex_fop의 역할은?
④ GPG3 port의 0번 비트에 연결된 LED를 켜거나 끄는 WRITE 함수를 gpio_set_value 함수를 이용해서 작성해 보시오.
⑤ 이 파일을 컴파일 해서 얻는 파일의 확장명은?
⑥ 이 파일을 성공적으로 컴파일한 후 user program에서 사용하기 위한 준비 과정을 설명하시오(command 창에서의 명령)(15점)
⑦ 이 device 파일의 write 명령을 이용해서 LED를 켜는 응용프로그램을 작성해 보시오.

정답 :

1. ① 커널을 빌드한 Makefile을 활용하여 크로스 컴파일하여 device.ko 파일을 만든다.
   아래와 같은 makefile을 활용

```
KDIR := /work/achro5250/kernel
PWD := $(shell pwd)
```

```
$(make) -c $(KDIR) subdirs = $(PWD)
```

② PC:

- device.ko 파일을 /nfsroot 디렉토리로 복사한다.

B/D Terminal

- mknod /dev/device c 260 0을 수행해서 device file을 만든다.
- nsmod device.ko로 Kernel에 등록한다.

2. ①

```
struct file_operations dev_fops =
{
    .owner       =    THIS_MODULE,
    .open        =    dev_open,
    .write       =    dev_write,
    .read        =    dev_read,
};

result = register_chrdev(260, dev_file, &dev_fops);
```

② Global 변수 지정:

```
static int    *arg1, *arg2, *arg3;
```

가상 메모리 할당 :

```
arg1 = ioremap(0x04000000, 0x4);
arg2 = ioremap(0x04000010, 0x4);
arg3 = ioremap(0x04000020, 0x4);
```

③

```
ssize_t dev_write(struct file *inode, const char *gdata, size_t length,
loff_t *off_what)
{
    char  value[12];
    const char *tmp = gdata;
    char *tmp1, *tmp2, *tmp3;

    if (copy_from_user(&value, tmp, 12))
        return -EFAULT;
    tmp1 = (char *)arg1;
    tmp2 = (char *)arg2;
    tmp3 = (char *)arg3;

    for (i=0, i<4, i++)
    {
        outb(value[0+i],tmp+i);
        outb(value[4+i],tmp1+i);
        outb(value[8+i],tmp2+i);
    }
    return length;
}
```

④

```
int    data[3], dev, retval;

data[0] = atoi(argv[1]);
data[1] = atoi(argv[2]);
data[2] = atoi(argv[3]);

dev = open( 'dev/dev_file' , O_RDWR);

retval = write(dev,data,3);
```

3. ① 처음에는 $KERNELRELEASE 가 선언이 안되기 때문에 all: 부분이 실행된다. 여기서는 make -C... 명령에 의해서 Kernel Source가 들어 있는 KDIR의 makefile을 이용해서 module을 빌드하고자 함을 알림. 커널의 makefile은

다시 PWD의 makefile을 참조하고 이번에는 obj-m을 참조하여 hello.c를 컴파일해서 hello.ko를 생성함

② install:

```
cp hello.ko ~/work
```

4. ① module_init: insmod 명령을 통해서 모듈이 적재될 때 수행될 함수를 지정
module_exit: rmmod 명령을 통해서 모듈이 커널에서 제거될 때 수행될 함수를 지정

② 커널의 character device driver 함수 테이블의 디바이스 주번호에 해당하는 부분에 모듈에서 제공하는 open, read, write 등의 시스템 콜이 호출되었을 때 실제적으로 모듈 내의 어떤 루틴을 실행할 지에 대한 정보를 등록한다.

③ LED_EX_.MAJOR: 디바이스를 구분하기 위한 주번호
led_ex_fop: 해당 디바이스에 대해서 수행할 수 있는 read, write, 등의 시스템콜 함수에 상응하는 함수를 지정해주는 structure 구조의 instance

④

```
ssize_t led_ex_write(struct file* filp,const char* buff, size_t size, loff_
t* offset )
{
    unsigned char data;
    if(*buff > 0) {
        data = 0;
    else
        data = 1;
    gpio_set_value(S5PC1XX_GPG3(0), data);
    return 1;
}
```

⑤ ko

⑥ mknod /dev/led c 250 0 ; device file 작성

insmod led.ko ; kernel에 등록,

user program 작성

⑦

```
int main( int argc, int *argv[] )
{
    int fd;
    unsigned char buff;
    if((fd = open("/dev/led", O_RDWR )) < 0 ) {
        perror("open");
        exit(1);
    read(fd,&buff,0x1);
    printf("LED was %s before this program run\n", buff ? "ON":"OFF");

    buff = atoi(argv[1]);
    write(fd, &buff, 0x1);
    printf("LED is %s currently\n", buff ? "ON":"OFF" );

    return 0;
}
```

06 타겟보드용 응용 프로그램

5장에서, 개발한 디바이스 드라이버를 활용하기 위한 응용프로그램 작성을 살펴보았다. 본 장에서는 마우스와 그래픽 LCD, 키보드 등 임베디드 시스템에서 많이 사용되는 하드웨어들을 기존의 디바이스 드라이버를 통해서 활용하는 방법에 대해서 예제를 통해서 살펴본다.

6.1 그래픽 LCD 활용

6.1.1 3색 디스플레이

임베디드 보드에 붙어 있는 그래픽 LCD는 Frame Buffer라 불리는 메모리의 데이터를 주기적으로 그려준다. 따라서 Frame Buffer의 내용을 바꾸면 LCD에 출력되는 화면이 수정된다. 다음의 프로그램을 생각해 보자.

```
#include <stdio.h>
#include <stdlib.h>
#include <fcntl.h>
#include <unistd.h>
#include <sys/mman.h>
#include <stdint.h>
#define LCD_WIDTH (800)
#define LCD_HEIGHT (480)

typedef struct _fb_dev {
    uint32_t* fb_p;
    int width;
    int height;
}fb_dev;

//typedef unsigned int uint;

int fb_init(fb_dev *dev, const char *fb_name);

uint32_t rgb888to565(unsigned char r, unsigned char g, unsigned char b);
```

```
int main(int argc, char* argv[])
{
    int i;
    fb_dev fb;
    if(fb_init(&fb, "/dev/fb0") < 0)
    {
        perror("can't init fb\n");
        return -1;
    }
    for( i = 0; i < LCD_WIDTH*LCD_HEIGHT ; i++ )
    {
        fb.fb_p[i] = rgb888to565(255,0,0); //red
    }
    for( i = 0; i < LCD_WIDTH*320 ; i++ )
    {
        fb.fb_p[i] = rgb888to565(0,0,255); //blue
    }
    for( i = 0; i < LCD_WIDTH*160 ; i++ )
    {
       fb.fb_p[i] = rgb888to565(0,255,0); //green
    }

}

uint32_t rgb888to565(unsigned char r, unsigned char g, unsigned char b)
{
    uint32_t temp;
    temp = b;
    temp |= g<<8;
    temp |= r<<16;
    return temp;
}

int fb_init(fb_dev *dev, const char *fb_name)
{
    int fd;
    if(( fd = open(fb_name, O_RDWR)) < 0 )
    {
        return -1;
    }
    dev->fb_p = (uint32_t*)mmap(0, (LCD_WIDTH*LCD_HEIGHT*4), PROT_READ | PROT_WRITE,
MAP_SHARED, fd, 0);
    close(fd);
    if(dev->fb_p == MAP_FAILED)
    {
        return -1;
```

```
    }
    dev->width = LCD_WIDTH;
    dev->height = LCD_HEIGHT;
    return 0;
}
```

상기 코드의 main 루틴에서 fb_init 함수를 호출하여 Frame Buffer를 사용하기 위해서 '/dev/fb0'라는 장치 파일을 여는 것을 볼 수 있다. fb_init에서는 3장에서 설명한 바 있는 mmap 함수를 활용해서 응용프로그램에서 화면 데이터를 뿌리는 영역과 Frame Buffer로 활용하는 영역을 같도록 만들어 준다. main 루틴에서는 Frame Buffer와 공유된 메모리에 rgb 값을 뿌려준다. 결과적으로 이 프로그램을 통해서 LCD를 가로로 3등분하여 세 가지 색이 뿌려지게 된다. rgb888to565를 호출할 때 사용하는 파라미터를 조정하면 LCD에 뿌려지는 색을 바꿀 수 있다.

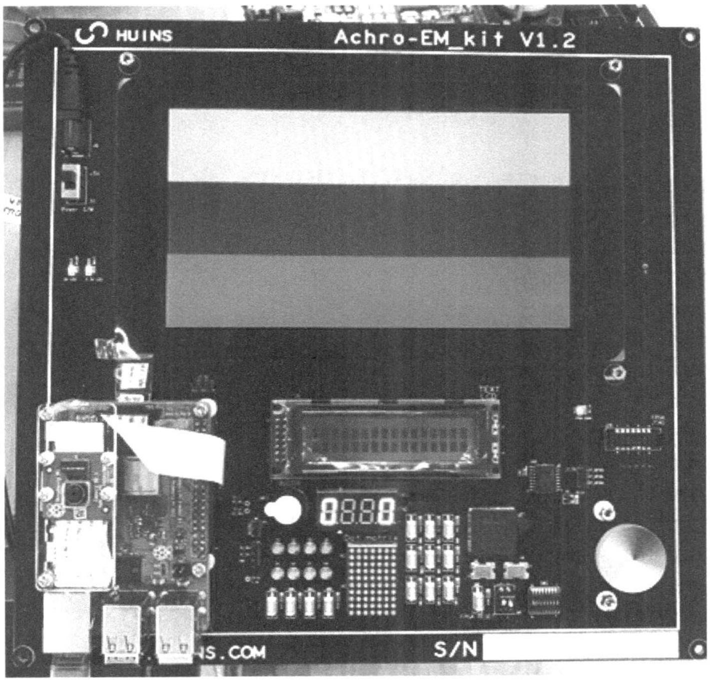

【그림 6.1.1】 3색 디스플레이 프로그램 수행 결과

6.1.2 시계 구현

여기에서는 그래픽 LCD를 이용해서 시계를 구현하는 코드를 살펴 보겠다. 앞 절에서 살펴 본 바와 같이 frame buffer를 사용하고 mmap을 통해 메모리를 공유하는 방법을 따른다. 먼저 사용하는 header 파일과 font나 그림 파일을 읽고, 읽은 그림 파일을 메모리에 뿌려주는 역할을 하는 함수들을 소개한다.

- gstub.h

```
#define __gstub__

#define LCD_WIDTH     (800)
#define LCD_HEIGHT    (480)

typedef struct _fb_dev {
    unsigned int *fb_p;
    int width;
    int height;
} fb_dev;

#pragma pack(1)
typedef struct _BITMAP {
    unsigned short BM;
    unsigned int filesize;
    unsigned short prog1;
    unsigned short prog2;
    unsigned int offset;
    unsigned int header_size;
    unsigned int width;
    unsigned int height;
    unsigned short num_of_pallet;
    unsigned short depth;
    unsigned int comp;
    unsigned int size;
    unsigned int width_res;
    unsigned int height_res;
    unsigned int pallet_color;
    unsigned int imp_color;
} BITMAP;
#pragma pack()
```

```
typedef struct _IMAGE {
    int width;
    int height;
    unsigned int *image;
} IMAGE;

extern int ReleaseBMP(IMAGE*);
extern IMAGE* ReadBMP(char* file_name, char opt);
extern int SeparateFonts( IMAGE* src, IMAGE* dest[], int width, int height, int max );
extern int draw_bmp(fb_dev* fb, IMAGE* bmp, int xo, int yo, int alpha);
```

■ gstub.c

```
#include <stdio.h>
#include <stdlib.h>
#include "gstub.h"


int SeparateFonts( IMAGE* src, IMAGE* dest[], int width, int height, int max )
{
    int x, y;
    int num=0;

    for( num = 0 ; num < max ; num++ )
    {
        dest[num] = (IMAGE*)malloc(sizeof(IMAGE));
        dest[num]->image = (unsigned int*)malloc(width*height*sizeof(unsigned int));
        dest[num]->width = width;
        dest[num]->height = height;

        for( y = 0 ; y < height ; y++  )
        {
           for( x = 0 ; x < width ; x++ )
           {
             dest[num]->image[x+y*width] = src->image[(x+num*width)+y*src->width];
           }
        }

    }
    return 0;
}

int draw_bmp(fb_dev* fb, IMAGE* bmp, int xo, int yo, int alpha)
{
    int x, y;
```

```
    for( y = 0 ; y < bmp->height ; y++ )
    {
          for( x = 0 ; x < bmp->width ; x++ )
       {
        if( x+xo > fb->width )
           break;
        else if ( y+yo > fb->height )
           break;
        else if ( alpha == 1 &&  bmp->image[ x + y*(bmp->width) ] == 0xffff );
        else
           fb->fb_p[ (x+xo) + (y+yo)*(fb->width) ] = bmp->image[ x + y*(bmp->width) ];
        }
    }
    return 0;
}

int ReleaseBMP(IMAGE* image)
{
    free(image->image);
    free(image);
    return 0;
}

IMAGE* ReadBMP(char *file_name, char opt)
{
    FILE *fp;
    unsigned int *bmp, *temp, *temp2;
    int resval;
    int x,y;
    BITMAP bm_temp;
    IMAGE *retval;
    fp = fopen( file_name, "r");
    if( fp < 0 )
    {
        printf("File open fail. %s\n", file_name);
        return (IMAGE*)-1;
    }
    fread( &bm_temp, sizeof(BITMAP), 1, fp );
    fseek( fp, bm_temp.offset, SEEK_SET );

    retval = (IMAGE*)malloc(sizeof(IMAGE));

    temp = (unsigned int*)malloc(bm_temp.width*bm_temp.height*bm_temp.depth/8);
    temp2 = (unsigned int*)malloc(bm_temp.width*bm_temp.height*bm_temp.depth/8);
    retval->image = (unsigned int*)malloc(bm_temp.width*bm_temp.height*bm_temp.
depth/8);
```

```
    resval = fread( temp, sizeof(unsigned int), bm_temp.width*bm_temp.height, fp
);

    for( x = 0 ; x < bm_temp.width ; x++ )
    {
        for( y = 0 ; y < bm_temp.height ; y++ )
        {
            temp2[x+bm_temp.width*y] = temp[(bm_temp.width-x)+bm_temp.width*y];
        }
    }

    for( x = 0 ; x < bm_temp.width*bm_temp.height ; x++ )
    {
        retval->image[x] = temp2[bm_temp.width*bm_temp.height-x];
    }

    free(temp);
    free(temp2);
    fclose(fp);

    retval->width = bm_temp.width;
    retval->height = bm_temp.height;
    return retval;
}
```

SeparateFonts 함수는 다음과 같은 형태로 만들어진 폰트 데이터를 각각의 숫자 폰트들로 쪼개어 각 숫자별 폰트를 추출하기 위해 사용한다.

【그림 6.1.2】 num_fonts 파일

ReadBMP 함수와 draw_bmp 함수는 각각 bmp type으로 저장된 그림 파일을 읽어서 메모리에 저장하고 메모리의 내용을 frame buffer에 뿌려주는 역할을 한다. bmp 타입은 비트맵 디지털 영상을 저장하기 위한 형태로서 Header 부분과 Pixel Data 부분으로 나누어진다. Header 의 구성은 [표 6.1.1]과 같다. Pixel Data는 아래 위가 바뀐 상태로 되어 있기 때문에 화면에 뿌려주기 전에 이를 다시 뒤집어 주는 과정이 ReadBMP 루틴에 포함되어 있다. 아래의 main 루틴에서는 배경으로 사용할 그림 파일과 숫자 파일을 읽어들인 다음 시간을 화면에 뿌려준다. 시간을 update하는 부분을 포함하지 않았기 때문에 00:00:00이 고정적으로 표시될 것이다.

■ main.c

```
#include <stdio.h>
#include <stdlib.h>
#include <fcntl.h>
#include <sys/mman.h>
#include <sys/time.h>
#include <unistd.h>
#include <pthread.h>

#include "gstub.h"

typedef struct my_time{
    unsigned int msec;
    unsigned int sec;
    unsigned int min;
}my_time;

typedef unsigned int uint;

int fb_init(fb_dev *dev, const char *fb_name);
void* get_key(void* arg);
void DisplayTime( fb_dev *fb, IMAGE *fonts[], uint min, uint sec, uint msec, int x, int y );

int main(int argc, char* argv[])
{
    int i, stop, dev;
    fb_dev fb;
    IMAGE *bg, *num_fonts, *num[11];

    my_time curr_time, prev_time;
    pthread_t thread;
    char key = 0;
    unsigned int freq;
    unsigned int min = 0,sec = 0, msec = 0;
    unsigned int temp[3];
    unsigned int prev_mmsec, curr_mmsec;
    unsigned char state = 0;

    if(fb_init(&fb, "/dev/fb0") < 0)
    {
```

```
        perror("can't init fb\n");
        return -1;
    }

    // 배경 화면으로 사용할 그림 파일을 읽어 들인다.
    if( argc < 2 )
        bg = ReadBMP("bg.bmp", 0 );
    else
        bg = ReadBMP(argv[1], 0 );
    if( bg < 0 )
    {
        printf("File open fail.\r\n");
        return 0;
    }

    num_fonts = ReadBMP("num_fonts.bmp", 0 );

    // 숫자 폰트를 읽어 들인다.
    SeparateFonts( num_fonts, num, 23, 40, 11 );

    // 배경 화면을 그린다.
    draw_bmp(&fb, bg, 0,0, 0);
    // 시간을 표시한다. 00:00:00
    DisplayTime( &fb, num, 0, 0, 0, 300, 250 );

    ReleaseBMP(bg);
    ReleaseBMP(num_fonts);
    for( i = 0 ; i < 11 ; i++ )
        ReleaseBMP(num[i]);

    return 0;
}

int fb_init(fb_dev *dev, const char *fb_name)
{
    int fd;

    if(( fd = open(fb_name, O_RDWR)) < 0 )
    {
        return -1;
    }

    dev->fb_p = (unsigned short*)mmap(0, (LCD_WIDTH*LCD_HEIGHT*2),
        PROT_READ | PROT_WRITE, MAP_SHARED, fd, 0);
    close(fd);
    if(dev->fb_p == MAP_FAILED)
    {
```

```
        return -1;
    }

    dev->width = LCD_WIDTH;
    dev->height = LCD_HEIGHT;

    return 0;
}

void* get_key(void* arg)
{
    char *key = (char*)arg;
    char tmp;

    do {
        tmp = getchar();
        if( 'A' <= tmp && tmp <= 'z' ) *key = tmp;
    } while( *key != 'q' );

    return NULL;
}


void DisplayTime( fb_dev *fb, IMAGE *fonts[],uint  min, uint sec, uint msec, int x, int y )
{
    const int interval = 30;
    const int alpha = 0;

    draw_bmp( fb, fonts[min/10], x, y, alpha );
    draw_bmp( fb, fonts[min%10], x+interval, y, alpha );
    draw_bmp( fb, fonts[10], x+interval*2, y, alpha );

    draw_bmp( fb, fonts[sec/10], x+interval*3, y, alpha );
    draw_bmp( fb, fonts[sec%10], x+interval*4, y, alpha );
    draw_bmp( fb, fonts[10], x+interval*5, y, alpha );

    draw_bmp( fb, fonts[msec/10], x+interval*6, y, alpha );
    draw_bmp( fb, fonts[msec%10], x+interval*7, y, alpha );

}
```

【표 6.1.1】 bmp 파일의 header 구성

offset	size	description
0	2	signature, must be 4D42 hex
2	4	size of BMP file in bytes (unreliable)
6	2	reserved, must be zero
8	2	reserved, must be zero
10	4	offset to start of image data in bytes
14	4	size of BITMAPINFOHEADER structure, must be 40
18	4	image width in pixels
22	4	image height in pixels
26	2	number of planes in the image, must be 1
28	2	number of bits per pixel (1, 4, 8, or 24)
30	4	compression type (0=none, 1=RLE-8, 2=RLE-4)
34	4	size of image data in bytes (including padding)
38	4	horizontal resolution in pixels per meter (unreliable)
42	4	vertical resolution in pixels per meter (unreliable)
46	4	number of colors in image, or zero
50	4	number of important colors, or zero

6.2 마우스 활용

6.2.1 Linux Input Subsystem

리눅스 커널에서는 사용자로부터 키보드, 마우스 등의 입력을 input subsystem을 통해서 받아들인다. Input Subsystem은 Input Core, 드라이버 및 Event Handler의 세 가지 요소로 이루어져 있다. 이 중에 Event Handler은 사용자 공간과의 인터페이스를 담당하며 특정한 API가 요구하는 형태로 Event Format을 변경시켜 주는 역할을 하며, 장치 드라이버는 입력 장치 하드웨어로부터 받은 입력을 Standard Event Format로 바꾸어 주고, Input Core는 장치 드라이버와 Event Handler를 연결시켜 주는 역할을 한다.

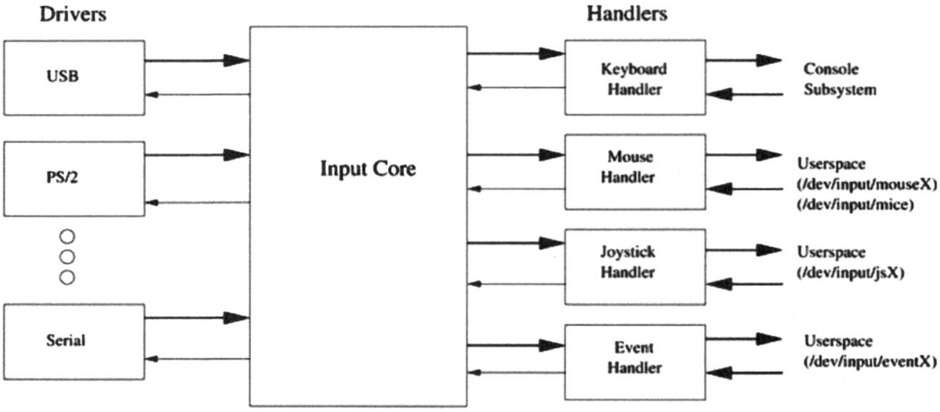

【그림 6.2.1】 Linux Input Subsystem(The Linux Input Subsystem, Part I, http://www.linuxjournal.com/article/6396)

6.2.2 Event Handler 활용

아래와 같이 hexdump 명령을 사용해서 event2에 연결된 입력 장치의 상태를 확인할 수 있다.

```
#hexdump /dev/input/event2
ex. 000ce70 01ae 000 e5d8 0003 0002 0001 fffe ffff
```

이 숫자들은 다음과 같은 구조체에 저장된 값들이다.

```
Struct input_event
{
    struct timval time; // e5d8 0003
```

```
    unsigned short type; // 0002,
    unsigned short code; // 0001
    unsigned int value;  // fffe ffff
                          !value는 little endian이라 반대출력 ffff fffe
}
```

마우스의 경우 이 값들은 다음 표와 같은 의미를 가진다. 타겟보드의 USB 포트에 연결된 마우스를 움직이면서 hexdump를 통해서 나타나는 값들이 바뀌는 것을 확인할 수 있다.

【표 6.2.1】 마우스 입력 데이터

마우스	Input_event	매크로	매크로값
X축	Code	REL_X	0X00
Y축	Code	REL_Y	0X01
상	Value		움직인 거리만큼 음수로 증가
하	Value		움직인 거리만큼 양수로 증가
좌	Value		움직인 거리만큼 음수로 증가
우	Value		움직인 거리만큼 양수로 증가
왼쪽 버튼 클릭	Code	BTN_RIGHT	
오른쪽 버튼 클릭	code	BTN_LEFT	

마우스에 연결된 Event Handler를 활용한 예제 프로그램은 다음과 같다.

```
#include <linux/input.h>
#include <stdio.h>
#include <stdlib.h>
#include <string.h>
#include <unistd.h>
#include <sys/types.h>
#include <fcntl.h>                      // O_RDWR , O_NOCTTY 등의 상수 정의
```

```
typedef struct input_event input_event_t;

int main( void)
{
    int    fd;
    input_event_t  buf;
    memset(&buf, 0,sizeof(input_event_t));                               // 변수 초기화

    // mouse 드라이버를  open 한다.
    fd = open( "/dev/input/event2", O_RDWR | O_NOCTTY | O_NONBLOCK ); // 디바이스를 open 한다.
    if ( 0 > fd)
    {
        printf("open errorn");
        return -1;
    }
    while ( 1)
   {
        read( fd, &buf, sizeof(input_event_t));         // mouse의 입력 값을 읽어 온다.
        switch(buf.code)
        {
            case BTN_LEFT :
                printf("왼쪽 버튼이 눌렸습니다.n");
                break;

            case BTN_RIGHT :
                printf("오른쪽 버튼이 눌렸습니다.n");
                break;

            default :
                break;

        }
        printf( "mouse read type:%x , cod:%x ,value:%xn", buf.type ,buf.code ,buf.value);

    }

    close( fd);
    return 0;
}
```

다음은 마우스 휠을 처리하는 예제 프로그램이다.

```
#include <stdio.h>
#include <unistd.h>
#include <fcntl.h>
#include <errno.h>

#define RESET           0xFF
#define GET_ID          0xF2
#define SET_SAMPLERATE    0xF3
#define ACK         0xFA

int setCmd(int fd, unsigned char* command, int size)
{
    int index = 0;

    for (index; index < size; index++) {
        int length = write(fd, command + index, sizeof(unsigned char));
        if (length <= 0) {
            perror("[setCmd] failed to write: ");
            return -1;
        }

        unsigned char ack;
        length = read(fd, &ack, sizeof(unsigned char));
        printf("[setCmd] length: %d ack: 0x%X \n", length, ack);

        if (ack != ACK) {
            puts("[setCmd] invalid ack!!");
            return -1;
        }
    }

    return 0;
}
//id가 0x00 기본적인 마우스
//id가 0x03 휠 스크롤 지원 마우스

int getId(int fd)
{
    unsigned char cmd = GET_ID;
    unsigned char rcv[2];

    write(fd, &cmd, 1);
    int length = read(fd, rcv, 2);
```

```
    printf("[getId] length: %d ack: 0x%X id: 0x%X \n", length, rcv[0], rcv[1]);
    if (rcv[0] != ACK)
        return -1;

    return rcv[1];
}

int main(int argc, char* argv[])
{
    if (argc != 2) {
        puts("[usage] ./a.out /device/file");
        return -1;
    }

    int fd = open(argv[1], O_RDWR);
    if (fd == -1) {
        perror("failed to open: ");
        return -1;
    } else {
        printf("%s opened \n", argv[1]);
    }

    unsigned char imps2Init[] = { SET_SAMPLERATE, 200, SET_SAMPLERATE, 100, SET_SAMPLERATE, 80 };
    setCmd(fd, imps2Init, sizeof(imps2Init));

    int mouseId = getId(fd);

    char low[4] = {0, };
    int length = 0;
```

다음은 마우스와 LCD를 함께 사용한 예제 프로그램이다.

```
#include <linux/input.h>
#include <stdio.h>
#include <stdlib.h>
#include <string.h>
#include <unistd.h>
#include <sys/types.h>
#include <fcntl.h>

//frame buffer
#include <sys/ioctl.h>
#include <linux/fb.h>
#include <sys/mman.h>
```

```
#define POS_DEBUG
typedef unsigned short int U32;
unsigned int* pfbdata;
unsigned int makepixel(U32 r, U32 g, U32 b){
    unsigned long int reval;
    reval = b;
    reval |=((unsigned long)g<<8);
    reval |=((unsigned long)r<<16);
    return reval;
}

struct fb_var_screeninfo fvs;
int frameBufferInit(void){
int frame_fd;
int check;
if((frame_fd = open("/dev/fb0",O_RDWR))<0) {
    return -1;
}
if((check=ioctl(frame_fd,FBIOGET_VSCREENINFO,&fvs))<0) {
    perror("Get Information Error - VSCREENINFO!");
    exit(1);
}

if(fvs.bits_per_pixel != 32) {
    perror("Unsupport Mode. 32Bpp Only.");
    exit(1);
}

if(lseek(frame_fd, 0, SEEK_SET) < 0) {  // Set Pixel Map
perror("LSeek Error.");
exit(1);
}
pfbdata = (unsigned int*)mmap(0,fvs.xres*fvs.yres*32/8,PROT_READ|PROT_WRITE,MAP_
SHARED,frame_fd,0);
if((unsigned int)pfbdata ==(unsigned int)-1){
    perror("Error Mapping!\n");
}
return frame_fd;
}

int makeRect(int frame_fd,U32 R,U32 G,U32 B,int posx1,int posx2,int posy1,int posy2){
    unsigned int pixel;
    int offset;
    int repx, repy;

    pixel=makepixel(R,G,B);
    for(repy=posy1;repy<=posy2;repy++){
```

```
        offset = repy * fvs.xres;
        for(repx=posx1;repx<=posx2;repx++)
            *(pfbdata+offset+repx) =pixel;//0xFF0000;// pixel;

    }
    return 0;
}
typedef struct input_event    input_event_t;

int main(void)
{

    int fd,frame_fd;
    int posX=100,posY=100;
    int mouseR=0xFF;
    int mouseG=0xFF;
    int mouseB=0xFF;
    int color=0;
    input_event_t  buf;
    memset(&buf, 0,sizeof(input_event_t));

    frame_fd = frameBufferInit();
    //open keyboard Driver
    fd = open( "/dev/input/event3", O_RDWR | O_NOCTTY | O_NONBLOCK );
    if(0>fd)
    {
        printf("open errorn");
        return -1;
    }

    while(1)
        {
        //delete mouse
        read( fd, &buf, sizeof(input_event_t));
        switch(buf.type){
        case 2: //moving
            //delete mouse
            if(*(pfbdata+posY*fvs.xres+posX)!=makepixel(0,0,0)){
                makeRect(frame_fd,0,0,0,posX,posX+10,posY,posY+10);
            }
            if(buf.code==0){//left&right
                posX+=(int)buf.value/2;
            }
            else if(buf.code==1){//up&down
                posY+=(int)buf.value/2;
            }
            if(posX<0)
```

```
            posX=0;
        if(posY<0)
            posY=0;
        if(posX>fvs.xres-11){
            posX=fvs.xres-11;
        }
        if(posY>fvs.yres-11){
            posY=fvs.yres-11;
        {
        //draw mouse
        if(*(pfbdata+posY*fvs.xres+posX)==makepixel(0,0,0)){
            makeRect(frame_fd,mouseR,mouseG,mouseB,posX,posX+10,posY,posY+10);
        }
        printf("mouse pos(%d,%d)\n",posX,posY);
        break;
    case 1:    //mouse click
        if(buf.code==0x110&&buf.value==0x1){//left button,clicked
            switch(color){
            case 0:
                mouseR+=5;
                if(mouseR>0xFF)
                    mouseR=0x00;
                break;
            case 1:
                mouseG+=5;
                if(mouseG>0xFF)
                    mouseG=0x00;
                break;
            case 2:
                mouseB+=5;
                if(mouseB>0xFF)
                    mouseB=0x00;
                break;
            }
        {
        if(buf.code==0x111&&buf.value==0x1){//right button
            color++;
            if(color>2)
                color=0;
        }
        printf("mouse color (R:%d,G:%d,B:%d)\n",mouseR,mouseG,mouseB);
    }

    //    if(buf.type!=0)
    //    printf("t:%x,c:%x,v:%x\n",buf.type,buf.code,buf.value);
    usleep(10000);
}
```

```
    close(fd);
    clse(frame_fd);
    munmap(&buf,sizeof(input_event_t));
    munmap(pfbdata,fvs.xres*fvs.yres*32/8);
    return 0;

}
```

6.3 타이머 활용

6.3.1 타이머 관련 API

타이머를 잘 활용하면 실시간 프로그램을 작성할 수 있다. 타이머와 관련된 API 들은 다음과 같다.

- timer_create: timer 생성
- timer_settime(2): 타이머를 장전(arm) 또는 해제(disarm)
- timer_gettime(2): timer의 설정 시간과 설정 시간에 다다를 때까지 남은 시간을 가져옴.
- timer_getoverrun(2): 마지막 timer 완료된 후 overrun이 발생한 횟수를 가져옴.
- timer_delete: 타이머를 해제한 뒤 없앤다.

timer_create 함수의 파라미터들을 살펴보면 다음과 같다

■ 함수의 원형:

```
int timer_create(clockid_t clockid, struct sigevent *sevp, timer_t *timerid);
```

■ 사용 library : signal.h, time.h (-lrt로 링크)

■ 개요 : timer_create() 함수는 각 프로세스에 속한 구간 타이머를 생성한다. 생성된 타이머의 ID의 주소는 timerid에 저장되어서 반환된다. 이 ID는 해당 프로세스가 종료될 때 까지 식별자로 새로 만들어진 타이머는 처음에는 해제된 상태이다.

■ 파라미터

- clockid : 시간을 측정하기 위해서 사용하는 클럭의 종류를 지정한다. 클럭의 종류는 다음과 같다.

CLOCK_REALTIME: 설정이 가능한 실시간 클럭

CLOCK_MONOTONIC: 특정 시점 이후로 계속 증가하는 클럭

CLOCK_PROCESS_CPUTIME_ID: 호출하는 프로세스의 소요 CPU 시간을 측정한다.

CLOCK_THREAD_CPUTIME_ID: 호출하는 쓰레드의 소요 CPU 시간을 측정한다.

- servp : 타이머가 완료되었을 때 호출자에 알리는 방법을 지정하는 sigevent 구조체를 가르킨다.

sevp.sigev_notify 의 값에 따라서 다음과 같은 호출 방법이 선택된다.

SIGEV_NONE: 타이머가 완료된 것을 알려주지 않고 timer_gettime(2)를 사용해서 타이머의 상태를 알아내야 한다.

SIGEV_SIGNAL: 타이머가 완료될 때 sigev_signo 시그날을 통해서 프로세스에 알린다.

SIGEV_THREAD: 타이머가 완료될 때 sigev_notify_function이 호출된다.

6.3.2 활용 예

다음에 제시하는 프로그램은 'sleep period(sec)'와 'timer frequency(nsec)'의 두 개의 파라미터를 가진다. 먼저 타이머 핸들러 프로그램을 만들고 타이머 시그널을 막은 다음에 타이머를 만들고 일정 주기로 타이머가 완료되로록 장전한다. 지정된 초 만큼 sleep 한 다음에 타이머 신호를 풀어준다. 그러면 핸들러가 불려 오게되고 핸들어에서는 sleep 한 시간 동안 타이머가 완료되어 overrun이 생긴 횟수를 표시해 준다.

다음의 예에서, 1초 동안 sleep을 하고 100nano초 주기로 타이머가 완료되도록 하면 signal을 막은 동안에 약 100만 번의 overrun이 발생하게 된다.

■ 〈소스코드〉

```
#include <stdlib.h>
#include <unistd.h>
#include <stdio.h>
#include <signal.h>
#include <time.h>
#define CLOCKID CLOCK_REALTIME
#define SIG SIGRTMIN
#define errExit(msg) do { perror(msg); exit(EXIT_FAILURE); \
                        }while (0)

static void print_siginfo(siginfo_t *si)
{
    timer_t *tidp;
    int or; tidp = si->si_value.sival_ptr;
    printf(" sival_ptr = %p; ", si->si_value.sival_ptr);
    printf(" *sival_ptr = 0x%lx \n", (long) *tidp);
    or = timer_getoverrun(*tidp);
    if (or == -1) errExit("timer_getoverrun");
    else printf(" overrun count = %d \n", or);
}
static void handler(int sig, siginfo_t *si, void *uc)
{
/* Note: calling printf() from a signal handler is not strictly correct, since
printf() is not async-signal-safe; see signal(7) */
```

```
    printf("Caught signal %d \n", sig);
    print_siginfo(si);
    signal(sig, SIG_IGN);
}
int main(int argc, char *argv[])
{
    timer_t timerid;
    struct sigevent sev;
    struct itimerspec its;
    long long freq_nanosecs;
    sigset_t mask;
    struct sigaction sa;
    if (argc != 3) {
        fprintf(stderr, "Usage: %s <sleep-secs> <freq-nanosecs> \n", argv[0]);
        exit(EXIT_FAILURE);
    }
/* Establish handler for timer signal */

printf("Establishing handler for signal %d \n", SIG);
sa.sa_flags = SA_SIGINFO;
sa.sa_sigaction = handler;
sigemptyset(&sa.sa_mask);
if (sigaction(SIG, &sa, NULL) == -1)
    errExit("sigaction");

/* Block timer signal temporarily */
printf("Blocking signal %d \n", SIG);
sigemptyset(&mask);
sigaddset(&mask, SIG);
if (sigprocmask(SIG_SETMASK, &mask, NULL) == -1)     errExit("sigprocmask");
/* Create the timer */
sev.sigev_notify = SIGEV_SIGNAL;
sev.sigev_signo = SIG;
sev.sigev_value.sival_ptr = &timerid;
if (timer_create(CLOCKID, &sev, &timerid) == -1)     errExit("timer_create");
printf("timer ID is 0x%lx \n", (long) timerid);

/* Start the timer */
freq_nanosecs = atoll(argv[2]);
its.it_value.tv_sec = freq_nanosecs / 1000000000;
its.it_value.tv_nsec = freq_nanosecs % 1000000000;
its.it_interval.tv_sec = its.it_value.tv_sec;
its.it_interval.tv_nsec = its.it_value.tv_nsec;

if (timer_settime(timerid, 0, &its, NULL) == -1) errExit("timer_settime");
/* Create the timer */
sev.sigev_notify = SIGEV_SIGNAL;
```

```
sev.sigev_signo = SIG;
sev.sigev_value.sival_ptr = &timerid;
if (timer_create(CLOCKID, &sev, &timerid) == -1)     errExit("timer_create");
printf("timer ID is 0x%lx \n", (long) timerid);

/* Start the timer */
freq_nanosecs = atoll(argv[2]);
its.it_value.tv_sec = freq_nanosecs / 1000000000;
its.it_value.tv_nsec = freq_nanosecs % 1000000000;
its.it_interval.tv_sec = its.it_value.tv_sec;
its.it_interval.tv_nsec = its.it_value.tv_nsec;

if (timer_settime(timerid, 0, &its, NULL) == -1) errExit("timer_settime");
```

6.4 I/O Device Driver

6.4.1 I/O Interface

FPGA 모듈을 제어하는 디바이스 드라이버를 작성하는 방법에 대해서 알아보도록 한다. 이 모듈은 Achro-EM Kit의 GPIO 핀에 연결된다. 본 교재에는 FGPA 펌웨어 소스 코드가 포함되어 있지 않지만 VHDL로 작성할 수 있다. FGPA 관련 소스는 패키지에 포함되어 있는 바이너리를 이용하면 된다.

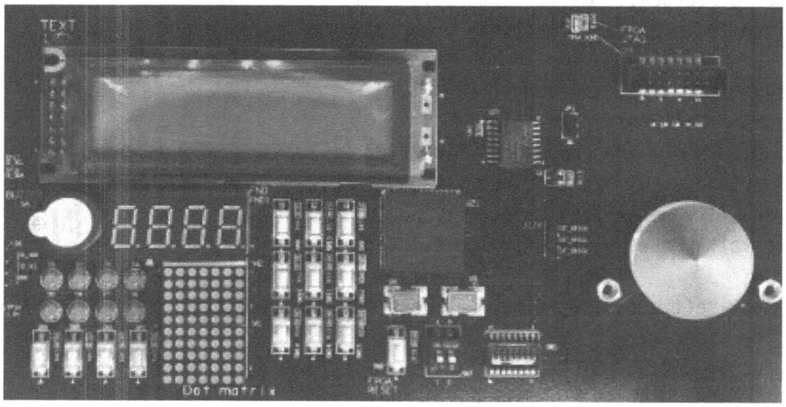

Achro-EM Kit의 I/O Device의 중앙 하단부에 위치한 SW7 스위치 1번을 ON(상향) 해서 사용자 모드로 설정한다.

I/O보드의 Mapping 정보는 다음과 같다. VHDL 코드는 아래 언급된 디바이스를 사용할 수 있도록 작성되어 있으며, 아래 Address에 접근하여 데이터를 쓰거나, 읽어서 디바이스를 제어할 수 있다. Demo Register는 소프트웨어로 사용자 모드 On/Off를 제어하기 위해 사용된다. 해당 레지스터를 1(High)로 하면 사용자 모드로 설정된다.

번호	장치	어드레스	Node	Major
1	LED	0x016	/dev/fpga_led	260
2	Seven Segment (FND)	0x004	/dev/fpga_fnd	261
3	Dot Matrix	0x210	/dev/fpga_dot	262
4	Text LCD	0x090	/dev/fpga_text_lcd	263
5	Buzzer	0x070	/dev/fpga_buzzer	264
6	Push Switch	0x050	/dev/fpga_push_switch	265
7	Dip Switch	0x000	/dev/fpga_dip_switch	266
8	Step Motor	0x00C	/dev/fpga_step_motor	267
EN	Demo Register	0x300	N/A	N/A

실습에 필요한 코드는 다음 명령어를 통해 사용한다.

```
<Host PC>
root@ubuntu:/work/achro-em# mkdir example
root@ubuntu:/work/achro-em# cp -a /media/Achro-EM/DVD-1_SRC/examp
les/fpga_driver/ /work/achro-em/example
root@ubuntu:/work/achro-em# cd example
root@ubuntu:/work/achro-em/example# tar xvf fpga_driver.tar.gz
```

6.4.2 External LED

Achro-EM Kit 의 GPIO에 연결된 I/O Device 보드의 LED를 제어하는 디바이스 드라이버를 개발한다.

① 회로도 분석

I/O Device 보드에는 8개의 LED가 연결되어 있다. LED 회로도는 아래의 그림과 동일하다.

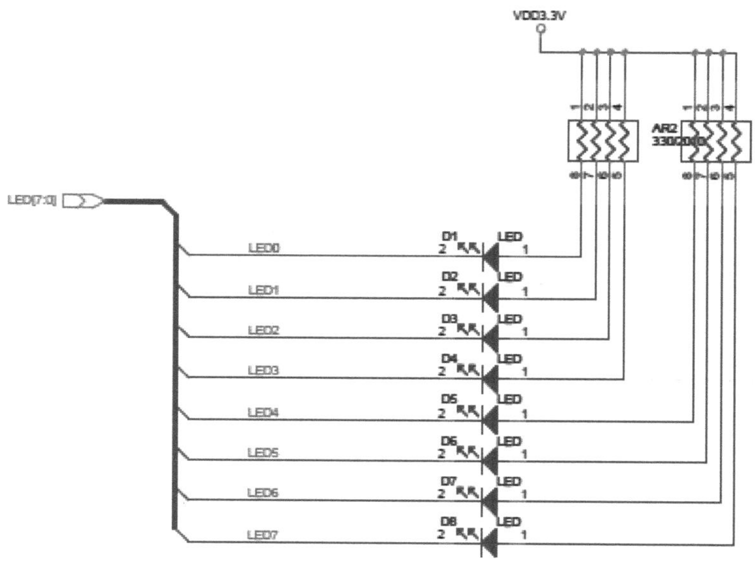

② LED 제어 예제 소스

■ LED Device Driver 작성 (led_driver.c)

LED1부터 255까지를 제어할 수 있는 디바이스 드라이버 소스를 입력한다.

```
/* FPGA LED Ioremap Control
FILE : fpga_led_driver.c
AUTH : largest@huins.com */

#include <linux/module.h>
#include <linux/fs.h>
#include <linux/init.h>
#include <linux/slab.h>
#include <linux/platform_device.h>
#include <linux/delay.h>

#include <asm/io.h>
#include <asm/uaccess.h>
#include <linux/kernel.h>
#include <linux/ioport.h>
#include <linux/module.h>
#include <linux/fs.h>
#include <linux/init.h>
#include <linux/version.h>

#define IOM_LED_MAJOR 260              // ioboard led device major number
#define IOM_LED_NAME "fpga_led"        // ioboard led device name

#define IOM_LED_ADDRESS 0x016          // pysical address

//Global variable
static int ledport_usage = 0;

// define functions...
ssize_t iom_led_write(struct file *inode, const char *gdata, size_t length, loff_t *off_what);
ssize_t iom_led_read(struct file *inode, char *gdata, size_t length, loff_t *off_what);
int iom_led_open(struct inode *minode, struct file *mfile);
int iom_led_release(struct inode *minode, struct file *mfile);

// define file_operations structure
struct file_operations iom_led_fops =
{
    .owner      =   THIS_MODULE,
    .open       =   iom_led_open,
    .write      =   iom_led_write,
    .read       =   iom_led_read,
```

```
    .release        =     iom_led_release,
};

// when led device open ,call this function
int iom_led_open(struct inode *minode, struct file *mfile)
{
    if(ledport_usage != 0) return -EBUSY;
    ledport_usage = 1;
    return 0;
}
// when led device close ,call this function
int iom_led_release(struct inode *minode, struct file *mfile)
{
    ledport_usage = 0;
    return 0;
}
// when write to led device  ,call this function
ssize_t iom_led_write(struct file *inode, const char *gdata, size_t length, loff_t *off_what)
{
    unsigned char value;
    const char *tmp = gdata;
    if (copy_from_user(&value, tmp, 1))
        return -EFAULT;

        iom_fpga_itf_write((unsigned int)IOM_LED_ADDRESS,value);
    return length;
}
// when read to led device  ,call this function
ssize_t iom_led_read(struct file *inode, char *gdata, size_t length, loff_t *off_what)
{
    unsigned char value = 0;
    char *tmp = gdata;

        value = iom_fpga_itf_read((unsigned int)IOM_LED_ADDRESS);
    if (copy_to_user(tmp, &value, 1))
        return -EFAULT;
    return length;
}
int __init iom_led_init(void)
{
    int result;
    result = register_chrdev(IOM_LED_MAJOR, IOM_LED_NAME, &iom_led_fops);
    if(result < 0) {
        printk(KERN_WARNING"Can't get any major\n");
        return result;
    }
```

```
    printk("init module %s, major number %d, minor nuber %d\n", IOM_LED_NAME, IOM_
LED_MAJOR, result);
    return 0;
}
void __exit iom_led_exit(void)
{
    unregister_chrdev(IOM_LED_MAJOR, IOM_LED_NAME);
}
module_init(iom_led_init);
module_exit(iom_led_exit);

MODULE_LICENSE("GPL");
MODULE_AUTHOR("Huins");
```

소스 내용을 살펴보면 다음과 같다. SROM Interface(I/F)n 통해 LED에 접근하게 된다. SROM I/F에서 FPGA와 연결된 주소는 0x000이다. 이중 LED 연결을 위해 할당된 주소는 0x016이다. 사용자 모드로 동작해야 하고, DEMO_ADDRESS를 직접 제어할 필요가 있으므로, 이 주소를 참조할 수 있게 설정해 둔다. 아래 내용은 장치 이름을 fpga_led로, Major 번호는 260번으로 설정하고 있다.

```
#define IOM_LED_MAJOR 260              // ioboard led device major number
#define IOM_LED_NAME "fpga_led"        // ioboard led device name

#define IOM_LED_ADDRESS 0x016          // pysical address
```

다음은 디바이스를 제어하는 파일 오퍼레이션스 구조체(fops)이다. 구조체를 살펴보면 기존 gpio 소스와 달리 read 함수를 write 함수와 함께 기술하고 있다. 일반적으로 gpio의 경우는 해당 어드레스를 읽거나 쓰는 한 가지 용도로 설정하게 되지만, fpga의 경우는 해당 레지스터 버퍼를 읽고 쓸 수 있는 용도로 설정할 수 있기 때문이다. 따라서 드라이버 작성 시에 write 함수와 read 함수를 동시에 기술했다.

```
// define file_operations structure
struct file_operations iom_led_fops =
{
    .owner      =   THIS_MODULE,
    .open       =   iom_led_open,
    .write      =   iom_led_write,
```

```
    .read      =  iom_led_read,
    .release   =  iom_led_release,
};
```

파일 아래쪽에는 디바이스 초기화 시에 수행되는 init 함수가 구현되어 있다. 이 함수는 드라이버가 적재될 때, 커널에 해당 드라이버를 등록한다. Demo Register의 값을 ON(0x01,High)으로 설정하여 FPGA를 사용자 모드로 변경한다. 이제 애플리케이션에서 데이터를 가져오거나 가져다 줄 수 있게 된다.

```
int __init iom_led_init(void)
{
    int result;
    result = register_chrdev(IOM_LED_MAJOR, IOM_LED_NAME, &iom_led_fops);
    if(result < 0) {
        printk(KERN_WARNING"Can't get any major\n");
        return result;
    }
    printk("init module, %s major number : %d\n", IOM_LED_NAME, IOM_LED_MAJOR);
    return 0;
}
```

■ LED Device **애플리케이션 작성** (test_led.c)

아래 소스코드는 위에서 작성한 led 디바이스 드라이버를 이용하여 LED를 제어하는 응용 애플리케이션이다.

```
/* FPGA LED Test Application
File : fpga_test_led.c */

#include <stdio.h>
#include <stdlib.h>
#include <unistd.h>
#include <sys/types.h>
#include <sys/stat.h>
#include <fcntl.h>

#define LED_DEVICE "/dev/fpga_led"

int main(int argc, char **argv)
{
```

```
    int dev;
    int data;
    int retval;

    if(argc!=2) {
        printf("please input the parameter! \n");
        printf("ex)./test_led 7 (0~255)\n");
        return -1;
    }

    data = atoi(argv[1]);
    if((data<0)||(data>0xff))
    {
        printf("Invalid range!\n");
        exit(1);
    }

    dev = open(LED_DEVICE, O_RDWR);
    if (dev<0) {
        printf("Device open error : %s\n",LED_DEVICE);
        exit(1);
    }

    retval=write(dev,&data,1);
    if(retval<0) {
        printf("Write Error!\n");
        return -1;
    }

    sleep(1);

    data=0;
    retval=read(dev,&data,1);
    if(retval<0) {
        printf("Read Error!\n");
        return -1;
    }
    printf("Current LED Value : %d\n",data);

    printf("\n");
    close(dev);

    return(0);
}
```

애플리케이션 내용은 프로그램을 실행할 때 인자를 하나 받도록 한다. 인자는 0~255까지의 숫자 값만 가능하고 나머지는 오류로 처리한다. 오류가 없으면 장치를 읽고 쓰기가 가능한 형태로 열고, 입력 받은 인자(Argument) 값을 해당 장치에 넣게 된다.

```
    dev = open(LED_DEVICE, O_RDWR);
    if (dev<0) {
        printf("Device open error : %s\n",LED_DEVICE);
        exit(1);
    }

    retval=write(dev,&data,1);
```

값이 정상적으로 들어가게 되면 LED가 점등한다. 1이라는 값은 맨 우측 하단의 LED를 켜지게 된다.

LED 회로를 보면 VDD가 LED에 연결되었기 때문에 LED의 해당 IO가 Low(0)이 되면 전류가 흘러 불이 켜진다. I/O Device 보드에서는 Achro-EM Kit에서 전달된 값을 Invert 한다. 즉, Achro-EM Kit에서의 High(1) 값이 해당 회로에 전달될 때는 Low(0)가 되도록 설계되어 있다.

■ LED Device Driver Makefile

디바이스 드라이버와 응용 프로그램을 컴파일하기 위해서 Makefile을 만들어 주자.

```
#Makefile for a basic kernel module

obj-m   := fpga_led_driver.o

KDIR    :=/work/achro-em/kernel    //커널 위치는 직접 설치한 위치로 변경해야 함!
PWD     :=$(shell pwd)

all: driver app
driver:
    $(MAKE) -C $(KDIR) SUBDIRS=$(PWD) modules

app:
    arm-none-linux-gnueabi-gcc -static -o fpga_test_led fpga_test_led.c
```

```
install_nfs:
    cp -a fpga_led_driver.ko /nfsroot
    cp -a fpga_test_led /nfsroot

Install_scp:
    scp fpga_ler_driver.ko fpga_test_led pi@192.168.1.xxx:/home/pi/Modules

clean:
    rm -rf *.ko
    rm -rf *.mod.*
    rm -rf *.o
    rm -rf fpga_test_led
    rm -rf Module.symvers
    rm -rf modules.order
    rm -rf .led*
```

■ 컴파일

Host PC에서 make 유틸리티를 이용하여 2개의 파일을 컴파일한다.

```
<Host PC>
root@ubuntu:/work/achro-em/example# cd fpga_led
root@ubuntu:/work/achro-em/example/fpga_led# make
```

■ Achro-EM Kit 보드로 복사하기 위한 준비

make 결과로 생성된 led_driver.ko와 test_led 애플리케이션 파일을 NFS 또는 SCP를 이용하여 Achro-EM Kit 보드로 복사한다. Makefile은 make install_nfs를 통해 /nfsroot로 파일을 복사, make install_scp를 통해 scp 명령어를 복사하도록 작성되어 있다. 때문에 make install_nfs 혹은 install_scp만 입력하면 파일이 복사될 것이다.

```
<Host PC>
root@ubuntu:/work/achro-em/example/fpga_led# make install_nfs
root@ubuntu:/work/achro-em/example/fpga_led# make install_scp
```

■ Achro-EM Kit 로 Led driver **테스트 프로그램 복사**(nfs 사용 시)

Achro-EM Kit의 파일 시스템으로 해당 드라이버와 테스트 프로그램을 복사할 수 있다. nfs는 네트워크가 끊어지거나 mount가 해제되면 보드에서 사용할 수 없다. 네트워크 연결 없이도 보드에서 바로 실행하려면, 아래와 같이 마운트 이후에 해당 파일들을 파일 시스템에 복사하여 남겨둔다.

```
<Target board>
pi@raspberry:~ $ mount -t nfs 192.168.1.xxx:/nfsroot /mnt/nfs –o
rw,rsize=4096,nolock
pi@raspberry:~ $ cp -a /mnt/nfs/fpga_test_led /home/pi/Modules
pi@raspberry:~ $ cp -a /mnt/nfs/fpga_led_driver.ko /home/pi/Modules
```

■ **디바이스 드라이버와 애플리케이션을 실행**

먼저, insmod 명령으로 디바이스 드라이버를 커널에 올린다. 이어서, 디바이스와 응용프로그램을 묶어주는 스페셜 파일(노드 파일)을 만들어준다. mknod 명령을 이용하여, 노드파일 이름, 드라이버 종류, 주 번호, 부 번호 순으로 입력한다. 끝으로, 응용 프로그램인 test_app를 실행시켜 주자.

```
<Target board>
pi@raspberry:~ $ cd Modules
pi@raspberry:~/Modules $ sudo insmod fpga_led_driver.ko
pi@raspberry:~/Modules $ sudo mknod /dev/fpga_led c 260 0
 (파일이 기존에 있다는 메시지가 나오면 무시하고 다음을 진행한다.)
pi@raspberry:~/Modules $ sudo ./fgpa_test_led 1
```

③ LED 응용 실행 결과

실행 결과는 "Current LED Value: 1"이라는 문자열과 맨 우측 아래의 D8 LED가 켜지는 것을 확인할 수 있다.

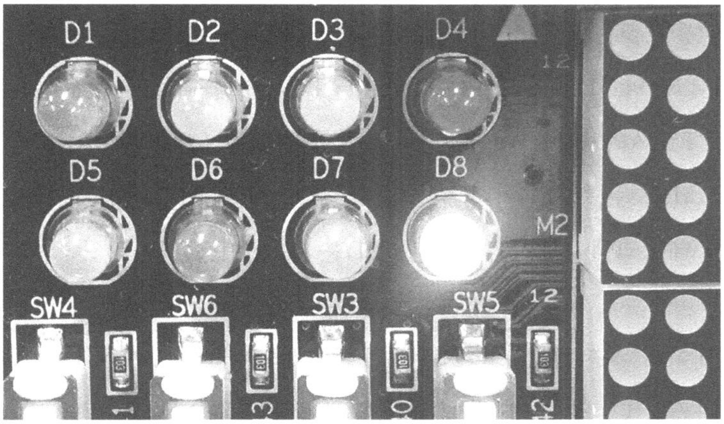

6.4.3 FND

앞서 GPIO를 이용하여 LED를 점등하고 소등하는 디바이스 드라이버를 만들어 보았다. 이번에는 FPGA의 FND를 제어하는 디바이스 드라이버를 만들어 보도록 하자.

FND(Flexible Number Display)는 7-Segment라고도 하며, 숫자나 영문자에 대한 표현이 가능한 모듈이다. FND는 2가지 형태의 제품이 일반적인데 Anode와 Cathod 타입이 그것이다. 자세한 내용은 해당 제품의 데이터 시트를 참고하기 바란다.

① FND 모듈

아래의 그림은 FND의 구성 형태와 실제 부착된 4Digit FND의 모습이다.

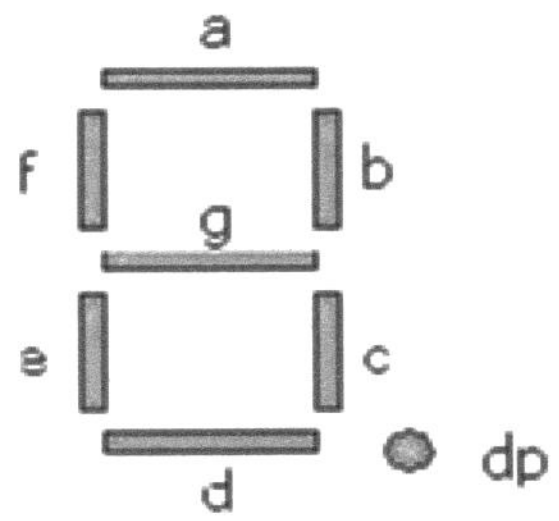

② 회로 설명

Achro-EM Kit의 확장 보드에는 4Digit FND(Seven Segment)가 장착되어 있다. LED와 마찬가지로 FGPA의 Data Address에 직접 연결되어 있다. Achro-EM Kit에서 FND가 맵핑된 Address는 0x004이다. 즉, 이 어드레스에서부터 장치가 가지고 있는 데이터 크기만큼 메모리에 기록을 해주면 FND는 그 데이터에 따라 동작하게 된다.

아래의 데이터 시트를 보면 FND 모듈은 8개의 데이터 핀과 4개의 디지트 핀을 가지고 있다. 즉, 디바이스 드라이버에서 데이터 핀과 디지트 핀을 설정하고, 응용 프로그램에서는 디바이스 드라이버에게 데이터 핀과 디지트 핀의 정보를 제공하면 아래 FND의 각 디지트에서 숫자가 출력된다.

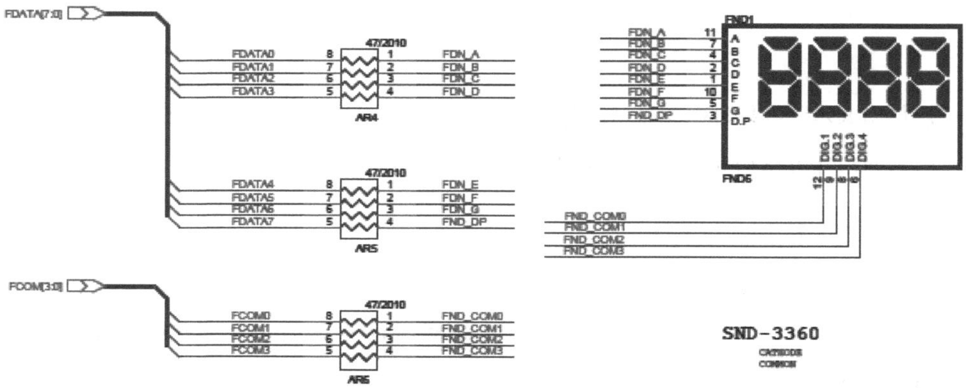

③ FND 디바이스 드라이버 예제

앞서 언급한 것처럼, 아래 디바이스 드라이버 예제는 어드레스에 연결된 FND를 제어할 수 있다. 데이터를 입력하는 방법은 FND의 해당 비트 (a~dp 까지)를 1로 설정하면서 숫자를 만드는 것이다. FPGA에 부착된 4개의 Digit 각각은 어드레스를 가지게 된다. 아래 표는 이를 요약한 것이다. 디지트에 숫자를 표시하기 하려면 지정된 어드레스에 비트 값을 기록하여 해당 FND가 켜지게 한다.

Digit	Address
1 / 2	0x005
3 / 4	0x006

Bit	7	6	5	4	3	2	1	0
FND	D.P	G	F	E	D	C	B	A

- FND Device Driver 작성 (fnd_driver.c)

FND도 앞서 LED와 동일한 형태로 구성된다. 차이점은 표시할 digit가 4개이기 때문에 접근할 수 있는 어드레스도 4개가 된다는 점이다. 실제 드라이버 소스에서는 처음 할당된 어드레스 영역으로부터 2Byte(16bit)를 할당받지만, 각각에 대한 어드레스를 별도로 할당받지 않는다는 것을 확인할 수 있다.

```
/* FPGA FND Ioremap Control
FILE : fpga_fpga_driver.c
AUTH : largest@huins.com */

#include <linux/module.h>
#include <linux/fs.h>
#include <linux/init.h>
#include <linux/slab.h>
#include <linux/platform_device.h>
#include <linux/delay.h>

#include <asm/io.h>
#include <asm/uaccess.h>
#include <linux/kernel.h>
#include <linux/ioport.h>
#include <linux/module.h>
#include <linux/fs.h>
#include <linux/init.h>
#include <linux/version.h>


#define IOM_FND_MAJOR 261             // ioboard fpga device major number
#define IOM_FND_NAME "fpga_fnd"       // ioboard fpga device name

#define IOM_FND1_ADDRESS 0x005        // pysical address
```

```
#define IOM_FND2_ADDRESS 0x006          // pysical address
extern unsigned char iom_fpga_itf_read(unsigned int addr);
extern ssize_t iom_fpga_itf_write(unsigned int addr, unsigned char value);

//Global variable
static int fpga_fnd_port_usage = 0;

// define functions...
ssize_t iom_fpga_fnd_write(struct file *inode, const char *gdata, size_t length, loff_t *off_what);
ssize_t iom_fpga_fnd_read(struct file *inode, char *gdata, size_t length, loff_t *off_what);
int iom_fpga_fnd_open(struct inode *minode, struct file *mfile);
int iom_fpga_fnd_release(struct inode *minode, struct file *mfile);

// define file_operations structure
struct file_operations iom_fpga_fnd_fops =
{
    .owner          =   THIS_MODULE,
    .open           =   iom_fpga_fnd_open,
    .write          =   iom_fpga_fnd_write,
    .read           =   iom_fpga_fnd_read,
    .release        =   iom_fpga_fnd_release,
};

// when fnd device open ,call this function
int iom_fpga_fnd_open(struct inode *minode, struct file *mfile)
{
    if(fpga_fnd_port_usage != 0) return -EBUSY;
    fpga_fnd_port_usage = 1;
    return 0;
}

// when fnd device close, call this function
int iom_fpga_fnd_release(struct inode *minode, struct file *mfile)
{
    fpga_fnd_port_usage = 0;
    return 0;
}

// when write to fnd device  ,call this function
ssize_t iom_fpga_fnd_write(struct file *inode, const char *gdata, size_t length, loff_t *off_what)
{
    unsigned char value[4];
    const char *tmp = gdata;

    if (copy_from_user(&value, tmp, 4))
        return -EFAULT;
```

```
        iom_fpga_itf_write((unsigned int)IOM_FND1_ADDRESS, (value[0]&0xF)<<4 | (value[1]&0xF));
        iom_fpga_itf_write((unsigned int)IOM_FND2_ADDRESS, (value[2]&0xF)<<4 | (value[3]&0xF));

    return length;
}

// when read to fnd device  ,call this function
ssize_t iom_fpga_fnd_read(struct file *inode, char *gdata, size_t length, loff_t *off_what)
{
    int i;
    unsigned char value[4];
    char *tmp = gdata;

        data = iom_fpga_itf_read((unsigned int)IOM_FND1_ADDRESS);
        value[0] =(data >> 4) & 0xF;
        value[1] =(data >> 0) & 0xF;

        data = iom_fpga_itf_read((unsigned int)IOM_FND2_ADDRESS);
        value[2] =(data >> 4) & 0xF;
        value[3] =(data >> 0) & 0xF;


    if (copy_to_user(tmp, value, 4))
        return -EFAULT;

    return length;
}

int __init iom_fpga_fnd_init(void)
{
    int result;

    result = register_chrdev(IOM_FND_MAJOR, IOM_FND_NAME, &iom_fpga_fnd_fops);
    if(result < 0) {
        printk(KERN_WARNING"Can't get any major\n");
        return result;
    }

    printk("init module, %s major number : %d\n", IOM_FND_NAME, IOM_FND_MAJOR);

    return 0;
}

void __exit iom_fpga_fnd_exit(void)
{
    unregister_chrdev(IOM_FND_MAJOR, IOM_FND_NAME);
}
```

```
module_init(iom_fpga_fnd_init);
module_exit(iom_fpga_fnd_exit);

MODULE_LICENSE("GPL");
MODULE_AUTHOR("Huins");
```

이 예제도 LED 예제처럼 read와 write를 할 수 있도록 작성되어 있다. LED 때와 차이점은 read 혹은 write 시에 1바이트가 16비트를 한번에 read/write 한다.

```
int __init iom_fpga_fnd_init(void)
{
    int result;
    result = register_chrdev(IOM_FND_MAJOR, IOM_FND_NAME, &iom_fpg a_fnd_fops);
    if(result < 0) {
        printk(KERN_WARNING"Can't get any major\n");
        return result;
    }
    printk("init module, %s major number : %d\n", IOM_FND_NAME, IOM_FND_MAJOR);
    return 0;
}
```

데이터를 기록할 때는 unsigned char 배열 4개를 이용하여 사용자 공간으로부터 4바이트 데이터를 받고, 첫 번째 배열의 값부터 디바이스로 기록한다.

```
// when write to fnd device, call this function
ssize_t iom_fpga_fnd_write(struct file *inode, const char *gdata, size_t length,
loff_t *off_what)
{
    int i;
    unsigned char value[4];
    unsigned short int value_short = 0;
    const char *tmp = gdata;

    if (copy_from_user(&value, tmp, 4))
        return -EFAULT;

       value_short = value[0] << 12 ¦ value[1] << 8 ¦value[2] << 4 ¦value[3];
       iom_fpga_itf_write((unsigned int)IOM_FND1_ADDRESS, (value[0]&0xF)<<4 ¦ (value[1]&0xF));
       iom_fpga_itf_write((unsigned int)IOM_FND2_ADDRESS, (value[2]&0xF)<<4 ¦ (value[3]&0xF));
```

```
    dev = open(FND_DEVICE, O_RDWR);
    if (dev<0) {
        printf("Device open error : %s\n",FND_DEVICE);
        exit(1);
    }

    retval=write(dev,&data,4);
    if(retval<0) {
        printf("Write Error!\n");
        return -1;
    }
```

■ Makefile 작성

```
#Makefile for a basic kernel module

obj-m   := fpga_fnd_driver.o

KDIR    :=/work/achro-em/kernel
PWD    :=$(shell pwd)

all: driver app

driver:
        $(MAKE) -C $(KDIR) SUBDIRS=$(PWD) modules

app:
        arm-linux-gnueabihf-gcc -static -o fpga_test_fnd fpga_test_fnd.c

install_nfs:
        cp fpga_fnd_driver.ko /nfsroot
        cp fpga_test_fnd /nfsroot

install_scp:
        scp fpga_fnd_driver.ko fpga_test_fnd pi@192.168.1.xxx:/home/pi/Modules

clean:
        rm -rf *.ko
        rm -rf *.mod.*
        rm -rf *.o
        rm -rf fpga_test_fnd
        rm -rf Module.symvers
        rm -rf modules.order
        rm -rf .fnd*
        rm -rf .tmp*
```

④ FND 예제 컴파일 및 실행

■ **호스트 시스템에서 컴파일 및 nfs 와 scp를 통한 복사**

FND 소스 디렉터리에서 make 명령으로 컴파일한 다음, make install_nfs를 실행하여 /nfsroot로 실행파일들을 복사하거나 make install_scp를 실행하여 scp 명령어로 복사한다.

```
<Host PC>
root@ubuntu:/work/achro-em/example# cd fpga_fnd
root@ubuntu:/work/achro-em/example/fpga_fnd# make
root@ubuntu:/work/achro-em/example/fpga_fnd# make install_nfs
root@ubuntu:/work/achro-em/example/fpga_fnd# make install_scp
```

■ **Achro-EM Kit에서 호스트의 nfsroot 디렉터리를 마운트하고, 필요하면 보드에서 직접 실행할 수 있도록 드라이버와 응용 프로그램을 복사할 수 있다.**

```
<Target Board>
pi@raspberry:~ $ mount -t nfs 192.168.1.4:/nfsroot /mnt/nfs –o
rw,rsize=4096,nolock
pi@raspberry:~ $ cp -a /mnt/nfs/fpga_test_fnd /home/pi/Modules
pi@raspberry:~ $ cp -a /mnt/nfs/fpga_fnd_driver.ko /home/pi/Modules
```

■ **디바이스 드라이버 등록 및 프로그램 실행**

프로그램 실행을 위해서 fnd 드라이버를 커널에 적재 한 다음, 스페셜 파일을 만들고, 테스트 프로그램을 구동 시킨다.

```
<Target Board>
pi@raspberry:~$ cd Modules
pi@raspberry:~/Modules $ sudo insmod fpga_fnd_driver.ko
pi@raspberry:~/Modules $ sudo mknod /dev/fpga_fnd c 261 0
   (기존에 존재한다고 나오면 무시하고, 다음 라인을 실행)
pi@raspberry:~/Modules $ sudo ./fpga_test_fnd 1234
```

```
    return length;
}
```

■ FND Device Driver 작성 (test_fnd.c)

아래는 FND 디바이스 드라이버를 구동할 수 있는 응용 애플리케이션이다.

```
/* FPGA FND Test Application
File : fpga_test_fnd.c
Auth : largest@huins.com */

#include <stdio.h>
#include <stdlib.h>
#include <unistd.h>
#include <sys/types.h>
#include <sys/stat.h>
#include <fcntl.h>

#include <string.h>

#define MAX_DIGIT 4
#define FND_DEVICE "/dev/fpga_fnd"

int main(int argc, char **argv)
{
    int dev;
    unsigned char data[4];
    unsigned char retval;
    int i;
    int str_size;


    memset(data,0,sizeof(data));

    if(argc!=2) {
        printf("please input the parameter! \n");
        printf("ex)./test_led a1\n");
        return -1;
    }

    str_size=(strlen(argv[1]));
    if(str_size>MAX_DIGIT)
    {
        printf("Warning! 4 Digit number only!\n");
```

```
        str_size=MAX_DIGIT;
    }

    for(i=0;i<str_size;i++)
    {
        if((argv[1][i]<0x30)||(argv[1][i])>0x39) {
            printf("Error! Invalid Value!\n");
            return -1;
        }
        data[i]=argv[1][i]-0x30;
    }
    dev = open(FND_DEVICE, O_RDWR);
    if (dev<0) {
        printf("Device open error : %s\n",FND_DEVICE);
        exit(1);
    }
    retval=write(dev,&data,4);
    if(retval<0) {
        printf("Write Error!\n");
        return -1;
    }
    memset(data,0,sizeof(data));

    sleep(1);

    retval=read(dev,&data,4);
    if(retval<0) {
        printf("Read Error!\n");
        return -1;
    }

    printf("Current FND Value : ");
    for(i=0;i<str_size;i++)
        printf("%d",data[i]);
    printf("\n");

    close(dev);

    return(0);
}
```

테스트 코드는 입력받은 인자(Argument)에 숫자를 제외한 값이 있는지 확인한다. 없으면 해당 문자열의 길이를 확인한다. 길이가 1~4글자 이하면 해당 데이터의 크기만큼을 디바이스에 기록하는 구조로 작성되었다.

```
    dev = open(FND_DEVICE, O_RDWR);
    if (dev<0) {
        printf("Device open error : %s\n",FND_DEVICE);
        exit(1);
    }

    retval=write(dev,&data,4);
    if(retval<0) {
        printf("Write Error!\n");
        return -1;
    }
```

■ Makefile 작성

```
#Makefile for a basic kernel module

obj-m   := fpga_fnd_driver.o

KDIR    :=/work/achro-em/kernel
PWD    :=$(shell pwd)

all: driver app

driver:
        $(MAKE) -C $(KDIR) SUBDIRS=$(PWD) modules

app:
        arm-linux-gnueabihf-gcc -static -o fpga_test_fnd fpga_test_fnd.c

install_nfs:
        cp fpga_fnd_driver.ko /nfsroot
        cp fpga_test_fnd /nfsroot

install_scp:
        scp fpga_fnd_driver.ko fpga_test_fnd pi@192.168.1.xxx:/home/pi/Modules

clean:
        rm -rf *.ko
        rm -rf *.mod.*
        rm -rf *.o
        rm -rf fpga_test_fnd
        rm -rf Module.symvers
        rm -rf modules.order
        rm -rf .fnd*
        rm -rf .tmp*
```

④ FND 예제 컴파일 및 실행

- **호스트 시스템에서 컴파일 및 nfs 와 scp를 통한 복사**

FND 소스 디렉터리에서 make 명령으로 컴파일한 다음, make install_nfs를 실행하여 /nfsroot로 실행파일들을 복사하거나 make install_scp를 실행하여 scp 명령어로 복사한다.

```
<Host PC>
root@ubuntu:/work/achro-em/example# cd fpga_fnd
root@ubuntu:/work/achro-em/example/fpga_fnd# make
root@ubuntu:/work/achro-em/example/fpga_fnd# make install_nfs
root@ubuntu:/work/achro-em/example/fpga_fnd# make install_scp
```

- Achro-EM Kit에서 **호스트의** nfsroot **디렉터리를 마운트하고, 필요하면 보드에서 직접 실행할 수 있도록 드라이버와 응용 프로그램을 복사할 수 있다.**

```
<Target Board>
pi@raspberry:~ $ mount -t nfs 192.168.1.4:/nfsroot /mnt/nfs –o
rw,rsize=4096,nolock
pi@raspberry:~ $ cp -a /mnt/nfs/fpga_test_fnd /home/pi/Modules
pi@raspberry:~ $ cp -a /mnt/nfs/fpga_fnd_driver.ko /home/pi/Modules
```

- **디바이스 드라이버 등록 및 프로그램 실행**

프로그램 실행을 위해서 fnd 드라이버를 커널에 적재 한 다음, 스페셜 파일을 만들고, 테스트 프로그램을 구동 시킨다.

```
<Target Board>
pi@raspberry:~$ cd Modules
pi@raspberry:~/Modules $ sudo insmod fpga_fnd_driver.ko
pi@raspberry:~/Modules $ sudo mknod /dev/fpga_fnd c 261 0
   (기존에 존재한다고 나오면 무시하고, 다음 라인을 실행)
pi@raspberry:~/Modules $ sudo ./fpga_test_fnd 1234
```

```
    return length;
}
```

■ FND Device Driver 작성 (test_fnd.c)

아래는 FND 디바이스 드라이버를 구동할 수 있는 응용 애플리케이션이다.

```
/* FPGA FND Test Application
File : fpga_test_fnd.c
Auth : largest@huins.com */

#include <stdio.h>
#include <stdlib.h>
#include <unistd.h>
#include <sys/types.h>
#include <sys/stat.h>
#include <fcntl.h>

#include <string.h>

#define MAX_DIGIT 4
#define FND_DEVICE "/dev/fpga_fnd"

int main(int argc, char **argv)
{
    int dev;
    unsigned char data[4];
    unsigned char retval;
    int i;
    int str_size;


    memset(data,0,sizeof(data));

    if(argc!=2) {
        printf("please input the parameter! \n");
        printf("ex)./test_led a1\n");
        return -1;
    }

    str_size=(strlen(argv[1]));
    if(str_size>MAX_DIGIT)
    {
        printf("Warning! 4 Digit number only!\n");
```

```
        str_size=MAX_DIGIT;
    }

    for(i=0;i<str_size;i++)
    {
        if((argv[1][i]<0x30)||(argv[1][i])>0x39) {
            printf("Error! Invalid Value!\n");
            return -1;
        }
        data[i]=argv[1][i]-0x30;
    }
    dev = open(FND_DEVICE, O_RDWR);
    if (dev<0) {
        printf("Device open error : %s\n",FND_DEVICE);
        exit(1);
    }
    retval=write(dev,&data,4);
    if(retval<0) {
        printf("Write Error!\n");
        return -1;
    }
    memset(data,0,sizeof(data));

    sleep(1);

    retval=read(dev,&data,4);
    if(retval<0) {
        printf("Read Error!\n");
        return -1;
    }

    printf("Current FND Value : ");
    for(i=0;i<str_size;i++)
        printf("%d",data[i]);
    printf("\n");

    close(dev);

    return(0);
}
```

테스트 코드는 입력받은 인자(Argument)에 숫자를 제외한 값이 있는지 확인한다. 없으면 해당 문자열의 길이를 확인한다. 길이가 1~4글자 이하면 해당 데이터의 크기만큼을 디바이스에 기록하는 구조로 작성되었다.

```
    dev = open(FND_DEVICE, O_RDWR);
    if (dev<0) {
        printf("Device open error : %s\n",FND_DEVICE);
        exit(1);
    }

    retval=write(dev,&data,4);
    if(retval<0) {
        printf("Write Error!\n");
        return -1;
    }
```

■ Makefile 작성

```
#Makefile for a basic kernel module

obj-m   := fpga_fnd_driver.o

KDIR    :=/work/achro-em/kernel
PWD    :=$(shell pwd)

all: driver app

driver:
        $(MAKE) -C $(KDIR) SUBDIRS=$(PWD) modules

app:
        arm-linux-gnueabihf-gcc -static -o fpga_test_fnd fpga_test_fnd.c

install_nfs:
        cp fpga_fnd_driver.ko /nfsroot
        cp fpga_test_fnd /nfsroot

install_scp:
        scp fpga_fnd_driver.ko fpga_test_fnd pi@192.168.1.xxx:/home/pi/Modules

clean:
        rm -rf *.ko
        rm -rf *.mod.*
        rm -rf *.o
        rm -rf fpga_test_fnd
        rm -rf Module.symvers
        rm -rf modules.order
        rm -rf .fnd*
        rm -rf .tmp*
```

④ FND 예제 컴파일 및 실행

■ **호스트 시스템에서 컴파일 및 nfs 와 scp를 통한 복사**

FND 소스 디렉터리에서 make 명령으로 컴파일한 다음, make install_nfs를 실행하여 /nfsroot로 실행파일들을 복사하거나 make install_scp를 실행하여 scp 명령어로 복사한다.

```
<Host PC>
root@ubuntu:/work/achro-em/example# cd fpga_fnd
root@ubuntu:/work/achro-em/example/fpga_fnd# make
root@ubuntu:/work/achro-em/example/fpga_fnd# make install_nfs
root@ubuntu:/work/achro-em/example/fpga_fnd# make install_scp
```

■ Achro-EM Kit에서 **호스트의** nfsroot **디렉터리를 마운트하고, 필요하면 보드에서 직접 실행할 수 있도록 드라이버와 응용 프로그램을 복사할 수 있다.**

```
<Target Board>
pi@raspberry:~ $ mount -t nfs 192.168.1.4:/nfsroot /mnt/nfs —o
rw,rsize=4096,nolock
pi@raspberry:~ $ cp -a /mnt/nfs/fpga_test_fnd /home/pi/Modules
pi@raspberry:~ $ cp -a /mnt/nfs/fpga_fnd_driver.ko /home/pi/Modules
```

■ **디바이스 드라이버 등록 및 프로그램 실행**

프로그램 실행을 위해서 fnd 드라이버를 커널에 적재 한 다음, 스페셜 파일을 만들고, 테스트 프로그램을 구동 시킨다.

```
<Target Board>
pi@raspberry:~$ cd Modules
pi@raspberry:~/Modules $ sudo insmod fpga_fnd_driver.ko
pi@raspberry:~/Modules $ sudo mknod /dev/fpga_fnd c 261 0
   (기존에 존재한다고 나오면 무시하고, 다음 라인을 실행)
pi@raspberry:~/Modules $ sudo ./fpga_test_fnd 1234
```

```
    write:          iom_fpga_dot_write,
    release:        iom_fpga_dot_release,
};
// when fpga_dot device open ,call this function
int iom_fpga_dot_open(struct inode *minode, struct file *mfile)
{
    if(fpga_dot_port_usage != 0) return -EBUSY;
    fpga_dot_port_usage = 1;
    return 0;
}
// when fpga_dot device close ,call this function
int iom_fpga_dot_release(struct inode *minode, struct file *mfile)
{
    fpga_dot_port_usage = 0;
    return 0;
}
// when write to fpga_dot device  ,call this function
ssize_t iom_fpga_dot_write(struct file *inode, const char *gdata, size_t length,
loff_t *off_what)
{
    int i;
    unsigned char value[10];
    const char *tmp = gdata;
    if (copy_from_user(&value, tmp, length))
        return -EFAULT;

    for(i=0;i<length;i++)
       {
        iom_fpga_itf_write((unsigned int)IOM_FPGA_DOT_ADDRESS+i, value[i]&0x7F);
       }
       return length;
}
int __init iom_fpga_dot_init(void)
{
    int result;
    result = register_chrdev(IOM_FPGA_DOT_MAJOR, IOM_FPGA_DOT_NAME, &iom_fpga_dot_fops);
    if(result < 0) {
        printk(KERN_WARNING"Can't get any major\n");
        return result;
    }
    printk("init module, %s major number : %d\n", IOM_FPGA_DOT_NAME, IOM_FPGA_DOT_MAJOR);
    return 0;
}
void __exit iom_fpga_dot_exit(void)
{
    unregister_chrdev(IOM_FPGA_DOT_MAJOR, IOM_FPGA_DOT_NAME);
}
```

```
module_init(iom_fpga_dot_init);
module_exit(iom_fpga_dot_exit);
MODULE_LICENSE("GPL");
MODULE_AUTHOR("Huins");
```

앞서 언급했던 것처럼, FND와 동일한 방식으로 처리한다.

```
// when write to fpga_dot device  ,call this function
ssize_t iom_fpga_dot_write(struct file *inode, const char *gdata, size_t length,
loff_t *off_what)
{
        int i;

        unsigned char value[10];
        const char *tmp = gdata;

        if (copy_from_user(&value, tmp, length))
                return -EFAULT;

        for(i=0;i<length;i++)
        {
            iom_fpga_itf_write((unsigned int)IOM_FPGA_DOT_ADDRESS+i, value[i]&0x7F);
        }

        return length;
}
```

■ 응용 프로그램 (test_dot.c)

```
/* FPGA DotMatirx Test Application
File : fpga_test_dot.c */

#include <stdio.h>
#include <stdlib.h>
#include <unistd.h>
#include <string.h>

#include <sys/types.h>
#include <sys/stat.h>
#include <fcntl.h>

#include "./fpga_dot_font.h"
```

```
#define FPGA_DOT_DEVICE "/dev/fpga_dot"

int main(int argc, char **argv)
{
    int i;
    int dev;
    int str_size;
    int set_num;

    if(argc!=2) {
        printf("please input the parameter! \n");
        printf("ex)./fpga_dot_test 7\n");
        return -1;
    }

    set_num = atoi(argv[1]);

    if(set_num<0||set_num>9) {
        printf("Invalid Numner (0~9) !\n");
        return -1;
    }

    dev = open(FPGA_DOT_DEVICE, O_WRONLY);
    if (dev<0) {
        printf("Device open error : %s\n",FPGA_DOT_DEVICE);
        exit(1);
    }

    str_size=sizeof(fpga_number[set_num]);

    write(dev,fpga_number[set_num],str_size);

    close(dev);

    return 0;
}
```

■ Makefile

```
#Makefile for a basic kernel module

obj-m   := fpga_dot_driver.o

KDIR    :=/work/achro-em/kernel
PWD     :=$(shell pwd)
```

```
all: driver app

driver:
	$(MAKE) -C $(KDIR) SUBDIRS=$(PWD) modules

app:
	arm-linux-gnueabihf-gcc -static -o fpga_test_dot fpga_test_dot.c

install_nfs:
	cp fpga_dot_driver.ko /nfsroot
	cp fpga_test_dot /nfsroot

install_scp:
	scp fpga_dot_driver.ko fpga_test_dot pi@192.168.1.xxx:/home/pi/Modules

clean:
	rm -rf *.ko
	rm -rf *.mod.*
	rm -rf *.o
	rm -rf fpga_test_dot
	rm -rf Module.symvers
	rm -rf modules.order
	rm -rf .dot*
	rm -rf .tmp*
```

③ DOT-Matrix 예제 컴파일 및 실행

- **호스트 시스템에서 컴파일 및 nfs와 scp를 통한 복사**

FND 소스 디렉터리에서 make 명령으로 컴파일한 다음, make install_nfs를 실행하여 /nfsroot로 실행파일들을 복사하거나 make install_scp를 통해 scp 명령어로 복사한다.

```
<Host PC>
root@ubuntu:/work/achro-em/example# cd fpga_dot
root@ubuntu:/work/achro-em/example/fpga_dot# make
root@ubuntu:/work/achro-em/example/fpga_dot# make install_nfs
root@ubuntu:/work/achro-em/example/fpga_dot# make install_scp
```

■ 필요할 경우, Achro-EM kit 보드에서 호스트의 /nfsroot 디렉터리를 마운트하여, 드라이버와 응용 프로그램을 복사해 둔다.

```
<Target Board>
pi@raspberry:~ $ mount -t nfs 192.168.1.xxx:/nfsroot /mnt/nfs –o
rw,rsize=4096,nolock
pi@raspberry:~ $ cp -a /mnt/nfs/fpga_test_dot /home/pi/Modules
pi@raspberry:~ $ cp -a /mnt/nfs/fpga_dot_driver.ko /home/pi/Modules
```

■ 디바이스 드라이버 등록 및 프로그램 실행

프로그램 실행을 위해 먼저 dot 드라이버를 커널에 적재한 다음, 스페셜 파일을 만들어 주고, 테스트 프로그램을 구동시킨다.

```
<Target Board>
pi@raspberry:~$ cd Modules
pi@raspberry:~/Modules $ sudo insmod fpga_dot_driver.ko
pi@raspberry:~/Modules $ sudo mknod /dev/fpga_dot c 262 0
  (기존에 존재한다고 나오면 무시하고, 다음 라인을 실행)
pi@raspberry:~/Modules $ sudo ./fpga_test_dot 7
```

■ DOT-Matrix 응용 실행 결과

fpga_test_dot 프로그램을 실행할 때 인자로 7을 지정하였다.

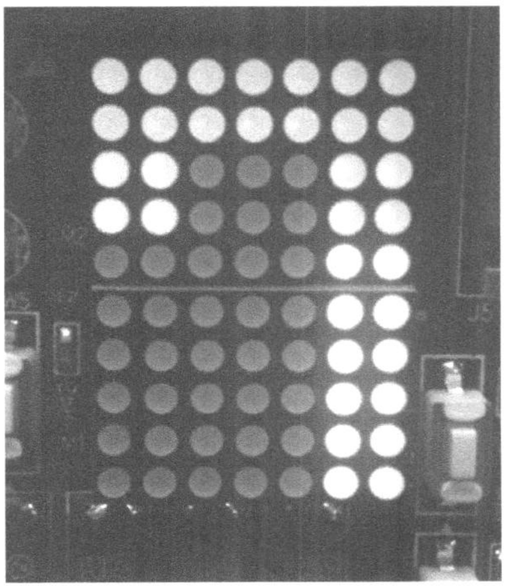

6.4.5 Text LCD 제어하기

LCD는 액정 디스플레이(Liquid Crystal Display)의 약자로 전자계산기나 휴대폰 등에 많이 사용되고 있는 디스플레이 부품이다. 액정은 전압이 걸리면 일정한 방향으로 늘어서는 성질이 있다. 이러한 성질과 전기신호에 의한 편광 성질을 이용하여 전압이 걸린 곳을 검게 표시하게 된다. LCD는 사용이 편리하고 전력 소모가 매우 작아 소규모 휴대용 컴퓨터 시스템에서 많이 사용되며, 강력한 기능을 갖춘 표시 장치이다. LCD는 LCD 패널과 제어기가 하나로 되어 있는 모듈 형태로 구성된다. 제어기에서 데이터 버스를 통하여 데이터를 전송하기만 하면 원하는 표시를 얻을 수 있다. FPGA 코드는 이런 LCD를 제어할 수 있도록 작성되어 있다. 때문에 FPGA가 제공하는 버퍼에 데이터를 쓰기만 하면 된다.

① Text LCD 내부 모듈 구조

Text-LCD 모듈은 8bit의 micro-processor와 2개의 레지스터(DR, IR)로 구성되어 있다. 기본적인 사용 방법은 IR에 명령어를 설정하고, DR에 표시하고자 하는 데이터를 쓰면 된다.

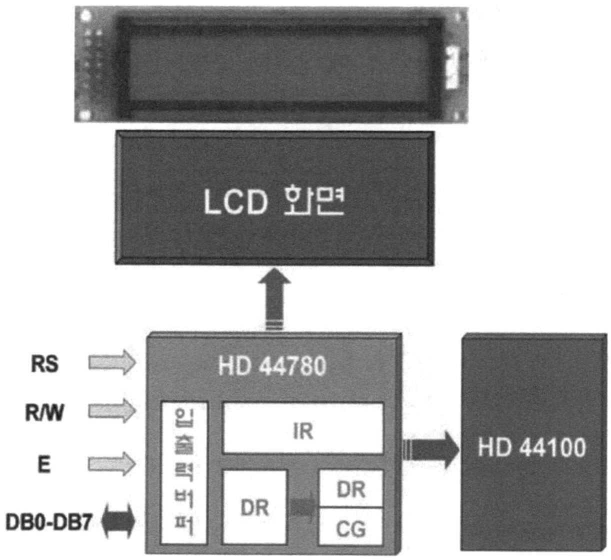

LCD Controller (HD44780)에는 IR과 DR로 사용되는 2개의 8bit 레지스터가 있다. 이들은 LCD 모듈의 RS 입력 신호에 의해 선택된다.

- IR(Instruction Register)

CPU로부터 받은 데이터를 써 넣기만 할 수 있다. LCD 화면 클리어, 커서 시프트, 글자 ON/OFF 등의 LCD 제어와 관련된 명령 정보만을 저장한다. 표시 데이터 RAM(D.D.RAM)과 문자 생성 RAM(C.G.RAM) 표시를 위한 Address 정보를 저장한다.

- DR(Data Register)

D.D.RAM 혹은 C.G.RAM에 써 넣을 데이터를 저장하거나, D.D.RAM 혹은 C.G.RAM으로부터 읽어온 데이터가 일시적으로 저장되는 레지스터이다. CPU로부터 DR에 써 넣은 데이터는 LCD의 내부 동작으로 D.D.RAM 혹은 C.G.RAM에 자동으로 써 넣어진다.

LCD로부터 데이터를 읽기 위해서 어드레스 정보를 IR에 써 넣으면, DR의 내부 동작에 의해서 D.D.RAM 혹은 C.G.RAM으로 자동으로 저장되고, DR에 저장된 데이터가 CPU로 읽혀진다.

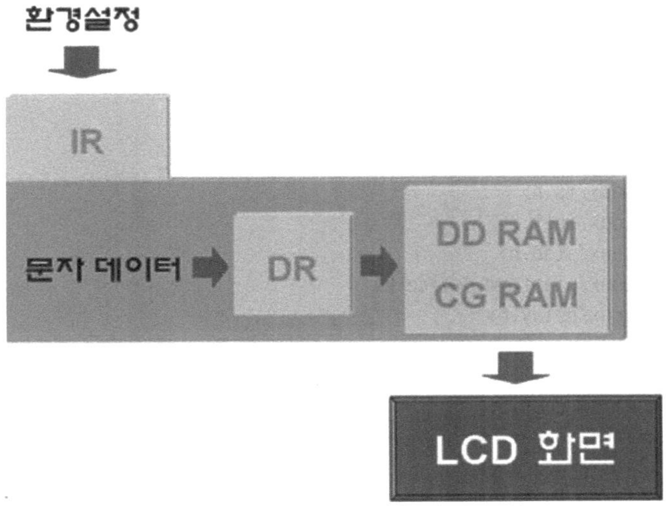

② 회로도 및 맵핑된 어드레스

IO보드에 장착된 문자 LCD의 연결은 다음과 같다. 제어신호선인 EN, LE, RW, 그리고 글자 농도를 결정하는 VO 라인과 1,2번 전원 및 GND를 제외하면 LCD DATA이다.

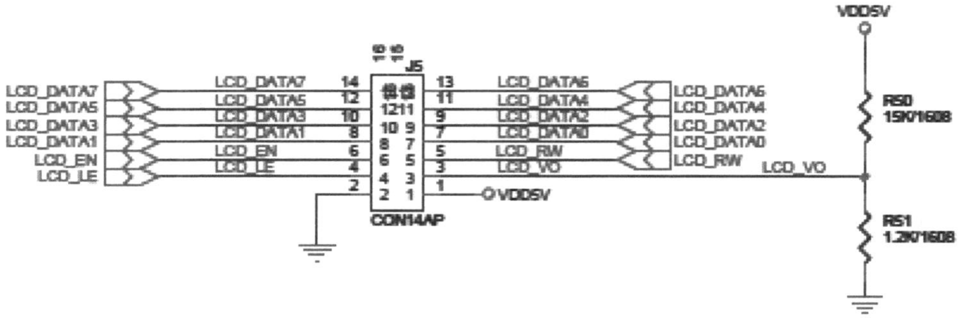

설정된 어드레스는 다음과 같다. data는 0x090~0x0AF까지 즉, 32Byte의 데이터 영역을 가지게 된다. 위 문자 LCD의 경우 2x16(2줄, 줄당 16자까지 입력) 이므로, 1Byte*32만큼의 데이터 공간이 필요하다.

③ TEXT LCD 드라이버 및 응용 프로그램

■ **디바이스 드라이버** (fpga_text_lcd_driver.c)

```
/* FPGA TEXT_LCD Ioremap Control
FILE : fpga_text_lcd_driver.c  */

#include <linux/module.h>
#include <linux/fs.h>
#include <linux/init.h>
#include <linux/slab.h>
#include <linux/platform_device.h>
#include <linux/delay.h>

#include <asm/io.h>
#include <asm/uaccess.h>
#include <linux/kernel.h>
#include <linux/ioport.h>
```

```
#include <linux/module.h>
#include <linux/fs.h>
#include <linux/init.h>
#include <linux/version.h>


#define IOM_FPGA_TEXT_LCD_MAJOR 263            // ioboard led device major number
#define IOM_FPGA_TEXT_LCD_NAME "fpga_text_lcd" // ioboard led device name

#define IOM_FPGA_TEXT_LCD_ADDRESS 0x090 // pysical address - 32 Byte (16 * 2)
extern unsigned char iom_fpga_itf_read(unsigned int addr);
extern ssize_t iom_fpga_itf_write(unsigned int addr, unsigned char value);

//Global variable
static int fpga_text_lcd_port_usage = 0;

// define functions...
ssize_t iom_fpga_text_lcd_write(struct file *inode, const char *gdata, size_t
length, loff_t *off_what);
int iom_fpga_text_lcd_open(struct inode *minode, struct file *mfile);
int iom_fpga_text_lcd_release(struct inode *minode, struct file *mfile);

// define file_operations structure
struct file_operations iom_fpga_text_lcd_fops =
{
    owner:        THIS_MODULE,
    open:         iom_fpga_text_lcd_open,
    write:        iom_fpga_text_lcd_write,
    release:              iom_fpga_text_lcd_release,
};

// when fpga_text_lcd device open ,call this function
int iom_fpga_text_lcd_open(struct inode *mincde, struct file *mfile)
{
    if(fpga_text_lcd_port_usage != 0) return -EBUSY;
    fpga_text_lcd_port_usage = 1;
       return 0;
}

// when fpga_text_lcd device close ,call this function
int iom_fpga_text_lcd_release(struct inode *minode, struct file *mfile)
{
    fpga_text_lcd_port_usage = 0;
    return 0;
}
// when write to fpga_text_lcd device  ,call this function
```

```
ssize_t iom_fpga_text_lcd_write(struct file *inode, const char *gdata, size_t
length, loff_t *off_what)
{
    int i;
    unsigned char value[33];
    const char *tmp = gdata;

    if (copy_from_user(&value, tmp, length))
        return -EFAULT;

    value[length]=0;
    printk("Get Size : %d / String : %s\n",length,value);

    for(i=0;i<length;i++)
       {
        iom_fpga_itf_write((unsigned int)IOM_FPGA_TEXT_LCD_ADDRESS+i, value[i]);
       }

    return length;
}
int __init iom_fpga_text_lcd_init(void)
{
    int result;

    result = register_chrdev(IOM_FPGA_TEXT_LCD_MAJOR, IOM_FPGA_TEXT_LCD_NAME,
&iom_fpga_text_lcd_fops);
    if(result < 0) {
        printk(KERN_WARNING"Can't get any major\n");
        return result;
    }

    printk("init module, %s major number : %d\n", IOM_FPGA_TEXT_LCD_NAME, IOM_
FPGA_TEXT_LCD_MAJOR);

    return 0;
}

void __exit iom_fpga_text_lcd_exit(void)
{
    unregister_chrdev(IOM_FPGA_TEXT_LCD_MAJOR, IOM_FPGA_TEXT_LCD_NAME);
}

module_init(iom_fpga_text_lcd_init);
module_exit(iom_fpga_text_lcd_exit);
MODULE_LICENSE("GPL");
MODULE_AUTHOR("Huins");
```

위 소스코드를 보면 사용자 공간에서 문자열 데이터를 받아오고 있음을 알 수 있다. 받아온 데이터는 문자열의 길이만큼 LCD의 어드레스를 1바이트씩 증가시키며 기록한다.

```
// when write to fpga_text_lcd device  ,call this function
ssize_t iom_fpga_text_lcd_write(struct file *inode, const char *gdata, size_t
length, loff_t *off_what)
{
    int i;
    unsigned short int _s_value = 0;
    unsigned char value[33];
    const char *tmp = gdata;

    if (copy_from_user(&value, tmp, length))
        return -EFAULT;

    value[length]=0;

    for(i=0;i<length;i++)
    {
        iom_fpga_itf_write((unsigned int)IOM_FPGA_TEXT_LCD_ADDRESS+i, value[i]);
    }

    return length;
}
```

■ 응용 애플리케이션 (test_textlcd.c)

```
/* FPGA Text LCD Test Application
File : fpga_test_text_lcd.c
Auth : largest@huins.com */

#include <stdio.h>
#include <stdlib.h>
#include <unistd.h>
#include <string.h>
#include <sys/types.h>
#include <sys/stat.h>
#include <fcntl.h>

#define MAX_BUFF 32
#define LINE_BUFF 16
```

```
#define FPGA_TEXT_LCD_DEVICE "/dev/fpga_text_lcd"

int main(int argc, char **argv)
{
    int i;
    int dev;
    int str_size;
    int chk_size;

    unsigned char string[32];
    memset(string,0,sizeof(string));

    if(argc<2&&argc>3) {
        printf("Invalid Value Arguments!\n");
        return -1;
    }

    if(strlen(argv[1])>LINE_BUFF||strlen(argv[2])>LINE_BUFF)
    {
        printf("16 alphanumeric characters on a line!\n");
        return -1;
        }

    dev = open(FPGA_TEXT_LCD_DEVICE, O_WRONLY);
    if (dev<0) {
        printf("Device open error : %s\n",FPGA_TEXT_LCD_DEVICE);
        return -1;
    }

    str_size=strlen(argv[1]);
    if(str_size>0) {
        strncat(string,argv[1],str_size);
        memset(string+str_size,' ',LINE_BUFF-str_size);
    }

    str_size=strlen(argv[2]);
    if(str_size>0) {
        strncat(string,argv[2],str_size);
        memset(string+LINE_BUFF+str_size,' ',LINE_BUFF-str_size);
    }
    write(dev,string,MAX_BUFF);
    close(dev);
    return(0);
}
```

위 소스코드를 보면 32바이트의 데이터를 미리 생성하고 글자가 들어가야 할 영역을 추가한다. 나머지 부분은 공백 처리를 하고 있다. 그 내용은 아래와 같다.

```
    str_size=strlen(argv[1]);
    if(str_size>0) {
        strncat(string,argv[1],str_size);
        memset(string+str_size,' ',LINE_BUFF-str_size);
    }
    str_size=strlen(argv[2]);
    if(str_size>0) {
        strncat(string,argv[2],str_size);
        memset(string+LINE_BUFF+str_size,' ',LINE_BUFF-str_size);
    }
    write(dev,string,MAX_BUFF);
```

■ Makefile 만들기

컴파일을 위한 Makefile을 만든다.

```
#Makefile for a basic kernel module

obj-m   := fpga_text_lcd_driver.o

KDIR    :=/work/achro-em/kernel
PWD    :=$(shell pwd)

all: driver app
driver:
        $(MAKE) -C $(KDIR) SUBDIRS=$(PWD) modules

app:
        arm-linux-gnueabihf-gcc -static -o fpga_test_text_lcd fpga_test_text_lcd.c

install_nfs:
        cp fpga_text_lcd_driver.ko /nfsroot
        cp fpga_test_text_lcd /nfsroot

install_scp:
        scp fpga_text_lcd_driver.ko fpga_test_text_lcd pi@192.168.1.xxx:/home/pi/Modules

clean:
        rm -rf *.ko
        rm -rf *.mod.*
        rm -rf *.o
```

```
        rm -rf fpga_test_text_lcd
        rm -rf Module.symvers
        rm -rf modules.order
        rm -rf .text_lcd*
        rm -rf .tmp*
```

④ Text LCD 예제 컴파일 및 실행

■ **호스트 시스템에서 컴파일 및 nfs와 scp를 통한 복사**

Text LCD 소스 디렉터리에서 make 명령으로 컴파일한 뒤, make install_nfs를 실행하여 /nfsroot로 파일들을 복사하거나 make install_scp를 통해 scp 명령어로 복사한다.

```
<Host PC>
root@ubuntu:/work/achro-em/example# cd fpga_text_lcd
root@ubuntu:/work/achro-em/example/fpga_text_lcd# make
root@ubuntu:/work/achro-em/example/fpga_text_lcd# make install_nfs
root@ubuntu:/work/achro-em/example/fpga_text_lcd# make install_scp
```

■ **필요할 경우, Achro-EM Kit 보드에서 바로 실행할 수 있도록 호스트의 /nfsroot 디렉터리를 마운트하여 드라이버와 응용 프로그램을 복사해 둔다.**

```
<Target Board>
pi@raspberry:~ $ mount -t nfs 192.168.1.xxx:/nfsroot /mnt/nfs –o
rw,rsize=4096,nolock
pi@raspberry:~ $ cp -a /mnt/nfs/fpga_test_dot /home/pi/Modules
pi@raspberry:~ $ cp -a /mnt/nfs/fpga_dot_driver.ko /home/pi/Modules
```

■ **디바이스 드라이버 등록 및 프로그램 실행**

프로그램 실행을 위해 먼저 Text LCD 드라이버를 커널에 적재한 다음, 스페셜 파일을 만들고, 테스트 프로그램을 구동시킨다.

```
<Target Board>
pi@raspberry:~$ cd Modules
pi@raspberry:~/Modules $ sudo insmod fpga_text_lcd_driver.ko
pi@raspberry:~/Modules $ sudo mknod /dev/fpga_text_lcd c 263 0
   (기존에 존재한다고 나오면 무시하고, 다음 라인을 실행)
pi@raspberry:~/Modules $ sudo ./fpga_test_text_lcd hello world
```

- 〈실행 예시〉

  ./fpga test_text_lcd 1 3 (입력값을 두 개 주어야 함)

- TextLCD 실행 결과

  TextLCD 실행 결과는 다음과 같다. 애플리케이션 실행 시 입력한 값은 hello와 world이다. 첫 번째 인자인 hello는 윗줄에 출력되고, 두 번째 인자인 world는 아래쪽에 출력된다.

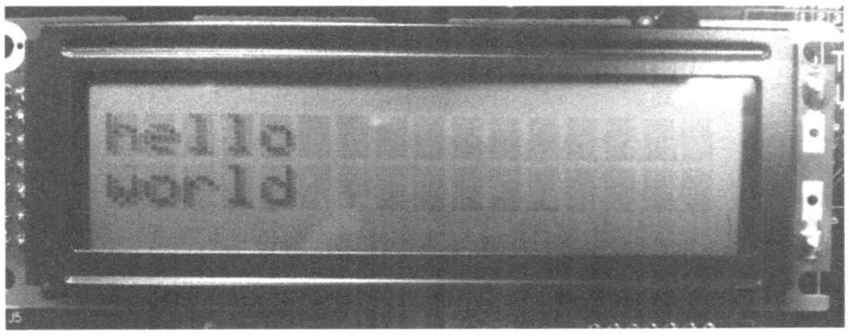

6.4.6 DIP Switch

지금까지 I/O 보드의 레지스터에 값을 기록하여 동작시키는 예제만 작성했다. 이번 실습에서는 반대로, 현재 상태 값을 가져와서 출력해주는 예제를 작성해 본다.

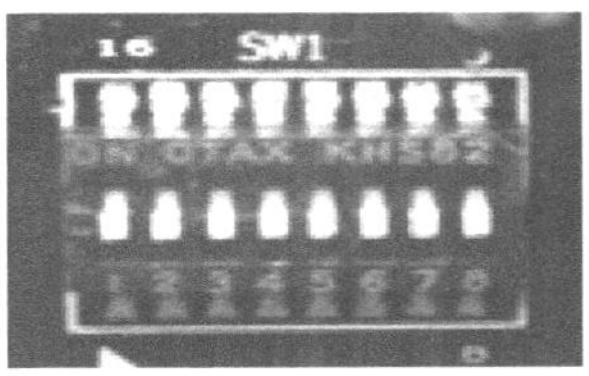

① 딥스위치 회로도 및 맵핑 어드레스

DIP 타입 스위치를 나타낸다. IC 형태의 칩에서 서로 마주보는 핀 사이로 스위치가 일렬로 배치되어 있다. 보통 컴퓨터 또는 주변기기의 상태를 표시하기 위해 사용된다.

참고로 DIP은 Dual In-line Package의 약자로 집적회로(IC)를 고정하는 패키지를 말한다. (지네 발처럼 생겼다.) 긴 사각 패키지의 양 끝을 따라 세로 방향 두 줄로 나란히 배열하는데, 보통 핀 배열 간격은 2.54mm(0.1인치)이다. 핀들이 회로기판의 구멍에 들어가고 구리로 된 패턴과 함께 납땜이 되어 전기적으로 연결된다. I/O보드에는 SMD Type의 Switch가 실장되어 있다.(SMD Type이 면적이 작다.) SMD는 Surface Mounted Device의 약어로 전자제품의 제조 방식을 말한다. 부품을 기판에 끼워서 뒷면에 다 납땜을 하는 방식이 아니라 부품을 기판 위에 얹어 놓고 납땜을 하는 것을 말한다.

■ 회로도

아래 회로도를 보면, DIP_DATA와 딥스위치 사이에 VDD 3.3v가 인가되고 있다. 즉, 딥스위치가 연결되면, DIP_DATA 핀에는 아무런 값이 들어가지 않게 되므로, LOW(0)이 된다. 딥스위치가 연결 상태가 되면 VDD3.3V는 딥스위치를 거쳐 접지로 흘러가 버리기 때문이다. DIP 스위치가 비연결 상태가 되면 접지와 연결되지 않기 때문에 DIP_DATA 핀에는 HIGH(1)의 값이 들어가게 된다.

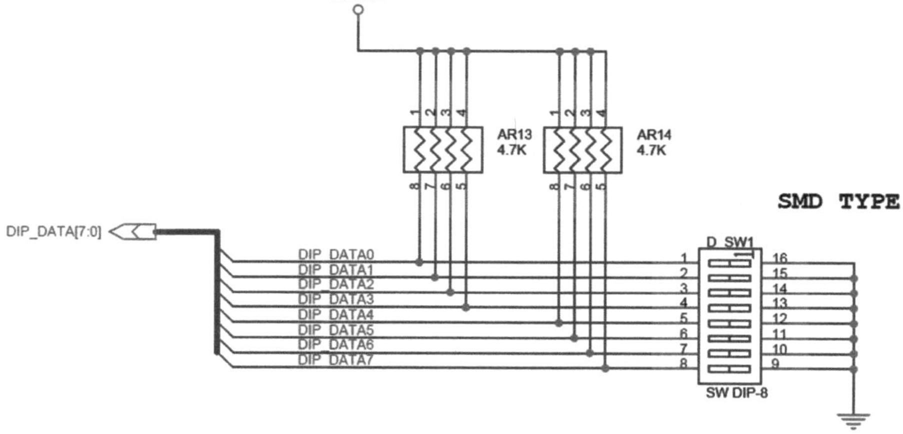

■ 맵핑된 주소 값은 다음과 같다.

```
0x000
```

② 디바이스 드라이버 및 응용 애플리케이션 작성

■ 디바이스 드라이버 작성 (fpga_dip_switch_driver.c)

```
/* FPGA DIP SWITCH Ioremap Control
FILE : fpga_dip_switch_driver.c
AUTH : largest@huins.com*/

#include <linux/module.h>
#include <linux/fs.h>
#include <linux/init.h>
#include <linux/slab.h>
#include <linux/platform_device.h>
#include <linux/delay.h>

#include <asm/io.h>
#include <asm/uaccess.h>
#include <linux/kernel.h>
#include <linux/ioport.h>
#include <linux/module.h>
#include <linux/fs.h>
#include <linux/init.h>
#include <linux/version.h>

#define IOM_FPGA_DIP_SWITCH_MAJOR 266                   // ioboard led device major
number
#define IOM_FPGA_DIP_SWITCH_NAME "fpga_dip_switch"    // ioboard led device name

#define IOM_FPGA_DIP_SWITCH_ADDRESS 0x000               // pysical address

extern unsigned char iom_fpga_itf_read(unsigned int addr);
extern ssize_t iom_fpga_itf_write(unsigned int addr, unsigned char value);

//Global variable
static int fpga_dip_switch_port_usage = 0;
static unsigned char *iom_fpga_dip_switch_addr;

// define functions...
ssize_t iom_fpga_dip_switch_read(struct file *inode, char *gdata, size_t length,
loff_t *off_what);
```

```
int iom_fpga_dip_switch_open(struct inode *minode, struct file *mfile);
int iom_fpga_dip_switch_release(struct inode *minode, struct file *mfile);

// define file_operations structure
struct file_operations iom_fpga_dip_switch_fops =
{
    owner:      THIS_MODULE,
    open:       iom_fpga_dip_switch_open,
    read:       iom_fpga_dip_switch_read,
    release:    iom_fpga_dip_switch_release,
};

// when fpga_dip_switch device open ,call this function
int iom_fpga_dip_switch_open(struct inode *minode, struct file *mfile)
{
    if(fpga_dip_switch_port_usage != 0) return -EBUSY;
    fpga_dip_switch_port_usage = 1;
       return 0;
}

// when fpga_dip_switch device close ,call this function
int iom_fpga_dip_switch_release(struct inode *minode, struct file *mfile)
{
    fpga_dip_switch_port_usage = 0;
    return 0;
}

// when read from fpga_dip_switch device  ,call this function
ssize_t iom_fpga_dip_switch_read(struct file *inode, char *gdata, size_t length,
loff_t *off_what)
{
    unsigned char dip_sw_value;
    dip_sw_value = iom_fpga_itf_read((unsigned int)IOM_FPGA_DIP_SWITCH_ADDRESS);
    if (copy_to_user(gdata, &dip_sw_value, 1))
        return -EFAULT;
    return length;
}

int __init iom_fpga_dip_switch_init(void)
{
    int result;
    result = register_chrdev(IOM_FPGA_DIP_SWITCH_MAJOR, IOM_FPGA_DIP_SWITCH_NAME,
&iom_fpga_dip_switch_fops);
    if(result < 0) {
        printk(KERN_WARNING"Can't get any major\n");
        return result;
    }
```

```
    printk("init module, %s major number : %d\n", IOM_FPGA_DIP_SWITCH_NAME, IOM_
FPGA_DIP_SWITCH_MAJOR);

    return 0;
}

void __exit iom_fpga_dip_switch_exit(void)
{
    unregister_chrdev(IOM_FPGA_DIP_SWITCH_MAJOR, IOM_FPGA_DIP_SWITCH_NAME);
}

module_init(iom_fpga_dip_switch_init);
module_exit(iom_fpga_dip_switch_exit);

MODULE_LICENSE("GPL");
MODULE_AUTHOR("Huins");
```

기존에는 값을 쓰는 명령이 주를 이뤘다면 딥스위치는 입력 장치로서 값을 읽을 수만 있는 장치이다. 그러므로 드라이버에 write 함수가 존재할 필요가 없다. 8비트 레지스터의 값을 사용자 공간으로 보내 현재 딥스위치의 설정 값을 응용 프로그램에서 이용하는 구조이다.

■ 응용 프로그램 작성 (test_dip.c)

```
/* FPGA DIP Switch Test Application
File : fpga_test_dip.c
Auth : largest@huins.com */
#include <stdio.h>
#include <stdlib.h>
#include <unistd.h>
#include <sys/types.h>
#include <sys/stat.h>
#include <fcntl.h>
#include <sys/ioctl.h>
#include <signal.h>

unsigned char quit = 0;

void user_signal1(int sig)
{
    quit = 1;
}
```

```
int main(void)
{
    int dev;
    unsigned char dip_sw_buff = 0;
    dev = open("/dev/fpga_dip_switch", O_RDWR);
    if (dev<0){
        printf("Device Open Error\n");
        close(dev);
        return -1; }
    (void)signal(SIGINT, user_signal1);
    printf("Press <ctrl+c> to quit. \n");
    while(!quit){
        usleep(400000);
        read(dev, &dip_sw_buff, 1);
        printf("Read dip switch: 0x%02X \n", dip_sw_buff); }
    close(dev);
}
```

위 테스트 프로그램은 사용자 시그널을 등록하고 있다. 등록된 시그널은 SIGINT로서 사용자가 프로그램을 종료하기 위해 Ctrl+C 키를 동시에 누르면 발생한다. 이때 커널에 등록된 사용자 인터럽트는 quit 변수를 1로 변경하기 때문에 while(FALSE) 문을 빠져나와 프로그램이 종료된다. 소스코드에서 사용자 시그널을 등록하는 부분을 확인할 수 있다.

```
    // ...(생략)
unsigned char quit = 0;
    // ...(생략)
void user_signal1(int sig) {
    quit = 1;
}
    // ...(생략)
(void)signal(SIGINT, user_signal1);
```

■ Makefile 작성 (Makefile)

```
#Makefile for a basic kernel module

obj-m   := fpga_dip_switch_driver.o
```

```
KDIR    :=/work/achro-em/kernel
PWD     :=$(shell pwd)

all: driver app

driver:
        $(MAKE) -C $(KDIR) SUBDIRS=$(PWD) modules

app:
        arm-linux-gnueabihf-gcc -static -o fpga_test_dip_switch fpga_test_dip_
switch.c

install_nfs:
        cp fpga_dip_switch_driver.ko /nfsroot
        cp fpga_test_dip_switch /nfsroot

install_scp:
        scp fpga_dip_switch_driver.ko fpga_test_dip_switch pi@192.168.1.xxx:/home/pi/M odules

clean:
        rm -rf *.ko
        rm -rf *.mod.*
        rm -rf *.o
        rm -rf fpga_test_dip_switch
        rm -rf Module.symvers
        rm -rf modules.order
        rm -rf .dip_switch*
        rm -rf .tmp*
```

③ Dip Switch 예제 컴파일 및 실행

■ **호스트 시스템에서 컴파일 및 /nfsroot 디렉터리로 복사**

DIP Switch 소스 디렉터리에서 make 명령을 입력하여 컴파일한 다음, make install_nfs를 실행하여 /nfsroot로 실행 파일들을 복사하거나, make install_scp를 이용해 파일을 복사해 둔다.

```
<Host PC>
root@ubuntu:/work/achro-em/example# cd fpga_dip_switch
root@ubuntu:/work/achro-em/example/fpga_dip_switch# make
root@ubuntu:/work/achro-em/example/fpga_dip_switch# make install_nfs
                                    or
root@ubuntu:/work/achro-em/example/fpga_dip_switch# make install_scp
```

■ 필요한 경우, Achro-EM Kit 보드에서 바로 실행할 수 있도록 호스트의 /nfsroot 디렉터리를 마운트하여 드라이버와 응용 프로그램을 복사해 둔다.

```
<Target Board>
pi@raspberry:~ $ mount -t nfs 192.168.1.4:/nfsroot /mnt/nfs –o
rw,rsize=4096,nolock
pi@raspberry:~ $ cp -a /mnt/nfs/fpga_test_dip_switch /home/pi/Modules
pi@raspberry:~ $ cp -a /mnt/nfs/fpga_dip_switch_driver.ko /home/pi/
Modules
```

■ 디바이스 드라이버 등록 및 프로그램 실행

프로그램 실행을 위해 먼저 dip_switch 드라이버를 커널에 적재한 다음, 스페셜 파일을 만들어 주고, 테스트 프로그램을 구동시킨다.

```
<Target Board>
pi@raspberry:~$ cd Modules
pi@raspberry:~/Modules $ sudo insmod fpga_dip_switch_driver.ko
pi@raspberry:~/Modules $ sudo mknod /dev/fpga_dip_switch c 266 0
   (기존에 존재한다고 나오면 무시하고, 다음 라인을 실행)
pi@raspberry:~/Modules $ sudo ./fpga_test_dip_switch
```

■ Dip Switch 실행 결과

딥스위치 1,2,3,4를 ON 쪽으로 맞춰둔다. 애플리케이션을 실행하면 다음과 같이 출력될 것이다. 프로그램 실행 중에 딥스위치 위치를 바꾸면 해당 값으로 변경되는 것을 확인할 수 있다.

```
pi@raspberrypi:~/Modules $ sudo insmod fpga_dip_switch_driver.ko
pi@raspberrypi:~/Modules $ sudo mknod /dev/fpga_dip_switch c 266 0
pi@raspberrypi:~/Modules $ sudo ./fpga_test_dip_switch
Press <ctrl+c> to quit.
Read dip switch: 0xFF
Read dip switch: 0xFF
Read dip switch: 0xFF
Read dip switch: 0xFF
Read dip switch: 0xFF
Read dip switch: 0xFF
Read dip switch: 0xFF
Read dip switch: 0xFF
Read dip switch: 0xFF
```

6.4.7 Push Switch

앞서 DIP Switch에 대한 예제를 진행했다. Dip Switch는 가변이 많지 않은 핀 설정, 값의 설정, 상태 설정 등과 같은 용도로 이용되는 게 일반적이다. 반대로 자주 값이 변경이 되거나 혹은 즉시 한번만 사용하는 경우에는 Push Switch가 주로 이용된다. 이번에는 Achro-EM Kit의 Push Switch를 다뤄 보도록 한다.

Push Switch도 외부의 입력을 받아오는 장치로서 Read 관련 동작만 진행하게 된다.

① Push Switch 회로도 및 맵핑 어드레스

I/O Board에는 9개의 Push Switch가 부착되어 있다. Push Switch에 입력이 발생하게 되면 FPGA는 그 값을 버퍼에 담아두게 된다. 담아둔 값을 Achro-EM Kit의 드라이버가 읽어오게 된다. Push Switch를 누르고 있는 동안 1의 값을 유지하게 되고 놓으면 0으로 설정되도록 구성되어있다.

■ 회로도

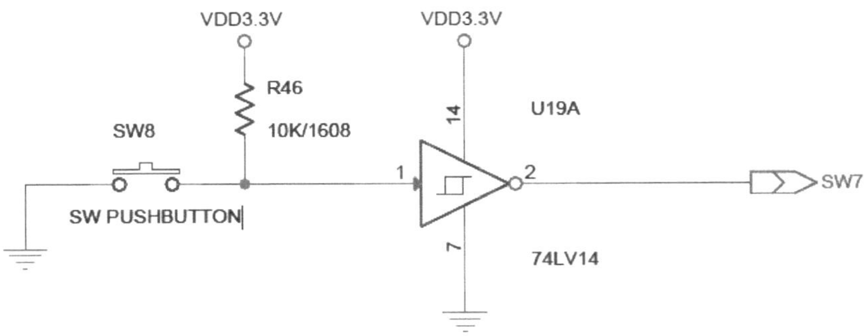

■ 맵핑된 주소 값은 다음과 같다.

```
0x050
```

② 디바이스 드라이버 및 응용 애플리케이션 작성

■ **디바이스 드라이버 작성** (fpga_push_driver.c)

```
/* FPGA PUSH SWITCH Ioremap Control
FILE : fpga_push_switch_driver.c
AUTH : largest@huins.com*/

#include <linux/module.h>
#include <linux/fs.h>
#include <linux/init.h>
#include <linux/slab.h>
#include <linux/platform_device.h>
#include <linux/delay.h>

#include <asm/io.h>
#include <asm/uaccess.h>
#include <linux/kernel.h>
#include <linux/ioport.h>
#include <linux/module.h>
#include <linux/fs.h>
#include <linux/init.h>
#include <linux/version.h>

#define MAX_BUTTON 9

#define IOM_FPGA_PUSH_SWITCH_MAJOR 265    // ioboard led device major number
#define IOM_FPGA_PUSH_SWITCH_NAME "fpga_push_switch"    // ioboard led device name

#define IOM_FPGA_PUSH_SWITCH_ADDRESS 0x050        // pysical address

extern unsigned char iom_fpga_itf_read(unsigned int addr);
extern ssize_t iom_fpga_itf_write(unsigned int addr, unsigned char value);

//Global variable
static int fpga_push_switch_port_usage = 0;
static unsigned char *iom_fpga_push_switch_addr;
static unsigned char *iom_demo_addr;

// define functions...
ssize_t iom_fpga_push_switch_read(struct file *inode, char *gdata, size_t length,
loff_t *off_what);
int iom_fpga_push_switch_open(struct inode *minode, struct file *mfile);
int iom_fpga_push_switch_release(struct inode *minode, struct file *mfile);

// define file_operations structure
struct file_operations iom_fpga_push_switch_fops =
```

```
{
    owner:      THIS_MODULE,
    open:       iom_fpga_push_switch_open,
    read:       iom_fpga_push_switch_read,
    release:    iom_fpga_push_switch_release,
};

// when fpga_push_switch device open ,call this function
int iom_fpga_push_switch_open(struct inode *minode, struct file *mfile)
{
    if(fpga_push_switch_port_usage != 0) return -EBUSY;
    fpga_push_switch_port_usage = 1;
    return 0;
}

// when fpga_push_switch device close ,call this function
int iom_fpga_push_switch_release(struct inode *minode, struct file *mfile)
{
    fpga_push_switch_port_usage = 0;
    return 0;
}



// when read from fpga_push_switch device  ,call this function
ssize_t iom_fpga_push_switch_read(struct file *inode, char *gdata, size_t length,
loff_t *off_what)
{
    int i;
    unsigned char push_sw_value[MAX_BUTTON];
    unsigned char value;

    for(i=0;i<=length;i++)
    {
        value = iom_fpga_itf_read((unsigned int)IOM_FPGA_PUSH_SWITCH_ADDRESS+i);
        push_sw_value[i] = value &0xFF;
    }

    if (copy_to_user(gdata, push_sw_value, length))
        return -EFAULT;

    return length;
}

int __init iom_fpga_push_switch_init(void)
{
    int result;
```

```
    result = register_chrdev(IOM_FPGA_PUSH_SWITCH_MAJOR, IOM_FPGA_PUSH_SWITCH _
NAME, &iom_fpga_push_switch_fops);
    if(result < 0) {
        printk(KERN_WARNING"Can't get any major\n");
        return result;
    }

    printk("init module, %s major number : %d\n", IOM_FPGA_PUSH_SWITCH_NAME, IOM_
FPGA_PUSH_SWITCH_MAJOR);

    return 0;
}

void __exit iom_fpga_push_switch_exit(void)
{
    unregister_chrdev(IOM_FPGA_PUSH_SWITCH_MAJOR, IOM_FPGA_PUSH_SWITCH_NAME);
}

module_init(iom_fpga_push_switch_init);
module_exit(iom_fpga_push_switch_exit);

MODULE_LICENSE("GPL");
MODULE_AUTHOR("Huins");
```

위 소스코드의 중요한 내용은 Button 각각이 버퍼를 가지고 있기 때문에, 각 버튼의 값을 가져 오기 위해서 9개 버튼의 버퍼 데이터를 반복문을 통해 가져온 다음 사용자 공간으로 그 값을 전달하는 부분이다.

```
// when read from fpga_push_switch device  ,call this function
ssize_t iom_fpga_push_switch_read(struct file *inode, char *gdata, size_t length,
loff_t *off_what)
{
    int i;
    unsigned char push_sw_value[MAX_BUTTON];
    unsigned short int _s_value;
    for(i=0;i<=length;i++)
    {
        _s_value = inw((unsigned int)iom_fpga_push_switch_addr+i*2);
        push_sw_value[i] = _s_value &0xFF;
    }

    if (copy_to_user(gdata, push_sw_value, length))
```

```
        return -EFAULT;
    return length;
}
```

■ 응용 프로그램 작성 (fpga_test_push.c)

```
/* FPGA Push Switch Test Application
File : fpga_test_push.c
Auth : largest@huins.com */

#include <stdio.h>
#include <stdlib.h>
#include <unistd.h>
#include <sys/types.h>
#include <sys/stat.h>
#include <fcntl.h>
#include <sys/ioctl.h>
#include <signal.h>
#define MAX_BUTTON 9
unsigned char quit = 0;

void user_signal1(int sig)
{
    quit = 1;
}

int main(void)
{
    int i;
    int dev;
    int buff_size;

    unsigned char push_sw_buff[MAX_BUTTON];

    dev = open("/dev/fpga_push_switch", O_RDWR);

    if (dev<0){
        printf("Device Open Error\n");
        close(dev);
        return -1;
    }

    (void)signal(SIGINT, user_signal1);

    buff_size=sizeof(push_sw_buff);
```

```
    printf("Press <ctrl+c> to quit. \n");
    while(!quit){
        usleep(400000);
        read(dev, &push_sw_buff, buff_size);

        for(i=0;i<MAX_BUTTON;i++) {
            printf("[%d] ",push_sw_buff[i]);
        }
        printf("\n");
    }
    close(dev);
}
```

■ Makefile

```
#Makefile for a basic kernel module
obj-m   := fpga_push_switch_driver.o

KDIR    :=/work/achro-em/kernel
PWD     :=$(shell pwd)

all: driver app

driver:
        $(MAKE) -C $(KDIR) SUBDIRS=$(PWD) modules

app:
        arm-linux-gnueabihf-gcc -static -o fpga_test_push_switch fpga_test_push_switch.c

install_nfs:
        cp fpga_push_switch_driver.ko /nfsroot
        cp fpga_test_push_switch /nfsroot

install_scp:
        scp fpga_push_switch_driver.ko fpga_test_push_switch pi@192.168.1.243:/ho me/pi/Modules

clean:
        rm -rf *.ko
        rm -rf *.mod.*
        rm -rf *.o
        rm -rf fpga_test_push_switch
        rm -rf Module.symvers
        rm -rf modules.order
        rm -rf .push_switch*
        rm -rf .tmp*
```

③ Push Switch 예제 컴파일 및 실행

- **호스트 시스템에서 컴파일 및 nfs와 scp를 통한 파일 복사**

  Push Switch 소스 디렉터리에서 make 명령을 입력하여 컴파일한 다음, make install_nfs를 실행하여 /nfsroot로 실행 파일들을 복사하거나, make install_scp를 이용해 파일을 복사해 둔다.

```
<Host PC>
root@ubuntu:/work/achro-em/example# cd fpga_push_switch
root@ubuntu:/work/achro-em/example/fpga_push_switch# make
root@ubuntu:/work/achro-em/example/fpga_push_switch# make install_nfs
                                   or
root@ubuntu:/work/achro-em/example/fpga_push_switch# make install_scp
```

- **필요한 경우, Achro-EM Kit 보드에서 바로 실행할 수 있도록 호스트의 /nfsroot 디렉터리를 마운트하여 드라이버와 응용 프로그램을 복사해 둔다.**

```
<Target Board>
pi@raspberry:~ $ mount -t nfs 192.168.1.4:/nfsroot /mnt/nfs –o
rw,rsize=4096,nolock
pi@raspberry:~ $ cp -a /mnt/nfs/fpga_test_push_switch /home/pi/Modules
pi@raspberry:~ $ cp -a /mnt/nfs/fpga_push_switch_driver.ko /home/pi/
Modu les
```

- **디바이스 드라이버 등록 및 프로그램 실행**

  프로그램 실행을 위해 먼저 push_switch 드라이버를 커널에 적재 한다. 다음은 스페셜 파일을 만들어 주고, 테스트 프로그램을 구동시킨다.

```
<Target Board>
pi@raspberry:~$ cd Modules
pi@raspberry:~/Modules $ sudo insmod fpga_push_switch_driver.ko
pi@raspberry:~/Modules $ sudo mknod /dev/fpga_push_switch c 265 0
   (기존에 존재한다고 나오면 무시하고, 다음 라인을 실행)
pi@raspberry:~/Modules $ sudo ./fpga_test_push_switch
```

■ Push Switch 실행 결과

프로그램이 실행되면 아홉 개의 숫자가 출력된다. Push Switch를 누르면 해당 번호에 맞는 값이 1로 출력이 되는 것을 확인할 수 있다.

```
pi@raspberrypi:~/Modules $ sudo insmod fpga_push_switch_driver.ko
pi@raspberrypi:~/Modules $ sudo mknod /dev/fpga_push_switch c 265 0
pi@raspberrypi:~/Modules $ sudo ./fpga_test_push_switch
Press <ctrl+c> to quit.
[0] [0] [0] [0] [0] [0] [0] [0] [0]
[0] [0] [0] [0] [0] [0] [0] [0] [0]
[1] [0] [0] [0] [0] [0] [0] [0] [0]
[1] [0] [0] [0] [0] [0] [0] [0] [0]
[0] [0] [0] [0] [0] [0] [0] [0] [0]
[0] [1] [0] [0] [0] [0] [0] [0] [0]
[0] [0] [0] [0] [0] [0] [0] [0] [0]
[0] [0] [1] [0] [0] [0] [0] [0] [0]
[0] [0] [0] [0] [0] [0] [0] [0] [0]
[0] [0] [0] [1] [0] [0] [0] [0] [0]
[0] [0] [0] [0] [0] [0] [0] [0] [0]
[0] [0] [0] [0] [0] [0] [0] [1] [0]
[0] [0] [0] [0] [0] [0] [0] [0] [0]
[0] [0] [0] [0] [0] [0] [0] [0] [1]
```

6.4.8 Buzzer

부저는 피에조 효과를 통해서 소리를 출력한다. 피에조 효과는 힘을 가해 변형을 주면 표면에 전압이 발생하고, 반대로 전압을 걸면 소자가 이동하거나 힘이 발생하는 현상을 말한다. 기계적 효과와 전기적 효과의 상호변환 효과를 나타내는 압전효과라고도 말한다.

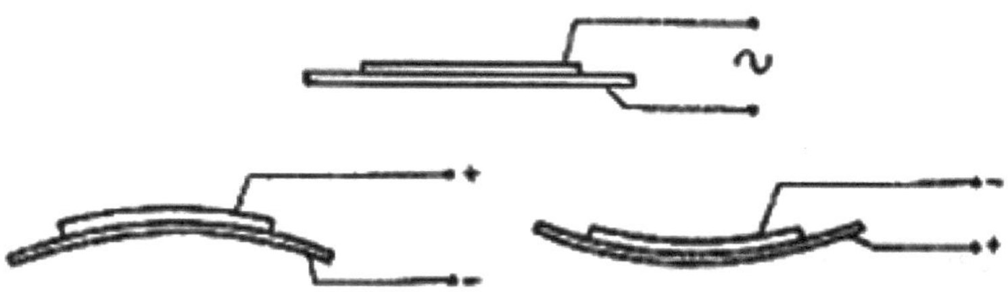

피에조 현상을 일으키는 소자는 움직이면서 주파수 2만Hz 이상의 초음파를 발생시키기 때문에 살균을 위한 초음파 발생에도 사용한다. 피에조 모터나 액추에이터를 초음

파 모터, 초음파 액추에이터라고도 부르는 것은 이 때문이다. 이러한 압전 부품들은 전기 음향 변환기, 초음파 가습기, 초음파 진단 장치 등에 응용된다.

최근에는 같은 크기의 소형 모터보다 출력이 높고 소음이 적어 휴대폰 카메라 모듈의 줌/자동 초점 기능을 위한 렌즈 구동 장치로도 개발되었다. 이 외에도 전자파가 없어 다양한 정보통신 기기의 부품으로 활용될 전망이다.

압전 효과를 내는 소자로는 수정이나 전기석, 세라믹, 티탄산바륨 등으로 다양하며, 일반적인 부저의 종류는 아래와 같다.

Circumference Fixing Method   Nodal Mounting Method

① Buzzer 회로도 및 맵핑 어드레스

■ **회로도**

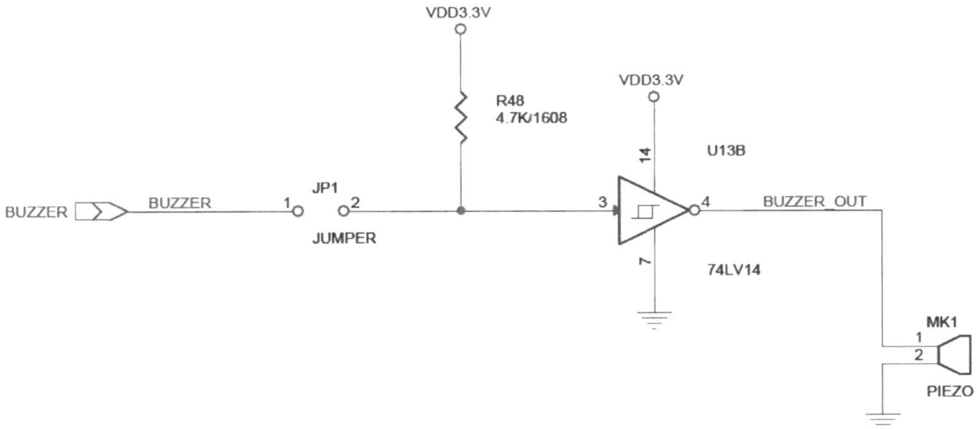

■ 맵핑된 어드레스

```
0x070
```

② 디바이스 드라이버 및 응용 애플리케이션 작성

■ 디바이스 드라이버

```
/* FPGA Buzzer Ioremap Control
FILE : fpga_buzzer_driver.c
AUTH : largest@huins.com */

#include <linux/module.h>
#include <linux/fs.h>
#include <linux/init.h>
#include <linux/slab.h>
#include <linux/platform_device.h>
#include <linux/delay.h>

#include <asm/io.h>
#include <asm/uaccess.h>
#include <linux/kernel.h>
#include <linux/ioport.h>
#include <linux/module.h>
#include <linux/fs.h>
#include <linux/init.h>
#include <linux/version.h>


#define IOM_BUZZER_MAJOR 264              // ioboard buzzer device major number
#define IOM_BUZZER_NAME "fpga_buzzer"     // ioboard buzzer device name

#define IOM_BUZZER_ADDRESS 0x070          // pysical address

extern unsigned char iom_fpga_itf_read(unsigned int addr);
extern ssize_t iom_fpga_itf_write(unsigned int addr, unsigned char value);

//Global variable
static int buzzer_port_usage = 0;

// define functions...
ssize_t iom_buzzer_write(struct file *inode, const char *gdata, size_t length,
loff_t *off_what);
```

```
ssize_t iom_buzzer_read(struct file *inode, char *gdata, size_t length, loff_t
*off_what);
int iom_buzzer_open(struct inode *minode, struct file *mfile);
int iom_buzzer_release(struct inode *minode, struct file *mfile);

// define file_operations structure
struct file_operations iom_buzzer_fops =
{
    .owner       =   THIS_MODULE,
    .open        =   iom_buzzer_open,
    .write       =   iom_buzzer_write,
    .read        =   iom_buzzer_read,
    .release     =   iom_buzzer_release,
};

// when buzzer device open ,call this function
int iom_buzzer_open(struct inode *minode, struct file *mfile)
{
    if(buzzer_port_usage != 0) return -EBUSY;
    buzzer_port_usage = 1;
    return 0;
}

// when buzzer device close ,call this function
int iom_buzzer_release(struct inode *minode, struct file *mfile)
{
    buzzer_port_usage = 0;
    return 0;
}

// when write to buzzer device  ,call this function
ssize_t iom_buzzer_write(struct file *inode, const char *gdata, size_t length,
loff_t *off_what)
{
    unsigned char value;
    const char *tmp = gdata;

    if (copy_from_user(&value, tmp, 1))
        return -EFAULT;

    iom_fpga_itf_write((unsigned int)IOM_BUZZER_ADDRESS, value);

    return length;
}

// when read to buzzer device  ,call this function
```

```
ssize_t iom_buzzer_read(struct file *inode, char *gdata, size_t length, loff_t
*off_what)
{
    unsigned char value;
    char *tmp = gdata;

      value = iom_fpga_itf_read((unsigned int)IOM_BUZZER_ADDRESS);


    if (copy_to_user(tmp, &value, 1))
        return -EFAULT;

    return length;
}

int __init iom_buzzer_init(void)
{
    int result;

    result = register_chrdev(IOM_BUZZER_MAJOR, IOM_BUZZER_NAME, &iom_buzzer_fops);
    if(result < 0) {
        printk(KERN_WARNING"Can't get any major\n");
        return result;
    }

    printk("init module, %s major number : %d\n", IOM_BUZZER_NAME, IOM_BUZZER_MAJOR);
    return 0;
}

void __exit iom_buzzer_exit(void)
{
    unregister_chrdev(IOM_BUZZER_MAJOR, IOM_BUZZER_NAME);
}
module_init(iom_buzzer_init);
module_exit(iom_buzzer_exit);
MODULE_LICENSE("GPL");
MODULE_AUTHOR("Huins");
```

■ 테스트 프로그램

```
/* FPGA Buzzer Test Application
File : fpga_test_buzzer.c
Auth : largest@huins.com */

#include <stdio.h>
#include <stdlib.h>
```

```
#include <unistd.h>
#include <sys/types.h>
#include <sys/stat.h>
#include <fcntl.h>

#include <sys/ioctl.h>
#include <signal.h>

#define BUZZER_DEVICE "/dev/fpga_buzzer"

unsigned char quit = 0;

void user_signal1(int sig)
{
    quit = 1;
}


int main(int argc, char **argv)
{
    int dev;
    unsigned char state=0;
    unsigned char retval;
    unsigned char data;


    dev = open(BUZZER_DEVICE, O_RDWR);
    if (dev<0) {
        printf("Device open error : %s\n",BUZZER_DEVICE);
        exit(1);
    }

    (void)signal(SIGINT, user_signal1);

    printf("Press <ctrl+c> to exit.\n");

    while(!quit) {
        if(state!=0) {
            state=0;
            data=1;
            retval=write(dev,&data,1);
            if(retval<0) {
                printf("Write Error!\n");
                return -1;
            }
        } else {
            state=1;
```

```
            data=0;
            retval=write(dev,&data,1);
            if(retval<0) {
                printf("Write Error!\n");
                return -1;
            }
        }
        sleep(1);
    }

    printf("Current Buzzer Value : %d\n",data);
    close(dev);

    return(0);
}
```

■ Makefile

```
#Makefile for a basic kernel module

obj-m   := fpga_buzzer_driver.o

KDIR    :=/work/achro-em/kernel
PWD     :=$(shell pwd)

all: driver app

driver:
        $(MAKE) -C $(KDIR) SUBDIRS=$(PWD) modules

app:
        arm-linux-gnueabihf-gcc -static -o fpga_test_buzzer  fpga_test_buzzer.c

install_nfs:
        cp fpga_buzzer_driver.ko /nfsroot
        cp fpga_test_buzzer /nfsroot

install_scp:
        scp fpga_buzzer_driver.ko fpga_test_buzzer pi@192.168.1.243:/home/pi/Modules

clean:
        rm -rf *.ko
        rm -rf *.mod.*
        rm -rf *.o
        rm -rf fpga_test_buzzer
```

```
        rm -rf Module.symvers
        rm -rf modules.order
        rm -rf .buzzer*
        rm -rf .tmp*
```

③ Buzzer 예제 컴파일 및 실행

■ **호스트 시스템에서 컴파일 및 nfs와 scp를 통한 파일 복사**

Buzzer 소스 디렉터리에서 make 명령을 입력하여 컴파일한 다음, make install_nfs를 실행하여 /nfsroot로 실행 파일들을 복사하거나, make install_scp를 이용해 파일을 복사해 둔다.

```
<Host PC>
root@ubuntu:/work/achro-em/example# cd fpga_push_switch
root@ubuntu:/work/achro-em/example/fpga_push_switch# make
root@ubuntu:/work/achro-em/example/fpga_push_switch# make install_nfs
                                        or
root@ubuntu:/work/achro-em/example/fpga_push_switch# make install_scp
```

■ **필요한 경우, Achro-EM Kit 보드에서 바로 실행할 수 있도록 호스트의 /nfsroot 디렉터리를 마운트하여 드라이버와 응용 프로그램을 복사해 둔다.**

```
<Target Board>
pi@raspberry:~ $ mount -t nfs 192.168.1.4:/nfsroot /mnt/nfs -o
rw,rsize=4096,nolock
pi@raspberry:~ $ cp -a /mnt/nfs/fpga_test_buzzer /home/pi/Modules
pi@raspberry:~ $ cp -a /mnt/nfs/fpga_buzzer_driver.ko /home/pi/Modules
```

④ 디바이스 드라이버 등록 및 프로그램 실행

프로그램 실행을 위해 먼저 buzzer 드라이버를 커널에 적재한 다음, 스페셜 파일을 만들어 주고, 테스트 프로그램을 구동시킨다.

```
<Target Board>
pi@raspberry:~$ cd Modules
pi@raspberry:~/Modules $ sudo insmod fpga_buzzer_driver.ko
pi@raspberry:~/Modules $ sudo mknod /dev/fpga_buzzer c 264 0
   (기존에 존재한다고 나오면 무시하고, 다음 라인을 실행)
pi@raspberry:~/Modules $ sudo ./fpga_test_buzzer
```

■ Buzzer 실행 결과

부저 드라이버를 커널에 적재하고, 테스트 프로그램을 구동하면 비프음이 발생된다.

```
pi@raspberrypi:~/Modules $ sudo insmod fpga_buzzer_driver.ko
pi@raspberrypi:~/Modules $ sudo mknod /dev/fpga_buzzer c 264 0
pi@raspberrypi:~/Modules $ sudo ./fpga_test_buzzer
Press <ctrl+c> to exit.
```

6.4.9 Step motor

① 스텝모터 개요

스텝모터(stpping mortor, pulse motor, stepper motor)는 다른 AC servo, DC servo motor에 비하여 정확한 각도 제어에 장점이 있다. 스텝모터는 디지털 펄스를 기계적인 축 운동으로 변화시키는 변환기이다. 펄스의 수에 따라 정해진 각도로 모터 축이 회전하게 된다. 펄스의 간격을 알맞게 조정하면 구동 방식과 속도 제어를 할 수 있다.

스텝모터의 장점과 단점은 다음과 같다.

■ 장점

- 디지털 신호로 직접 open loop 제어를 할 수 있으며 간단하게 구동
- 회전 속도: 펄스 신호의 주파수에 비례
- 모터 회전각: 입력 Pulse 수에 비례, 모터의 속도가 1초간의 입력 Pulse 수에 비례
- 기동, 정지, 정-역 회전, 변속이 용이하며, 응답 특성도 양호

- 1스텝당 각도 오차가 +5% 이내, 회전각의 오차는 step 마다 누적된다.
- 초저속으로 높은 토크(torque) 운전이 가능

■ **단점**

- 고속 운전 시 탈조가 쉽다.
- 특정 주파수에서는 진공, 공진 현상이 발생하기 쉽고, 관성이 있는 부하에 약하다.
- Pulse 비가 상승함에 따라 Torque가 저하하며 DC Motor에 비해 효율이 떨어진다.

스텝모터는 고정자와 회전자로 나누어지며, 구조는 아래 그림과 같다. 스텝모터 내부를 구성하고 있는, 고정자라 부르는 극의 수에 따라 단상(1상), 2상 ~ 6상 등의 종류가 있다. 여기서 말하는 상이란 위상을 의미하며, 모터 내부에 몇 조의 코일을 갖고 있는가를 말하는 것이다. 예를 들어, 4상 모터라 하면 모터 내부에 서로 다른 4가지 상을 만들 수 있다. 즉, 모터 내부에 독립적으로 존재하는 상의 수라 생각하면 된다. 스텝모터는 일반 DC 모터와 달리 배선 수가 많다.

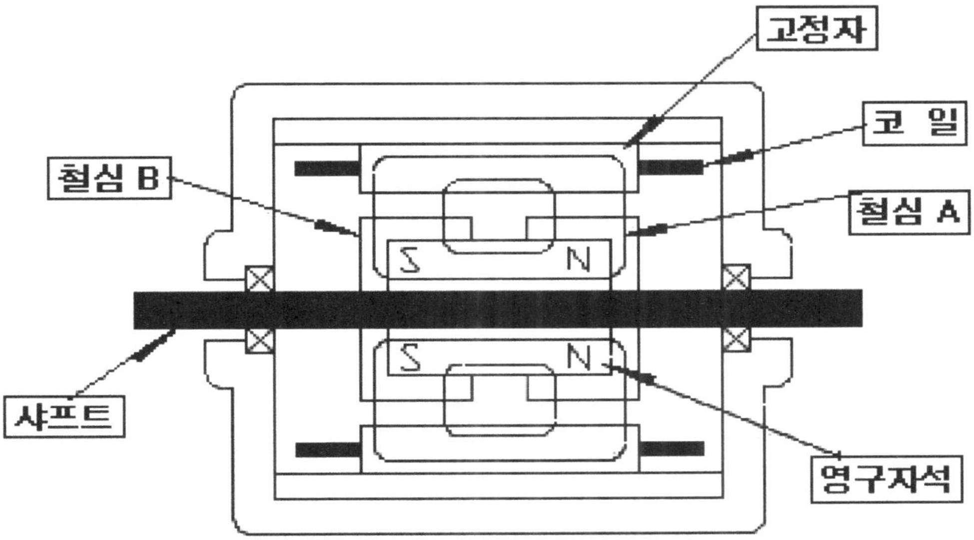

Step Motor 구동 원리는 외부에서 고정자(Stator)에 감긴 도선에 전류를 흐르게 하면, 회전자(Rotor)의 자계와 작용하여 회전자가 움직이게 된다. 일단 회전자가 움직이게 되면 고정된 자계 속을 도선이 움직이는 것과 같은 효과가 발생되기 때문에 회전 속도에 비례해서 반대 방향의 역기전력이 발생된다. 따라서 외부에서 흘려주는 입력전류와 반대 방향의 역기전력(전류)은 서로 상쇄되어 실제로 도선 속을 흐르는 전류를 제한하게 된다. 이로써 모터의 회전 속도와 이 속도에서의 토크를 제한하게 된다. 즉, 최대 속도에서는 토크가 0이 된다. 여기에서 토크란 모터의 회전축 중심으로부터 1cm 또는 1m 떨어진 부하(물체)를 단위 시간(1초)에 1cm 또는 1m를 움직일 수 있는 힘(단위 : gfcm 또는 Kgfcm 등)을 말한다.

② Step Motor 회로도 및 맵핑 어드레스

■ 회로도

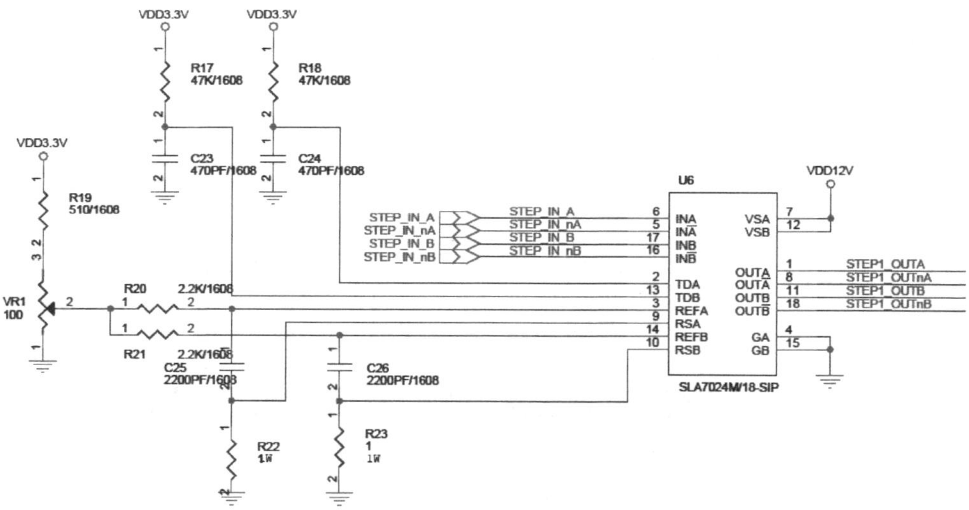

■ 맵핑된 어드레스

```
0x00C
```

③ 디바이스 드라이버 및 응용 애플리케이션 작성

■ **디바이스 드라이버**

FPGA에서 모터의 구동 제어가 만들어져 있으므로, Achro-i.MX6Q에서는 Step 모터를 On/Off 하고, 어떤 방향, 어느 정도의 속도로 구동할 것인지에 대해서만 고려하면 된다.

```
/* FPGA Step motor Ioremap Control
FILE : fpga_step_motor_driver.c
AUTH : huins.com */

#include <linux/module.h>
#include <linux/fs.h>
#include <linux/init.h>
#include <linux/slab.h>
#include <linux/platform_device.h>
#include <linux/delay.h>

#include <asm/io.h>
#include <asm/uaccess.h>
#include <linux/kernel.h>
#include <linux/ioport.h>
#include <linux/module.h>
#include <linux/fs.h>
#include <linux/init.h>
#include <linux/version.h>


#define IOM_FPGA_STEP_MOTOR_MAJOR 267           // ioboard led device major number
#define IOM_FPGA_STEP_MOTOR_NAME "fpga_step_motor"      // ioboard led device name

#define IOM_FPGA_STEP_MOTOR_ON_ADDRESS 0x00C            // pysical address
#define IOM_FPGA_STEP_MOTOR_DIR_ADDRESS 0x00E           // pysical address
#define IOM_FPGA_STEP_MOTOR_SPEED_ADDRESS 0x010         // pysical address
extern unsigned char iom_fpga_itf_read(unsigned int addr);
extern ssize_t iom_fpga_itf_write(unsigned int addr, unsigned char value);

//Global variable
static int fpga_step_motor_port_usage = 0;
static unsigned char *iom_fpga_step_motor_addr;

// define functions...
ssize_t iom_fpga_step_motor_write(struct file *inode, const char *gdata, size_t
length, loff_t *off_what);
```

```
int iom_fpga_step_motor_open(struct inode *minode, struct file *mfile);
int iom_fpga_step_motor_release(struct inode *minode, struct file *mfile);

// define file_operations structure
struct file_operations iom_fpga_step_motor_fops =
{
    owner:          THIS_MODULE,
    open:           iom_fpga_step_motor_open,
    write:          iom_fpga_step_motor_write,
    release:        iom_fpga_step_motor_release,
};

// when fpga_step_motor device open ,call this function
int iom_fpga_step_motor_open(struct inode *minode, struct file *mfile)
{
    if(fpga_step_motor_port_usage != 0) return -EBUSY;
    fpga_step_motor_port_usage = 1;
    return 0;
}

// when fpga_step_motor device close ,call this function
int iom_fpga_step_motor_release(struct inode *minode, struct file *mfile)
{
    fpga_step_motor_port_usage = 0;
    return 0;
}

// when write to fpga_step_motor device  ,call this function
ssize_t iom_fpga_step_motor_write(struct file *inode, const char *gdata, size_t
length, loff_t *off_what)
{
    int i;

    unsigned char value[3];
    unsigned short int _s_value = 0;
    const char *tmp = gdata;

    if (copy_from_user(&value, tmp, length))
        return -EFAULT;
       iom_fpga_itf_write((unsigned int)IOM_FPGA_STEP_MOTOR_ON_ADDRESS,
value[0]&0xF);
       iom_fpga_itf_write((unsigned int)IOM_FPGA_STEP_MOTOR_DIR_
ADDRESS,value[1]&0xF);
       iom_fpga_itf_write((unsigned int)IOM_FPGA_STEP_MOTOR_SPEED_
ADDRESS,value[2]&0 xFF);
```

```
    return length;
}


int __init iom_fpga_step_motor_init(void)
{
    int result;

    result = register_chrdev(IOM_FPGA_STEP_MOTOR_MAJOR, IOM_FPGA_STEP_MOTOR_NA ME,
&iom_fpga_step_motor_fops);
    if(result < 0) {
        printk(KERN_WARNING"Can't get any major\n");
        return result;
    }
    printk("init module : %s major number : %d\n", IOM_FPGA_STEP_MOTOR_NAME, IOM_
FPGA_STEP_MOTOR_MAJOR);
    return 0;
}

void __exit iom_fpga_step_motor_exit(void)
{

    unregister_chrdev(IOM_FPGA_STEP_MOTOR_MAJOR, IOM_FPGA_STEP_MOTOR_NAME);
}

module_init(iom_fpga_step_motor_init);
module_exit(iom_fpga_step_motor_exit);

MODULE_LICENSE("GPL");
MODULE_AUTHOR("Huins");
```

■ 테스트 프로그램

```
#include <stdio.h>
#include <stdlib.h>
#include <unistd.h>
#include <string.h>
#include <sys/types.h>
#include <sys/stat.h>
#include <fcntl.h>

#define MOTOR_ATTRIBUTE_ERROR_RANGE 4
#define FPGA_STEP_MOTOR_DEVICE "/dev/fpga_step_motor"

void usage(char* dev_info);
```

```
int main(int argc, char **argv)
{
    int i;
    int dev;
    int str_size;

    int motor_action;
    int motor_direction;
    int motor_speed;

    unsigned char motor_state[3];
    memset(motor_state,0,sizeof(motor_state));

    if(argc!=4) {
        printf("Please input the parameter! \n");
        usage(argv[0]);
        return -1;
    }

    motor_action = atoi(argv[1]);
    if(motor_action<0||motor_action>1) {
        printf("Invalid motor action!\n");
        usage(argv[0]);
        return -1;
    }

    motor_direction = atoi(argv[2]);
    if(motor_direction<0||motor_direction>1) {
        printf("Invalid motor direction!\n");
        usage(argv[0]);
        return -1;
    }

    motor_speed = atoi(argv[3]);
    if(motor_speed<0||motor_speed>255) {
        printf("Invalid motor speed!\n");
        usage(argv[0]);
        return -1;
    }

    motor_state[0]=(unsigned char)motor_action;
    motor_state[1]=(unsigned char)motor_direction;
    motor_state[2]=(unsigned char)motor_speed;

    dev = open(FPGA_STEP_MOTOR_DEVICE, O_WRONLY);
    if (dev<0) {
        printf("Device open error : %s\n",FPGA_STEP_MOTOR_DEVICE);
```

```
        exit(1);
    }

    write(dev,motor_state,3);
    close(dev);
    return 0;
}
void usage(char* dev_info)
{
    printf("<Usage> %s [Motor Action] [Motor Diretion] [Speed]\n",dev_info);
    printf("Motor Action : 0 - Stop / 1 - Start\n");
    printf("Motor Direction : 0 - Left / 1 - Right\n");
    printf("Motor Speed : 0(Fast) ~ 255(Slow)\n");
    printf("ex) %s 1 0 10\n",dev_info);
}
```

■ Makefile

```
obj-m   := fpga_step_motor_driver.o

KDIR    :=/work/achro-em/kernel
PWD     :=$(shell pwd)

all: driver app

driver:
        $(MAKE) -C $(KDIR) SUBDIRS=$(PWD) modules

app:
        arm-linux-gnueabihf-gcc -static -o fpga_test_step_motor fpga_test_step_motor.c

install_nfs:
        cp fpga_step_motor_driver.ko /nfsroot
        cp fpga_test_step_motor /nfsroot

install_scp:
        scp fpga_step_motor_driver.ko fpga_test_step_motor pi@192.168.1.xxx:/home/pi/Modules

clean:
        rm -rf *.ko
        rm -rf *.mod.*
        rm -rf *.o
        rm -rf fpga_test_step_motor
        rm -rf Module.symvers
        rm -rf modules.order
```

```
        rm -rf .step_motor*
        rm -rf .tmp*
```

④ Step Motor 예제 컴파일 및 실행

- **호스트 시스템에서 컴파일 및 nfs와 scp를 통한 파일 복사**

  Step Motor 소스 디렉터리에서 make 명령을 입력하여 컴파일한 다음, make install_nfs를 실행하여 /nfsroot로 실행 파일들을 복사하거나, make install_scp를 이용해 파일을 복사해 둔다.

```
<Host PC>
root@ubuntu:/work/achro-em/example# cd fpga_step_motor
root@ubuntu:/work/achro-em/example/fpga_step_motor# make
root@ubuntu:/work/achro-em/example/fpga_step_motor# make install_nfs
                                          or
root@ubuntu:/work/achro-em/example/fpga_step_motor# make install_scp
```

- **필요한 경우, Achro-EM Kit 보드에서 바로 실행할 수 있도록 호스트의 /nfsroot 디렉터리를 마운트하여 드라이버와 응용 프로그램을 복사해 둔다.**

```
<Target Board>
pi@raspberry:~ $ mount -t nfs 192.168.1.4:/nfsroot /mnt/nfs –o
rw,rsize=4096,nolock
pi@raspberry:~ $ cp -a /mnt/nfs/fpga_test_step_motor /home/pi/Modules
pi@raspberry:~ $ cp -a /mnt/nfs/fpga_step_motor_driver.ko /home/pi/
Modules
```

⑤ 디바이스 드라이버 등록 및 프로그램 실행

프로그램 실행을 위해 먼저 Step Motor 드라이버를 커널에 적재한 다음, 스페셜 파일을 만들어 주고, 테스트 프로그램을 구동시킨다.

```
<Target Board>
pi@raspberry:~$ cd Modules
pi@raspberry:~/Modules $ sudo insmod fpga_buzzer_driver.ko
pi@raspberry:~/Modules $ sudo mknod /dev/fpga_buzzer c 267 0
   (기존에 존재한다고 나오면 무시하고, 다음 라인을 실행)
pi@raspberry:~/Modules $ sudo ./fpga_test_step_motor
Please input the parameter!
<Usage> ./fpga_test_step_motor [Motor Action] [Motor Diretion] [Speed]
Motor Action : 0 - Stop / 1 - Start
Motor Direction : 0 - Left / 1 - Right
Motor Speed : 0(Fast) ~ 250(Slow)
ex) ./fpga_test_step_motor 1 0 10
pi@raspberry:~/Modules $ sudo ./fpga_test_step_motor 1 0 10
```

■ Step Motor 실행 결과

스탭모터 테스트 프로그램을 실행할 때, 동작에 관련된 인자(Argument)와 방향에 관련된 인자, 그리고 속도 값을 넣고 구동하면 선택한 방향에 따라 모터가 구동되거나 정지하게 된다. 사용되는 인자는 다음과 같다.

• 모터 On / Off

	인자 값	동작
Motor Action	0	정지
	1	구동

• 모터 방향

	인자 값	동작
Motor Direction	0	정지
	1	구동

- 모터 속도

  모터의 왼쪽 하단부의 파란색 가변 저항(VR1)의 값에 따라 특정 값에서는 구동되지 않을 수 있음.

Motor Speed	인자 값	동작
	5	255

6.5 연습문제

1. Frmae Buffer에 관련된 다음 질문에 답하시오.

① 16비트로 표시되는 600*480 크기의 frame buffer를 user program과 커널이 공유하기 위한 공간을 만드는 코드를 써 보시오.

② 시작 point를 argument로 받아서 20 pixel 만큼 세로로 줄을 긋는 함수를 작성해 보시오.

정답:

1. ①

```
unsigned short    *temp;
temp = (unsigned short*)malloc(640*480*2);
```

②

```
int draw_bmp(fb_dev* fb, int xo, int yo, unsigned short color)
{
    int y;
    for( y = 0 ; y < 20 ; y++ )
    {
        if( y+yo > fb->height )
            break;
        else
            fb->fb_p[ xo+ (y+yo)*(fb->width) ] =color;
```

```
    }
    return 0;
}
```

참고문헌

[1] https://www.arm.com/products/silicon-ip-cpu
[2] ARM Architechure Reference Manual
[3] ATmega128 datasheet
[4] http://www.focusnews.co/exynos-5-octa-block-diagram.html
[5] http://ko.wikipedia.org/wiki/%EC%9A%B4%EC%98%81_%EC%B2%B4%EC%A0%9C
[6] https://www.kernel.org/#sthash.x4Lyhl35.dpuf
[7] http://www.linfo.org
[8] http://www.tldp.org/HOWTO/Serial-Programming-HOWTO/

■ **장비 관련 문의처**
제조사 : 휴인스(www.huins.com)

저자 이영일

현) 서울과학기술대학교

홈페이지 http://mpc.seoultech.ac.kr

라즈베리파이 3를 활용한

임베디드 리눅스 프로그래밍

2018년 9월 1일 1판 1쇄 인 쇄
2018년 9월 5일 1판 1쇄 발 행

지 은 이 : 이 영 일
펴 낸 이 : 박 정 태

펴 낸 곳 : **광 문 각**

10881
파주시 파주출판문화도시 광인사길 161
광문각 B/D 4층
등 록 : 1991. 5. 31 제12 - 484호
전 화(代) : 031-955-8787
팩 스 : 031-955-3730
E - mail : kwangmk7@hanmail.net
홈페이지 : www.kwangmoonkag.co.kr

ISBN : 978-89-7093-912-4 93560

값 : 23,000원